KB040569

한국연구재단 학술명저번역총서
서양편 800

문화예술교육
인간 경험 형성과 심미적 교육

Culture and the Arts in Education
Critical Essays on Shaping Human Experience

랄프 A. 스미스 저 | 정옥희 역

박영사

차 례

조지 게히건George Geahigan의 서문

　자신이 선택한 전문분야에서 지도적인 정치가로 존경받을 만한 인물을 발견하는 일은 매우 드물다. 예술교육 분야에서 Ralph A. Smith는 바로 그 적절한 인물이다. 그는 미술교육의 탁월한 이론가 중 한명으로 인정받던 당시에 예술교육의 중요한 시기인 전쟁(세계 대전) 전후 『미적 교육 저널 Journal of Aesthetic Education』의 설립자이자 편집자로서, 예술분야에 사회적 문제를 제기하고 대화를 촉진하도록 하는 교육 정책을 마련할 수 있는 중요한 위치에 있었다. 또한 그는 학교에서 광범위하게 실행되어 온 교육 철학을 확고히 하고자 장학금 제도도 추진해왔다. 그가 출판한 많은 예술교육과 관련된 저서와 논문들은 철학적으로 깊이 있는 내용들이어서 시각 예술뿐만 아니라 다른 분야 전문가들로부터도 큰 호응을 얻어왔다.

　이 저서에 실린 내용들은 지난 30년 동안 Smith가 지필해온 대표적인 논문들과 저서, 그리고 강연들 중 문화와 예술교육과 관련된 연구들로 구성되었다. 따라서 문화예술교육과 관련하여 깊이 있게 다룰 수 있는 일련의 인간 경험 형성에 대한 사고의 발전을 광범위하게 탐구해볼 기회를 제공한다. 특히, 일반교육에서 예술이 사라질 위기에 대한 방어적 근거와 공립학교에서 실행 가능한 예술교육 커리큘럼을 구성하기 위한 그의 일생의 노력을 기록한 글들이라고 할 수 있다. Smith는 교육 환경에서 예술과 미학을 잘못 적용하여 제안되고 추진되는 정책들에 대한 지속적인 관심과 우려를 표방하고 있었다. Smith에게 있어서, 학교 커리큘럼 내에 미술교육의 위치를 정당화하는 문제는 궁극적으로 인간의 삶 속에 예술이 차지하는 독특한 가치를 어떻게 차별화된 방식으로 적용하는가에 달려 있다. 이때, 교육자는 미학에서 가장 다루기 어려운 문제에 직면하게 되는데 그중 하나가 심미적 가치의 본질을 탐구하는 것이다. 어디서나 볼 수 있는 예술의 존재가 우리의 삶 속에 예술의 중요성을 증명하고 있다고 할 수 있지만 아직까지도 철학자들은 예술이 왜 가치가 있는지에 대한 합의점에 도달하지 못했다. 이 어려운 지형을 체계적으로 협상해봄으로써 교육에 접근하고자 하는 이론가는 흔치 않으며, Smith는 그 드문 학자 중 한 사람이라고 할 수 있다. 그의 글들에서 미학자와 철학자들이 숙고해온 문제들을 지속적으로 탐구해왔다는 것을 알 수 있으며, 자신의 철학이 성숙해감에 따라 결국 예술이 왜 가치 있는가에 대한 질문으로 회귀됨을 반복적으로 보여주고 있다. 예술의 중요성에 대한 그의 최종 결론은 심미적 가치에 대한 도구적 개념에 기초한 것으로 보인다. 예술작품이 가치 있는 경험으로 이끌어 낸다는 믿음하에서 그것은 충분히 도구로서의 가치가 있다. 이는 예술작품에 대한 경험들은 그 자체가 본질적으로 즐겁고 만족스러울 뿐만 아니라, 그런 경험들을 통해 관객들은 세상과 자신에 대한 인문학적 통찰력을 얻게 될 수 있기 때문이다. 이러한 힘은 예술이 가진 도구적 가치로부터 나온다고 본다. 비록 예술이 사회적이라기보다는 개인적인 것이라는 점에서 그 주된 가치를 제공하고 있지만, 개인적 가치를 우선적으로 경험함으로써 사회와 문화 전체가 충족되고 문화적 문해력을 갖춘 인간으로 성장해감으로써 궁극적으로 예술의 중요한 가치를 발휘할 수 있다고 Smith는 주장한다.

이 책의 후반 글들에서 Smith는 Ernst Cassirer, Nelson Goodman, Albert William Levi 등의 연구를 인용하여 심미적 경험의 속성을 가진 인지적 성격을 강조한다. 예술은 학생들의 인격과 지적 발달에 기여를 하기 때문에, 예술은 그 자체로 독특한 학교 교과목으로 여겨져야 한다. 하지만 이것은 인문학을 바탕으로 구성된 커리큘럼일 때를 의미한다. 예술이 가치 있는 경험을 제공할 수 있는 잠재력을 지닌 것이라는 전제하에서, 예술교육의 주요 임무는 학생들이 예술 작품을 이해하고 감상할 수 있는 능력과 자질을 갖추는 것이어야 하며, 따라서 예술교육은 이 가치에 접근할 수 있어야 한다. Smith는 스튜디오 실습을 기반으로 한 커리큘럼을 지지하는 교육자들과는 대조적으로, 예술작품의 인문학적 연구에 주로 전념하는 커리큘럼을 주장한다. Smith가 구상하는 커리큘럼은 주로 중등학교 학년기에 초점을 맞추고 있다. 전문가를 위해서보다는 비전문가를 위한 교육에 전념한다는 점에서 일반 교육으로서의 특성을 지닌다고 할 수 있다. 비록 개인적인 관심사를 형성할 수 있도록 어떤 조항들을 만들어놓긴 했지만, 학생들이 유사한 개념과 기술을 배우고, 비슷한 작품의 구성을 취한다는 점에서 일반적인 성격의 예술교육이 될 것이다. 전통적이고 동시대적인 예술 모두를 포괄하는 본보기가 될 만한 예술작품들로 구성되어 있고, 이들 중 대부분은 서양의 문화유산에서 선정되었지만, 학생들은 다른 문화유산의 작품들도 역시 공부할 수 있는 기회를 가질 수 있도록 해야 한다고 주장한다.

비록 예술에서의 "통찰력", "수월성", 또는 "인문학" 커리큘럼에 대한 전반적인 개념은 수정되지 않은 채 본질적인 개념이 그대로 사용되었지만 이 책의 후반부 내용들에서 보다 정교하고 정제된 용어로 수정되어 사용된 것을 알 수 있다. 그가 가장 최근에 쓴 에세이에서는 다양한 교육 방법을 주장하면서 학년 단계별로 순차적으로 이어지는 커리큘럼에 대한 설명들을 제시하고 있다. 이 커리큘럼은 미술 작품을 안내하는 비공식적인 활동에서 출발하여 심미적 개념과 자질에 대한 점진적인 친숙함으로 이어질 수 있는 내용들로 구성되어 있으며, 미국 학년제로 볼 때 3학년 초기부터 시작할 수 있는 내용들이다. 학습의 대부분은 현재 저학년에서 미술교육을 지배하는 창조적인 활동으로 시작하여 점차 심미적 활동으로 이어진다. 이러한 학습 활동은 4~6학년에서 예술작품에 대응하는 체계적인 훈련의 도입을 통해 보다 공식적인 형태의 지각 훈련으로 통합된다. 7~9학년에서는 주로 서양 미술에 대한 연대기적 조사를 통해 "시간, 전통, 스타일(양식)"의 관점에서 예술을 사고하는 능력을 기르기 위해 미술사적 감각에 전념하도록 한다. 10학년과 11학년이 되면, 학생들은 서양 미술 작품과 다른 문화 전통의 작품들로 선택된 걸작들을 깊이 있게 공부하도록 한다. 마지막 단계인 12학년에서 학생들은 이전에 습득한 기술을 종합하고 개인적인 예술 철학을 개발할 기회를 가진다. 이때는 학습의 모든 유형은 세미나 형태로 이루어지며 미학과 예술 비평 관련 문헌을 읽고 분석하며 심미적 판단 기준을 토론하고 적용함으로써 학습이 가능할 것이다.

Smith의 수많은 글들에서 알 수 있듯이, 그는 예술교육의 명확한 대변가이자, 교육에 예술과 미학을 잘못 적용하고 있는 정책적 제안들에 대한 날카로운 비평가이기도 하다. 그는 특히 예술을 심미적인 목적이 아닌 예술 자체를 교육에 사용하려는 시도에 대해 우려해왔다. 수년간 교육자들은 학교에 예술 교과가 확고한 기반을 다질 수 있는 많은 이유를 제시해왔다. 예를 들어, 예술교육은 읽기, 쓰기, 그리고 수학의 기본 기술을 촉진하기 위한 하나의 방법으로서, 학교 내에서 더 긍정적인 분위기를 조성하는 수단으로서, 사회 문제를 개선하기 위한 도구로서, 인종 관계를 향상시키는 방법으로서, 그리고 기타 등등의 방법으로 제안되어 왔다. 비록 Smith가 예술을 가르치는 것이 위와 같은 교육의 성공적인 결과를 가져오는 데 주된 방법과 수단으로서의 역할을 한다는 것을 인정한 선두주자일지라도, 그는 모든 학습의 성과가 예술로만 이루어질 수 있는 것은 아니며, 이것이 예술을 학교에서 하나의 교과목으로 예술 고유의 가치를 정당화할 수 있는 기초를 제공하는 것은 아니라고 주장한다. 그러한 심미적이지 않은 목표에 집중하는 것은 목표와 목적에 대한 근본적인 혼란을 드러내는 것에 지나지 않으며, 학교 교육 과정 내에서 예술교육이 뚜렷하게 그 고유의 차별적인 역할이 없는 교육을 양산하는 것에 불과하다고 주장한다.

교육의 목표는 실천을 정당화할 뿐만 아니라 실천을 지시하기 때문에, 심미적 목표가 아닌 다른 목표를 채택하는 것은 예술을 가르치고 배우는 바로 그 구조를 왜곡하거나 파괴할 수 있는 매우 위험한 문제를 초래한다. 이것은 특히 예술교육에 대한 일부 사회재건주의자들의 접근에 해당된다. 사회재건주의 교육에는 특수 이익집단의 정치적 아젠다를 홍보할 수도 있는 이념적 내용을 담은 예술작품에 집중하는 경향이 내재되어 있다. 뚜렷한 이념적 메시지가 없는 작품이나 현재 유행하고 있는 성향과 다른 이데올로기를 내포하는 작품을 무시하는 성향들이 바로 그러하고, 심지어 모두가 순수예술 연구를 포기하는 분위기가 바로 그런 경향이다. Smith에게 이 모든 것은 용납할 수 없는 방식으로 예술을 가르치고 배우는 교수학습의 본질을 변질시키고, 학생들에게서 순수 학문 연구로부터 얻을 수 있는 예술이 가진 독특한 성향들을 터득할 기회를 박탈하는 결과를 가져올 수도 있는 것이다.

Smith는 교육에 미학을 포함하여 다루는 내용 중 일부 터무니없는 주장들에 날카로운 비판을 하기도 한다. 많은 철학자들과 교육과정이론가들은 교실에서 배우는 것을 미적 경험을 하게 되는 것에 비유했고, 가르치는 것을 연기에 비유했으며, 교육현상을 평가하는 것을 예술작품을 비평하는 것과 관련시켰던 내용들이 그것이다. 이러한 인식들에 대한 그의 비판은 주로 미적 경험, 연기, 예술 비평의 기본 개념에 대한 상세한 분석에 기초한다. 그는 이론가들이 개념적 유추를 해명하는 데 있어서 이질적인 현상들 사이에 발생하는 몇 가지 주요한 차이점들을 무시했다고 주장한다. 이러한 결과 미학에 대한 이론적인 혼란뿐 아니라 교육과정, 교수법, 교원연수, 교육평가 등에서 근거 없는 애매한 처방들로 이어지게 되었다는 것이다.

물론 나도 Smith가 이러한 정책적 과오의 일부 주요 가닥에 대한 도식적인 개요를 제공하는 이 에세이들의 풍부하고도 복잡한 많은 내용들을 간과했던 것이 사실이다. 나의 이 간략한 서문이 그가 예술을 인간다움의 결정체로서 논의한 철학적 내용, 심미적 경험에 대한 상세한 분석, 예술에서의 개념과 개념 학습에 대한 식견 있는 개요, 그리고 교육 평가에 대한 지각 있는 논평에 정당성을 부여할 수는 없다. 또한 예술교육에서 다문화주의, 엘리트주의, 포스트모더니즘과 같은 문제들에 대한 그의 세심한 분석을 자세히 묘사하는 것은 불가능하다. 독자들은 전쟁 전후 기간 동안 심미적 교육의 개념과 시각 예술교육의 커리큘럼 추세에 대한 명확한 설명으로 보상을 받을 수 있을 것이다.

수년 동안 Smith의 연구들은 오늘날 학교 현장에서 예술교육을 지배하고 있는 스튜디오와 공연 기반 모델에 대한 대안을 모색하는 개혁적인 교육자들에게 엄청난 영향을 끼쳤다. 이런 영향력의 원천은 나무랄 데 없는 그의 학문적 식견과 사려 깊은 추론에 바탕을 둔 광범위하고 통합적인 예술교육 철학으로 비롯되었다. 이 저서에 수록된 에세이들은 학교에서 예술과목들에 대한 설득력 있는 비전을 제시하고 있다. 따라서 교육에서 예술의 역할과 교수학습 환경에서 예술교육의 실천에 대해 관심을 가지고 있는 모든 교육자들에게 주목받을 가치가 있다.

저자가 전하는 감사의 글

이 저서를 집필하면서 거의 반세기 동안 저명한 학자 및 교육자들과 나눈 대화와 서신들을 통해 얻은 즐거웠던 기억들이 떠올라 그들과의 교류가 얼마나 큰 행운이었는지를 알게 되었다. 그들이 제공해준 아이디어들 덕분에 이 책에 실린 대부분의 글을 완성할 수 있었으며, 이 저서의 출간은 바로 그분들이 있어 가능했다. 그들에게 헤아릴 수 없는 감사를 드린다. 이 모음집에 대한 서문을 써준 George Geahigan에게도 감사를 드린다. 이 분야의 어느 누구도 그만큼 나의 평생에 걸친 연구의 행적에 대해 잘 알지 못할 것이며, 내가 어떤 생각을 가지고 무엇을 주장하는지를 명확하게 설명할 수 없을 것이다. 또한 이 저서가 출간되기까지 그동안 내가 써온 글들을 수정하고 편집하는 과정이 필요했는데, 수년 동안 나의 아내 Christiana의 도움을 받아왔다. 그녀는 이 책에 실린 챕터 중 하나를 공동으로 집필한 공동저자이며 다른 글들의 대부분의 편집을 도와주었다. Selena Douglass의 지성적 조언과 도움도 매우 감사드린다. 마지막으로 수년 동안 이 저서에 실린 주제들에 대해서 지속적으로 질문하고 나로 하여금 의구심을 가지도록 해 주었던 나의 제자들에게 감사를 전하고 싶다. 지난 몇 년 동안 그들은 내가 가진 생각들을 정돈해서 가능한 한 잘 이해되도록 전달하게 함으로써 이 저서가 나오는 데 누구보다도 가장 큰 기여를 해 주었다.

역자가 전하는 감사의 글

Ralph A. Smith는 문화정책에서 예술을 감정과 정서적인 위안이나 사회적인 문제 해결을 위한 교화의 수단으로 대중에 보급하려는 시도들에 우려를 표명했던 문화예술교육정책 연구자였다. 그는 이러한 시도들이 오히려 예술교육에 대한 개념을 지나치게 단순화시켜 버린 결과를 초래할 우려에 초점을 두면서, 자신이 일생에 걸쳐 고민했던 글들을 편집 수정하여 이 저서를 완성하였다. 이 역자도 문화예술교육의 헤아릴 수 없는 가치에도 불구하고 정책적으로 실천하는 과정에서 예술에 대한 이해가 왜곡되는 성향을 보아왔기에 이 저서를 감히 번역해보고자 마음을 먹었다. 이 번역서가 나오기까지 10여 년의 시간을 가진 후에야 그 의미를 어슴푸레 알 수 있었는데 이는 예술교육 현장에서 실제적인 교수 경험을 통해서 가능한 것이었다. 이 책의 저자가 그토록 현장의 예술교육이 개인적이고 사회적인 가치에 모두 기여하기 위해서는 동시대적인 문화 속에서 인간 경험에 대한 이해와 통찰을 가져다주는 데 초점을 두어야 하며, 이를 위해서는 과거로부터 탁월한 예술의 가치를 현재의 경험으로 이어지도록 해야 한다고 주장한 이유이기도 하다.

이 저서를 처음 접할 당시 역자는 포스트모더니즘 예술교육 실천들에 심취했었고, 한편으로는 서양의 문화 속에 형성된 미학들을 기반으로 미술교육의 내용들이 고정적인 전통 이론들로 자리 잡은 이유들에 대해서 구체적으로 알고 싶었다. 이 저서에서 담고 있는 미학적인 측면에서 미술이 가르쳐져야 하는 이유들에 대해서 의구심을 가졌었고, 그 철학적이고 이론적인 근거들을 모더니즘적 사고라고만 여기고 문화 다양성의 수용 측면에서 폭넓은 이해를 못했었다. 10년이 지난 지금 이 저서에 담긴 '심미적 교육'의 의미를 이해하기까지 학교 현장에서 일반교육으로서 실천되는 미술교육의 궁극적 목적을 다시금 바라보았으며, 교양교육으로서 예술이 주는 인문학적 통찰력의 배양의 철학적 근거를 발견하는 데 필요한 여정을 지나왔다는 생각이 든다. 이 여정을 통해서 예술이 제공하는 심미적 경험의 감성적이고 정서적인 측면이 비판적 문해력의 자원이 되며 문화적 다양성의 적용으로 이어지도록 교육해야 할 필요성을 깨달았다. 인간 경험 형성에 미치는 예술의 영향력에 대한 Smith의 혜안은 이 저서가 명저로서의 가치를 인정받을 만큼 왜 예술이 가르쳐져야 하는가에 대한 설득력 있는 철학적 근거를 제시해준다. 역자에게는 모더니즘적 견해와 포스트모더니즘적 견해를 상반된 것으로서가 아니라 보완되어져야 하는 대안으로 이해하도록 해주었으며, '심미적 경험'을 통한 예술교육 실천이 전통과 현대의 조화 속에서 이행되어야 함을 깨닫게 해 준 저서이다.

문화예술교육에 대한 저서들은 대개가 개념적 표현의 모호함과 난해함으로 인해 그 정당성이 잘 드러나지 않는다. Smith가 제안하는 심미적 안목, 비판적 사고, 문화적 대안이라는 용어들은 세계대전을 치른 20세기에 이루어낸 문화예술교육의 정당성에 대한 주옥같은 개념을 상기시키는 역할을 한다. 다소 어려운 철학적 용어들로 미학과 예술이 가진 지각적인 경험과 인지적 통찰에 대한 이론과 실천적 방법들을 제시하고 있지만 오늘날 빠르게 발전한 디지털 기술과 인공지능 개발로 인간 경험에 대한 새로운 이해와 변화가 필요한 시점에서 다시 한번 예술교육이 나아갈 방향을 미학적인 근거를 통해 접근하도록 해준다. 이 책의 '심미적 교육aesthetic education'과 관련된 내용들은 심미적인 고양을 추구해온 고전적 이상과 휴머니즘을 동시대적 맥락에서 이해하도록 함으로써 시대적 변화와 사회적 변혁을 쫓아가기 위해 고군분투하는 오늘날의 예술교육자들에게 예술을 통한 '통찰력의 배양'의 중요성을 상기시키는 역할을 한다.

이 저서에서 주로 사용되는 '심미적aesthetic'이라는 용어는 '미적'으로 해석되기도 하는 용어이나, 이 저서에서는 '미적artistic'이라는 용어와 확연히 구분되는 의미로서의 예술이 가진 심미적aesthetic인 경험과 지혜, 가치, 학습 등 그 속에 담겨있는 광범위한 의미로 사용되는 용어이다. 문맥에 따라 '미적'이라는 의미와 '미학적'인 측면에서의 경험적 용어로 해석될 수 있는 용어이기에 이를 구별하기 위해 이 번역서에서는 '심미적'이라는 용어로 통일하여 해석하였다. John Dewey가 사용해온 '미적 경험'과 동일한 의미라고 볼 수 있으나, 이 저서에서는 미학aesthetics 측면에서 더 강조된 의미로서 사용되는 용어라고 할 수 있다. 따라서, 미학적인 측면보다는 미적인 측면에서 일반적으로 널리 사용되었던 문맥에서만 '미적'이란 용어를 그대로 사용하였다. 역자가 이 책을 번역하는 과정 동안 가장 어려웠던 부분이 바로 모호하게 받아들일 수밖에 없는 이 용어의 불명확한 의미 체계 때문이었다. 이 책에서 사용된 '심미적aesthetic' 경험, 가치, 태도, 고양, 웰빙 등으로 사용된 용어의 의미들은 예술이 가진 인지와 통찰, 지각에 대한 중요한 성격을 다룬 것임을 알게 되면서 이 역자는 '미적'이라는 용어와 구별해서 '심미적'이라는 용어를 사용하는 것이 적합한 경우가 대부분이었기에 이 용어의 사용으로 인간 경험 형성으로 안내하는 심미적 교육의 방법과 실천에 대한 독자의 이해를 돕고자 하였다.

저자가 말하는 인지, 통찰, 지각, 감각 등의 용어들은 인간의 경험이 어떻게 형성될 수 있으며 어떤 방향으로 가야 하는가에 대한 구체적인 방법들을 안내하는 데 사용되며, 그러한 인간 경험 형성에 있어서 '심미적aesthetic' 고양이 그 중요한 목표로 다루어져야 한다고 안내되고 있다. 즉, 예술이 가진 의미 있는 경험이 인간의 사고와 인지를 통해 행동으로 일어나는 매우 복잡하면서도 무한한 가능성을 제공하는 가치 있는 경험의 과정임을 알게 해준다. 우리가 '알아차림'이라고 할 수 있는 감각적인 순간에 일어나는 지각적 경험은 수많은 내재적인 상상력을 동원하여 반성적인 사고를 거쳐 '깨달음'으로 발전한다. 이는 내재적 변화의 동기를 마련해주는 초석이 된다. Smith는 이러한 내재적 가치가 있는 지각적 경험을 통찰력 개발로 이행하기 위한 예술교육의 구체적인 교육과정 고안부터 실천방법까지 안내해주고 있다. 이 저서는 바로 이런 전 과정들을 '심미적aesthetic 교육'의 이론과 실천으로 제시한 것이라고 할 수 있다. 그가 제안한 유아기부터 성년 초기까지에 걸친 인문학 기반 예술교육과정의 단계적 이행 과제들은 공교육과 평생교육 현장에서 일반교육과 교양교육과정에 적용가능한 것들이다.

번역서가 출간되기까지 포기하고 싶은 순간마다 격려와 조언을 아끼지 않는 모든 분들께 진심으로 감사를 전한다. 특히, 어려운 용어들에 대해 고민을 공유하며 숱한 질문들에도 기꺼이 자문해주신 존경하는 문화예술교육 현장 실천가 및 연구자, 그리고 선배교수님들께 진심으로 감사를 드린다. 부족한 번역으로 인해 원저에 대한 이해를 방해하지 않는 선에서 예술교육 연구자와 현장 실천가들에게 의미 있는 명저로 읽히길 고대한다. 끝으로 숱한 원고 수정 요청을 감내해주신 박영사의 명저번역 출판 담당자와 나의 연구에 지속적으로 응원을 보내주는 사랑하는 가족에게도 무한한 고마움을 전한다.

서론

이 책에 실린 글들은 그동안 예술작품들을 이해하고 감상하는 활동에 영향을 미쳐왔던 심미적 개념들과 다양한 맥락에 대한 이해를 지속적으로 발전시켜 온 필자의 관점들로 구성되어 있다. 예술작품의 이해와 감상에 있어 그 두 가지 측면의 고려 사항들을 발전시켜오는 과정 속에서 예술과 심미적 교육이 삶을 충만하게 만들 수 있다는 필자의 믿음은 변함없이 더욱 견고하게 다져졌기에 그러한 과정을 담고 있다. 충만한 삶은 지각과 상상력의 정화와 더불어 가치 있는 삶의 태도와 감동스러운 이미지들을 감상하는 능력을 향상시킴으로써 가능하다.

이 책에서 전반적으로 사용된 **미술 교육art education**과 **심미적 교육 aesthetic education**이라는 용어들은 그 의미들이 종종 상호 교환될 수 있을 뿐 아니라, **미적artistic** 개념과 **심미적aesthetic** 개념 사이의 밀접한 관계를 통해서 (미술과 심미적인 것에 대한 대부분의 이론들에서 이 두 용어의 사용은 어쩔 수 없이 상호 연관되어 있음을 밝혔기에) 그 용어 사용의 정당성을 갖는다. 확실하게 말해서 심미적인 영역은 미술 세계를 넘어 확장되는 용어이기 때문에 본질적인 미학과 일상의 삶에 대한 미학의 측면에서 훨씬 더 많이 거론되고 있다. 아직까지도 미술작품은 대개 평범하지 않은 심미적 가치에 집중하고 그것을 추구하는 것으로 인식하는 사람들이 많다. 이 책에 실린 내용이 아닌 다른 글들에서 나는 심미적인 것에 대해 집중적으로 논의의 확장을 했었지만, 여기에 게재된 글들은 예술 작품에 대해 좀 더 폭넓게 다루는 데 그 용어들을 사용하는 것에 역점을 둔다.

18세기 후반 Friedrich Schiller와 20세기의 Herbert Read와 John Dewey의 글들에서 **심미적 교육**aesthetic education이란 용어가 사용된 전례들을 발견할 수 있다. 이 유명한 이론들에도 불구하고 아이러니하게 필자로 하여금 심미적 이론과 예술 실천의 관계에 대해 고민하게 하고, 교양교육에서의 예술 분야의 위치, 그리고 심미적 교육에 대해 진지하게 생각하게 했던 것은 20세기 중반에 Harry S. Broudy가 썼던 글 "교육 미학의 의무들Some Duties of an Educational Aesthetics"에 실린 내용에 영향을 받았기 때문이다. 일리노이 대학교 교육사철학과(나중에 교육정책학부로 개칭)에서 Broudy의 후배 조교수였던 내가 그 유명하고 경험이 풍부한 수석 교수의 영향을 받는 것은 당연한 일이다. 이 책의 필자로서 나의 이력을 간단히 언급하자면, 심미적 교육 분야 과목 창설과 『미적 교육 저널Journal of Aesthetic Education』을 만들었고, 심미교육 분야에서 이슈되고 있는 정당성의 문제, 교육과정, 교수학습, 평가 그리고 정책과 관련한 강연과 글들을 발표했다. 나의 주된 관심 중의 하나는 어떻게 창의적이고 학문적인 분야가 미술과 심미적 교육의 영역에 발생된 문제를 해명하고 밝혀줄 수 있는지에 대한 것이었다. 이 책에 실린 챕터들의 내용들은 주제와 글쓰기의 상황 - 초청 강연, 연구과제, 공동협력, 비판적 조사, 논설에 따라 스타일과 어조가 다양하다. 나는 미술과 심미적 교육에 가장 좋은 관심을 가지도록 하는 아이디어와 경향에 대해서는 일반적으로 긍정적인 관점을 유지하고 있지만, 이 관점에 저해되는 아이디어와 경향에 대해서는 비판적인 견해를 가지고 있다. 그 비판적인 요소들 중 하나가 교육연구 개발과 포스트모던 이론화 등이다.

애초에 이 저서는 그간 나의 예술교육에 대한 사고가 어떻게 진전되어 온 것인지를 보여주기 위해 그동안 써온 논문들을 연대기적 순서로 정리하는 작업으로 집필하고자 했었지만, 쉽지 않았다. 그래서 나는 이전부터 써오던 글들과 최근의 글들에서 주장하던 내용들을 주제별로 분류해서 더 명확하게 내가 주장하고자 하는 바가 무엇인지를 분명하게 기술하여 이 책을 출판하기로 하였다. 또한 발표한 논문들 중 굉장히 짧은 내용으로 기술되었던 것에 추가하여 그 글들에 영향을 준 사람들과 사건들에 대해 적절히 삽입하면서 수정보완하기로 결정했다. 선정된 글의 주제들은 교양교육과 예술교육의 관계, 미술, 미학, 심미적 교육의 관계, 교육과정, 예술과 인문학, 문화의 다양성에 이르기까지 다양하다. 이 책의 각 장에 실린 에세이들은 문체와 용법의 수정이 불가피했기에 통일성 있게 편집을 거쳤다.

이 책의 **제1부**에서 "**교양교육으로서의 예술교육**Arts Education as Liberal Education"(제1장)은 이 책을 시작하는 장으로 이 책에 실린 대부분의 글들이 나오게 된 배경으로서 나의 뇌리를 사로잡은 많은 생각들을 개략적으로 보여주는 글이다. 이 글은 나와 친분이 있는 셰익스피어 연구자이자 최근에 F. Scott Fitzgerald와 Ernest Hemingway 작품의 권위자인 Ronald Berman으로부터 영향을 받은 내용이다. 그는 내가 예술과 인문학의 가치를 존중하고 확장시키고자 하는 것과 문화 및 교육 정책이 점차적으로 예술을 정치화하고 있는 것들에 우려하고 있는 것을 잘 알고 있었으며, 우리는 둘 다 이런 점을 함께 공유하고 있었다. 당시 Berman은 미국국립인문학재단National Humanities Foundation 창립 시기에 회장으로서 이런 정치화에 맞서 논쟁하는 자리에 있었고 그때 나는 미국국립예술기금협회National Endowment for the Arts의 교육 정책에 확연히 명시되어 있는 사실을 알게 된 때였다. 당시 보스턴대학교에서 1875년부터 발행해온 저명한 교육학술지의 편집장이었던 Berman과 Philip Tate의 초청으로 나는 그 학술지의 특별호에 교사들을 위해 일반 교양 교육과정의 중요성을 알리기 위한 글을 실었다. 보스턴대학교에서 1875년부터 출간해왔던 신망 있는 교육저널 특별호에 교사들을 위한 일반교양과정의 중요성을 알리기 위해 객원 편집장인 Berman과

Philip Tate로부터 초청을 받아 기고했었는데, 이 글은 교양과목에 전념하는 기관으로 잘 알려진 밀샙스대학Millsaps Collge에서 던버 강의Dunbar Lecture를 통해 처음 소개되었다. 하버드대학교 교육대학원과 컬럼비아대학교 여름학기 교육대학 강연에 이 내용들을 사용해왔다.

"심미적 교육 철학과 이론Philosophy and Theory of Aesthetic Education"(제2장)은 『변증법과 인문학Dialectics and Humanism』 저널의 '미술과 철학: 상호 연관성과 영감Art and Philosophy: Mutual Connections and Inspirations'이라는 주제로 발행된 특별호의 객원 편집장 Harold Osborne이 논문을 기고해달라는 초청에 응하기 위해 준비했던 내용이었다. 애석하게도 Osborne은 이 호가 발행되기 전에 세상을 떠났다. Osborne은 오랫동안 『영국 미학 저널British Journal of Aesthetics』 편집장으로 일했고 그가 세상을 떠날 즈음에는 영국 미학협회British Society for Aesthetics 회장이었다. 그를 만나본 적은 없지만 서신을 통해 그를 알게 되었고, 그의 생애 말미에 『미적 교육 저널Journal of Aesthetic Education』에 여러 글들과 평론을 아낌없이 기고했던 이론가이다. Harry Broudy와 함께, Osborne은 나의 초기 연구에 지대한 영향을 미쳤다. 이 장의 내용은 과학적이고 실용적인 이론들의 차이점에 관하여 몇 가지 평을 한 뒤, 이 이론들을 이행하는 맥락에서 일반교육의 우수성과 미적 경험에 대한 네 가지의 이론을 다룬다. Osborne과 Monroe Beardsley의 이론들은 Nelson Goodman과 E. F. Kaelin의 이론과 연결되고, 이것은 심미적 개념들에 대한 나의 시각을 확장시켜 준 이론이다. (나의 이후 글들에서도 알 수 있는 사실이다.)[1] 이 장에서 미술의 인지적 측면에 대해 주의를 기울일 뿐만 아니라, 더 즉각적으로 느껴지는 미적 경험들의 효과와 그러한 경험들이 확장될 수 있는 다른 가치들 간의 차이로 이해될 수 있는 것으로서 필자는 미술이 가진 바로 드러나는 가치와 차츰 드러나는 예견된 가치의 구별을 제안한다.

심미적 교육의 개념은 유럽과 북미 양쪽에서 발달되었다. "미술, 인간 생애 진로, 그리고 심미적 교육Art, the Human Career, and Aesthetic Education"(제3장)은 영국 윔블던에서 개최된 학회에서 필자가 기조연설에서 발표했던 내용이다. 나와 지속적인 우정을 이어오고 미학과 미술 교육에 관한 선집을 공동 편집했던 Alan Simpson은 학회를 조직하고 영국에 심미적 교육에 대한 관심을 자극하는 데 중요한 역할을 한 인물이다.2) 나는 이 학회에서 그 당시 영국 미술 협회 사무총장이었던 Roy Shaw 경을 만나게 되었는데, 우리는 Matthew Arnold의 글에 공통적으로 관심을 두었고 미술교육에서 수월성의 중요성에 대한 확신을 공통적으로 가지고 있음을 알게 되었다. Roy 경은 영국에서 고도의 관심을 두는 성인 교육 프로그램을 위해 성인들과 함께 일하면서 어린 학생들뿐만 아니라 성인들에게까지 모두 적합한 교육 목표가 되는 수월성에 대한 연구로 우수한 업적을 갖고 있다. 이후 그의 관심사들을 일리노이대학교의 직원들과 학생들에게 연설할 수 있도록 하였는데 『심미적 교육 저널Journal of Aesthetic Education』에 글을 실어달라는 부탁을 흔쾌히 받아들였다. 2장의 내용은 우리에게 친근하고 익숙한 근거들을 다룬 다음, 심미적 경험의 어떤 특징들을 보여주는 것으로 해석될 수 있는 각기 다른 종류의 현상들에 대응하는 몇 가지 예들을 제공한다. 그런 다음 심미적교육이론이 저항에 직면했을 때 일어날 수 있는 어려움을 예견하고, 철학적으로 타당한 심미교육의 정당성을 언급하기 위해서 이에 대한 필요성을 피력한다. 또한 문화정책을 세우는 데 있어 정부들의 역할에 대해서도 언급한다.

　"미술교육 철학의 문제Problems for a Philosophy of Art Education"(제4장)는 미술교육분야에서 철학적 연구에 전념하는 『미술교육연구Studies in Art Education』 특별호 객원 편집자이자 유명한 미학 교육이론가인 Louis Lankford의 초청으로 썼던 글이다. 이 장에서는 수많은 표면적 이분법들이 진정한 이분법적인지 아닌지 또는 그 이분법적인 용어들이 새로운 방식으로 합성될 수 있는 것들인지 아닌지를 밝히기 위한 시각으로 검토한 내용들을 다룬다. 게티 지원 프로젝트로 설계된 학문중심미술교육discipline-based art education의 기초 문헌을 파악하기 위해 준비한 미술교육 문제에 대한 실무 논문에서도 나는 이와 유사한 문제들을 논의했었다.

제2부의 시작인 "개념과 개념학습, 그리고 미술교육Concepts, Concept Learning, and Art Education"(제5장)에서는 1부에서 다룬 이론과 실제를 연구와 관련짓도록 하는 문제들에 대해 다룬다. 개념의 서로 다른 의미들을 지적하고, 개념 습득의 본질을 설명하여 의미 있는 학습 이론의 관련성을 제시한다. 이 글을 집필할 당시 나는 심미적 반응의 독특한 성격들을 찾아내고자 몰두했었고, 미술작품에 나타나는 대상의 인지적 측면에 별로 주목하지 않았었다. 그러나 비록 내가 후자에 대해 구체적으로 언급하지 않았지만, 항상 미술작품은 독특하고 다면적인 의미를 가진다는 가정을 두고 연구를 진행해왔다. 이 책의 다른 글들은, 특히 예술과 인문학을 다룬 제3부에서는 미술에서의 의미 개념을 부인하는 형식주의 이론을 고집하고 있다는 혐의에 대해 명백한 오해를 풀고자 하였다.

게티 트러스트Getty Trust는 잘 알려진 것과 같이 1980년대와 1990년대 미술과 심미교육에 참여하였다. 하지만 게티가 참여하기 이전에 CEMREL (중앙 중서부 지역 연구소Central Midwestern Regional Laboratory)의 심미적 교육 프로그램the Aesthetic Education Program은 Stanley S. Madeja의 지휘 아래 이루어졌는데, 이것이 미국 미술교육의 연구 개발에 가장 포괄적인 노력이었다. 미술교육 분야에 관련된 주요 인사를 고용하고 기관들을 유치하였다. Christiana Smith와 공동 집필한 "예술계와 심미적 기술들: 연구 개발을 위한 맥락The Artworld and Aesthetic Skills: A Context for Research and Development" (제6장)은 향후 예술과 미학의 역할에 대한 CEMREL 주최 컨퍼런스에 발표됐다. 나는 어떤 연구 계획서든 전제조건을 제시하며 시작한다. 연구 제안서는 사업의 본질에 대한 가설들을 포함하고 있어야 한다. 미술교육의 본질을 설명하는 것은 예술 세계의 구성 요소들을 확인하고 청소년들의 감상

appreciative과 비평적인 성향을 발전시키는 데 있어 필요한 개념들, 기술들, 그리고 어려움들을 포함한다. 이 글이 시각예술을 강조하고 있지만, 무용과 음악 교육자들에게도 각기 영역에서 비평적 기술들의 분류를 통해 개념과 기술을 도표화하는데 유용하다는 것을 발견할 것이다.

"학교에서 심미적 비평 교수Teaching Aesthetic Criticism in the Schools"(제7장)는 집필 당시와 동일하게 현재에도 시기적절하며 적용이 가능한 내용들이다. 1970년대 Paul Goodman과 Robert Brustein이 반문화적인 신좌익 성향에 대한 비판에서 드러낸 비판단주의 분위기는 현대 포스트모던 이론에서 행해지는 가치를 구별짓는 것에 대한 비판과 유사하다. 제7장에서는 비판의 유형과 비평적 기준들을 설명했고, 미적 비평의 예를 제시하였으며 그 구성들이 어떻게 이해될 수 있는지 제안하였다.

1980년대 학교의 상황을 한탄하는 기사들이 국가 수월성 교육 운동national excellence-in-education movement3)에 불을 붙였다. 그 당시 미국미술교육협회 NAEA: National Art Education Association 회장이었던 Nancy MacGregor가 나에게 이 운동의 정신에 따라 그 협회를 대표하여 성명서를 준비하도록 요청했기에 『미술교육에서 수월성: 사고와 전략들Excellence in Art Education: Ideas and Initiatives』 저서를 발표했다. 이 첫 번째 책에 이은 후속 저서로 『수월성 II: 미술 교육에서 지속되는 탐색Excellence II: The Continuing Quest in Art Education』(1995)은 수월성과 관련된 주제에서 지속되는 관심을 반영하고 있다.4) 첫 번째 저서가 수많은 논란을 불러일으킨 바와 같이 두 번째 발간된 저서도 놀랄 것도 없이 논란을 불러일으켰다. 논쟁의 주요 쟁점은 수월성 excellence5)의 추구가 본질적으로 엘리트주의적이므로 민주적인 원리와 양립할 수 없다는 것이다. 물론 필자는 이 견해를 부인한다. 여기에 다시 실린, "미술교육에서 수월성 교육과정An Excellence Curriculum for Art Education"(제8장)은 위 책들의 주제를 근거로 하여 컬럼비아 대학교 교육 대학의 교육과정 심포지엄에서 발표한 연설을 수정한 내용이다.

제3부에서는 심미적 교육에 대한 나의 현재 생각과 이에 대한 인문학적 관점을 강조하였다. 나는 항상 인문학을 아우르는 연구들에 관심을 갖고 있었지만 (나는 미술사를 몇 년 동안 가르쳤고, 심미적 비평과 인문학적 이해의 관계에 대해 글을 써왔다.)[6] 좀 더 체계적으로 심미적 교육의 인문학적 해석의 틀을 잡기 시작한 건 미술교육에 게티 트러스트Getty Trust의 출현 이후부터였다. 게티의 미술교육에 대한 접근 방식인 학문중심미술교육DBAE: discipline-based art education으로부터 자극을 받았는데, 학문중심미술교육DBAE으로 알려진 게티Getty의 접근법은 미술 제작, 미술사, 미술 비평, 미학에 대한 이론과 방법에 대한 가르침을 강조하였다. 미술교육의 방법이 학과(학문)에서만 나오는 것만이 아니라는 것은 알고 있었지만 이 영역들이 그 기초로 고려된다고 여겨졌다. 나는 창의적 활동에 학문적인 훈련을 보충하는 것은 사실상 미술을 인문학으로 접근하여 논리적으로 보이는 다음 단계를 접근하도록 함으로써 미술과 인문학의 연관성을 찾아냈다. 이러한 연관성을 만드는 것은 질문을 통해 학문들로 나아가는 나의 성향을 반영했기 때문에 게티의 학문중심 접근법이 어렵지 않았다. 예를 들어, 나의 첫 번째 출판 저서의 내용은 미술사, 미학, 미술 비평의 주제 아래 구성되었고, 예술 창작에 대한 논의도 마찬가지로 구성되었다.[7]

"심미적 교육: 필연적 중요성Aesthetic Education: A Critical Necessity"(제9장)은 미술교육에서 세계적으로 유명한 Ann Kuo로부터 대만에서 개최된 세계미술교육학회InSEA의 지역 의회를 위한 기조연설을 요청을 받아 작성한 내용이다. 이 기회를 통해 나는 사회구성원들의 다문화 이해와 관련된 심미적 교육의 인문학적 해석에 관하여 소개할 수 있었다. 도입부는 Walter Kaufmann이 쓴 인문학의 미래에 대한 논의였다. 그는 고전 서적을 읽는 것을 문화충격을 경험하기 위한 목적으로 외국 문화를 접하는 것과 관련지었다. 나는 그의 비유가 미술계에 체류하고자 준비하는 사람들에게 시사하는 점이 있음을 주장하였다. 민족 집단주의를 극복하는 것은 Kaufmann의 인문학의 4가지 목표 중에 하나이고 나머지 세 가지는 수월성에 대한 공감, 심미적 안목의 배양, 그리고 비판적 사고의 힘을 획득하는 것이다. 내가 이 책에서 논의한 모든 주제들이라고 할 수 있다. 간단하게 Clifford Geertz의 발리 사람들의 삶과 문화에 대한 연구를 보면 서구와 비 서구 사회의 심미적 배려의 차이를 보여준다. 이 차이점들은 제4부에서 문화적 다양성에 대한 글에서 더 집중적으로 다룬다.

"통찰력 개발: 인문학 기반 예술 교육과정Toward Percipience: A Humanities Curriculum for Arts Education"(제10장)은 두 명의 학자들과 협업한 성과물이다. Albert William Levi는 그의 워싱턴 대학교Washington University에 인문학부의 탁월한 교수로 재직할 당시 David May로 불렸던 학자였고, Bennett Reimer 는 당시 노스웨스턴 대학교에서 음대의 John W. Beattie 교수였다. 인문학에 대한 관점은 Levi가 전통적인 교양교육을 인문학으로서 재정의한 것으로부터 시작되었다. 그는 교양교육을 언어와 문학, 역사 그리고 철학적 반영 − 또는, 그가 정의하길, 의사소통의 예술성, 지속성, 그리고 비평으로 이해하였다. 인지에 대한 논의는 Reimer와 내가 공동 편집한 교육연구를 위한 국립 협회 NSSE: National Society for the Study of Education가 연감으로 발행한 『예술교육과 미적 앎The Arts Education and Aesthetic Knowing』에서 언급되었다. 이 책의 주제는 예술에서의 인지적 혁명이었다. 또는 이 책을 평한 어느 논평가는 예술교육을 위한 인지적 혁명의 수확이라고 했다. Levi의 재정의와 DBAE의 학문들 사이 연결고리를 확립시키기 위해 내가 했던 모든 것은 미술은 의사소통의 특별한 방법이며, 지속성의 역사를 갖고 그것의 가치들을 반영하는 문학을 포함한다고 주장하는 것이었다. Levi의 재정의를 제공한 후에, 나는 그 글에서 인문학 교육과정의 윤곽을 그렸다. 여기에는 일반교육의 목적, 구성적이고 계시적인 가치들의 견지에서 미적 경험의 해석, 그리고 다섯 가지의 중복되고 상호 연관된 미적 학습의 측면들에 대한 설명이 포함된다. NSSE가 매해 출판하는 연감들을 준비해 본 적이 있는 사람이면 누구나 알듯이, 편집자들은 그 당시 NSSE의 회계이사였던 Kenneth Rehage의 친절한 안내와 재정 지원이 얼마나 감사하고 고마운 일인지 알 것이다. 이 글은 미술교육 전문가들을 위한 것이 아니라 일반교육 독자들을 위해 쓰여진 것임으로 나는 다른 글들에서 이미 살펴보았던 Levi의 인문학에 대한 해석과 Beardsley의 심미적 경험에 대한 논의를 다시 반복하였다.

내가 가장 잘 알고 있는 분야가 시각예술이기 때문에, 나의 글에서 대부분의 예시들은 시각예술과 관련된 것들이다. 그러나, 시각예술에서 사용되는 용어들이 제한적인 의미를 가지기 때문에, 나는 때때로 다른 미적 분야에 대해서도 언급한다. 다음으로 이어지는 글들의 경우, 음악교육에 관련한 것이다. 좀 느닷없게 느껴질 수 있는 내용의 경우는 Estelle R. Jorgensen의 지휘 아래 주최된 인디아나 대학교 국제 심포지엄에서의 연설이었다. 심포지엄의 주제는 학자/교사, 연구와 가르침을 향한 하나의 관점을 제시하는 것이었다. 그 학술대회 발표 내용들은 이후에 Jorgensen이 초청 편집자로 미학교육 저널(가을 1991)의 특별 호로 출판되었으며, 나중에 일리노이 대학교 출판사University of Illinois Press를 통해 한 권의 책(1993)으로 출판되었다.

미술교육을 인문학 범주에 포함하는 것은 음악교육을 포함시키려는 것보다는 상대적으로 덜 논란이 된다. **"인문학의 한 분야로서 음악 교수Teaching Music as One of the Humanities"**(제11장)에서는 음악분야에서 저명한 철학자 Peter Kivy가 이에 대한 반대의견을 갖고 있는 연구에 대해 언급한다. 예를 들어, Kivy는 베토벤 교향곡 3번(영웅교향곡)은 심오한 무언가를 나타내는 것이 아닌 단지 "소리의 웅장하면서 추상적인 구조일 뿐이고 하나의 아름다운 큰 소리, 어떤 의미를 담고 있지 않는 소리일 뿐이다."[8]라고 말한다. 나는 이에 전적으로 확신이 들지 않아서 음악의 의미에 관한 문제들(예: 음악적 의미의 환기, 표현 및 의미 이론에 대한 문제)을 광범위하게 다룬 Beardsley의 연구들에 관심을 두게 되었다. 이 어려움들과 씨름하면서 Beardsley는 미술을 이해로서 인지하는 Nelson Goodman의 이론이 그 문제들에 어떤 통찰을 제공하는지에 대해 탐구했다. Beardsley는 어떤 검증된 결론에 도달했는데, 그것은 음악은 인간 경험에서 움직임에 대한 이해에 중요하게 작용되는 지각으로서 연속성의 모드로 구성되는 것이므로, 지식을 전달하는 것으로 주장될 수 있다는 것이다. 내가 생각하기에 그런 겸손하고 조심스러운 표현으로서의 음악적 의미에 대한 예는 내가 음악교육도 인문학 기반 예술교육 개념에 접근하는 하나의 방식임을 주장하고자 하는 목적을 위해 충분히 사용될 수 있는 내용이었다. 게다가 이 장에서 나는 과학, 예술, 그리고 인문학에 대한 Leonard Meyer의 논의를 설명한다.

"재도덕화와 심미적 교육Remoralization and Aesthetic Education"(제12장)은 Harry S. Broudy의 글에 대한 나의 감사의 또 다른 표시이기도 하다. 나는 Broudy가 펴낸 문집 중 하나로서 그의 저서『진실과 믿음: 시민들의 딜레마Truth and Credibility: The Citizen's Dilemma』에서 지속적으로 관심을 두고 실험하고 연구했던 아이디어를 심미적 교육의 특정한 맥락에 적용을 시켰다. Broudy는 사회 도덕성의 재확립의 필요성을 지적하고 그것이 가능하도록 하는 자원들이 무엇인지 검토한다. 그는 사실의 문제에 대한 확신은 과학의 분야에 그 능력을 부여하지만 수없이 대립하는 무수히 많고 종종 상충되는 그런 주장들은 일반 시민들로 하여금 도덕적 판단에 도달하도록 하는 데는 충분하지 못하다는 점을 상기시킨다. 그러므로 시민들은 점차 전문가의 견해에 의존하게 되고, 어떤 전문가 혹은 정치적 지도자를 신뢰할지 결정해야 하는 딜레마에 직면하게 된다. 돌려 말하자면, 시민들의 전문가 선택은 전문가의 신용에 가장 많이 의존하며, 그들의 믿음과 행동에 책임감을 지니고자 하는 그들 지위에서 확신하고 안전하게 보장할 수 있는 수행력이라 부르는 신용도에 달려있다. 시민들이 전문가들에게서 요구하는 신용도와 확고한 수행력은 그들 스스로 노력하고 개발해야 하는 자질이기도 한 것이다. 여기서 그들은 미술과 인문학의 예시들을 감상하고 공부함으로써 그런 자질을 획득하는 데 도움을 얻을 수가 있다고 Broudy는 주장한다.

제4부에서는 문화적 다양성을 논의하는데, 제3부에서 심미적 교육의 중요성에 대하여(제9장) 언급할 때 다문화주의자들의 유형을 구별하였지만, 제4부의 "**문화 다양성의 적용**The Uses of Cultural Diversity"(제13장)에서는 좀 다른 시각의 내용을 썼다. 예를 들면, Lionel Trilling의 글 "우리는 왜 Jane Austen을 읽는가Why We Read Jane Austen"를 통해 주장되었던 내용인데, 서구와 비서구의 두 사회가 미학이 중요하다는 인지를 어떻게 하고 있는가에 대한 내용이다. Trilling은 Clifford Geertz가 발리 사람들의 삶에서 인간생활의 본성을 이해하기 위해 사용했던 인류학적인 방법들을 검토해보는 것이 적합하다는 것을 알게 되었다. Trilling은 삶이 미술을 가까이하고자 추구하는가 아니면 가까이하는 것을 추구해야 하는가에 대한 물음에 즉각적으로 대답했고, 그런 질문은 "그 말 속에 이미 포함하고 있는 모든 존엄성을 지닌 하나의 논리"를 구성하고 있다고 결론지었다. 이런 질문은 예술과 인간 생애의 명확한 관계를 발견하고자 하고자 하는 글에서 용이하게 이해될 수 있다.

몇 가지 부가적으로 실린 글들은 출판사의 편집위원들의 제안과 독자들이 그 원고를 읽고 난 후 질문했던 것들에 대한 답변들이다. 이 글들은 1977년에 채택되었고 1995년에 다시 쓰였다. "무엇이 일어나고 있는지"와 "긴급 뉴스"의 견지에서 바라보면, 10년 전에 썼던 글들 중에서 어떤 내용들은 그 핵심적인 주제에서 벗어나 있거나 역사적 관심 그 이상 아무것도 아닐지도 모른다. 나는 나의 글들이 미술교육 연대기적 기록 속에 보존될 수 있다는 생각에 기쁘기도 하지만, 사실 이 저서에 실린 글들은 동시대적인 감각으로 읽혀질 수 있는 내용들이라고 믿는다. 어떤 내용이 반복되어졌다면, 나는 이런 반복이 아이디어나 접근방식을 강화하는 데 도움을 주는 장점이 될 수 있다고 생각해서임을 밝힌다. 몇 개의 반복적으로 사용된 내용들에 관해서는 아이디어와 접근 방식들을 재차 강조하기 위해 추가한 것이다. 게다가, 똑같거나 비슷한 아이디어들은 그 맥락에 의존해서 더 많이 토론하게 하거나 혹은 토론을 줄일 수도 있다는 점에서 나는 그 반복된 내용에 대해 별 무리가 없으리라 믿는다.

처음 질문으로 돌아가서, 예술과 인문학이 자연과학과 물리학의 열풍으로 급속도로 위축되어 가고 있는 곤경의 상태에 놓여있다는 점을 지적할 필요가 있다. 과학적 지식이 급성장으로 진보하고 있어 그 분야의 교과서들과 서적들은 6개월마다 재발행 되고 있고 과학 저널들은 더 빠른 속도로 연구물을 보여주고 있으며 전자통신매체들은 점차 출판업계를 밀어내고 있다. 예술과 인문학에서 의사소통의 역동성은 매우 느슨하게 진행되고 있다. 과거라는 것은 지속적으로 수없이 많은 동시대적 문제들에 대한 사고들에 영향을 주는 반면에, 한 번 반증된 과학이론은 원칙적으로 보관기록 자료로만 사용된다.

그동안 나의 논문들에서 피력했던 논증과 같은 방식으로 지금까지 변화되어 온 수많은 교육적 이상들에서 전통적으로 추구해 온 이상들을 다시 상기할 필요가 있으며 그것을 포기한 결과를 지적하고자 한다. 대학고등교육과 초·중등학교교육은 전통적으로 추구해 오던 이념들 속에서 주장했던 것을 포기한 결과 인문학적 학습에 대한 전통적인 이상에 대한 통찰의 상실을 초래했다고 생각한다. 미학, 특히 철학적 토대 위에서 세워진 미학이 예술교육을 주도하는 방식들은 역시 지속되어야 할 중요한 것들이다. 정말로 심미적인 것에 대한 인식이 암흑기에서 깨어나기 시작했을 때, 의도하지는 않았지만 인간 경험에 대한 우리의 이해를 위해 그런 경험을 없애고자 하는 어떤 노력들에 의해 심미적 경험은 가치를 너무 많이 잃어버렸던 감정이었다. 그러나 이제 그 중요성과 개념은 다시 부활하고 있다. 게다가 단지 가설적이거나 사실적이거나 하는 이분법들은 지속적으로 분석되어야 할 필요가 있다. 그런 분석기술이 확실하게 이루어졌을 때야 비로소 우리는 더 잘 가르칠 수 있는 방법을 연구하기 위한 노력을 기울일 수 있는 것이다. 인간의 마음의 본성과 학습을 이해하는 데 있어 인지 혁명은 결과들을 산출할 수 있는 것이기도 하며, 인문학적 관점으로 미술교육의 개념을 그 인지 혁명의

한 부분으로 인식함으로써, 인지혁명에 미술교육이 확실하게 이바지할 수 있는 중요한 것으로 여길 수 있다. 마지막으로 심미적 교육과 인문학이 사회의 도덕화를 재확립하는 역할을 한다는 점은 이에 대한 글들이 출판되었던 당시에는 확신이 없었지만, 오늘날에 오히려 더 중요하게 여겨질 수 있다는 점을 주장했다. 이런 주제들은 내가 다시 수정하여 편집한 글들에서 이미 모두 논의된 것들이다.

그러나 혹자는 이 글들이 일부 잘못된 것들을 반증할 만큼의 충분한 어떤 논리적 확신을 주지 않는다고 생각할지도 모르며, 이 사람들에게는 내가 주장하는 논리가 만족스럽지 못할 것이다. 어떤 독자는 내게 왜 포스트모더니즘에 대해 좀 더 관심을 기울이지 않았는지에 대해 질문하기도 했었다. 이에 대한 답변이 될 수 있는지는 모르겠지만, 모더니즘과 그것 간의 분열에 대해 제1부에서 간단하게 논의했는데, 포스트모더니즘을 미술교육을 위한 하나의 문제를 파생하는 측면에서 설명했다. 그런 맥락에서 내가 포스트모더니즘에 대해 불쾌하거나 혹은 좀 부족한 해석으로 보일 수도 있지만, 모더니즘과 반대 개념으로서 포스트모더니즘 용어를 이념적 논쟁의 측면에서 사용하는 것은 그것들의 교육적 유용성에 대한 가치를 떨어뜨리는 것이라고 주장했을 뿐이다.

나는 또한 포스트모던 미술교육에 대한 어떤 설득력 있는 해석도 찾아내지 못했다고 말했는데, 사실 그것은 설득력 있는 해석이 불가능한 것이라는 것이 나의 생각이다. 이런 말을 왜 하는가? 노골적으로 말해서, 포스트모던 미술교육자들은 미술작품들은 심미적 속성과 내용의 견지에서 해석되거나 이해되어져서는 안 되며, 그것들이 출현하게 된 사회문화적 조건의 견지에서 이해될 수 있다고 주장하는데, 나로서는 그런 주장에 동의할 수 없기 때문이다. 포스트모던 미술교육자들은 더 나아가서 미술과 미술교육을 급진적인 좌파적 사고방식의 선상에서 정치화하는 경향이 있다. 그런 믿음은 교육내용과 교수법을 결정함에 있어 그 사회를 지배하고 있는 계층들이 자신들의 권력과 지위를 지속적으로 유지하기 위해서 그것을 이용한다는 생각으로부터 기인된 것으로, 그런 이용은 일종의 사회 억압의 한 요소가 된다는 것이다. 그러므로 학생들에게 그런 사회적 조건들은 해체적 분석을 통해 폭로되어야 한다는 것을 가르치고, 사회 개혁을 위해 그것들을 재배열하고자 하는 비판적 태도를 갖도록 하는 것을 의무시하도록 하게 된다. 그런 비판적 성향은 전형적인 서구적 가치를 지식, 의미, 진실, 가치, 목적, 그리고 그 자체의 의사전달의 가능성의 어떤 것으로 불리는 것들의 합법성에 대해 의문을 던지기 위한 것이다. 다시 말해서, 대학의 전공 학문 영역에서 현재 벌어지고 있는 문화전쟁이 지금 미술교육에서 벌어지고 있는 것이다. 미술교육은 단지 사회를 발전시키는 데 있어 하나의 보충적 수단이라는 것이다. 진보적 마르크스주의자들과의 더 큰 이념적 전쟁에서 졌던 포스트모던 이론을 신봉했던 사람들은 지금 그들의 에너지를 사회의 권위적 구조들을 잠재우기 위해서 쏟고 있는 것이다. 내가 생각하기에 이런 주장에는 어떤 진위가 존재한다고 생각한다.

　나로 하여금 미술교육의 포스트모던적인 해석들에 대한 문제점을 인식하도록 했던 이유는 심미적 교육에 엄청난 시간과 노력을 투자했기 때문만은 아니다. 포스트모더니즘을 이해하고자 진지하게 노력을 기울였던 사람들이 종국에는 그것이 말하는 것이 명확하게 무엇인지 명료하지 않지만, 뜨겁게 논의되어야 하는 개념이라고 주장만 하기 때문이다. 이 점이 바로 나로 하여금 포스트모던 해석들에 대해 문제가 있다고 말하는 이유이다.[9] 이것은 포스트모더니스트들이 그들 스스로가 종종 그 용어가 무엇을 의미하는지를 정확히 모른다는 것이고,[10] 그 포스트모던이론에 대한 표현의 복잡성과 난해함, 그리고 불명료함으로 인해 그 이론을 대중적으로 보급하려는 시도는 오히려 그에 대한 개념을 지나치게 단순화시켜 버린 결과를 초래했다는 점이다.[11] 미술교육을 사회재건주의적 관점에서 불명료하게 바라보는 것은 교사와 학교가 어떤 의미 있는 실천적 수행을 위해 체계적으로 준비되지 않앉기 때문이며, 이점이 바로 포스트모던 미술교육이 더욱더 의문시되는 이유이다.

아마도 포스트모더니즘의 가장 큰 실패는 객관성의 상실이라고 할 수 있는데, 이것은 이성적 측면에서조차 부정하고 있다는 점이다. 객관적 판단의 가능성에 대한 불신은 우리로 하여금 어떻게 진보된 사회를 만들어 갈 수 있는지에 대해서 알고자 하는 의혹들을 더욱더 미궁 속으로 밀어 넣는다. 그럼에도 불구하고, 어떤 측면에서 매우 중요한 측면들을 시사하고 있는데, 포스트모더니즘은 일상적 삶의 경험을 중시한다는 점이다. 제1부에서 "미술교육 철학의 문제Problems for a Philosophy of Art Education"라는 글들에서 결론 지었듯이, 급진적 포스트모더니즘과 모더니즘 간의 틈새가 서로 이어질 기미가 없다. 함축적으로 말하면, 무정부적이고 허무적인 교육적 관점은 자기 패배적이라는 점을 상기해야 한다.

파괴적이고 급진적인 포스트모더니즘에 대한 나의 비평은 원칙적으로 제한된 관점이라는 점을 강조하고자 한다. 한 구절을 빌리자면, 구성적 포스트모더니즘이라 칭하는 통상적인 해석들이 존재한다는 사실이다.12) 이 책에 실린 글의 일부에서도 주장하듯이, 사회의 단결에 필요한 공유된 가치를 소멸시키고, 성취기준들의 중요성을 희미하게 만드는 배타주의와 문화적 국수주의와 같은 그런 이념들을 부추기지만 않는다면, 나는 아직까지 제대로 제 목소리를 내지 못했던 계층과 인종들과 문화권에서 제작된 미술작품에 대해 연구하고 그것의 중요성을 언급하는 것에 대해 적극 찬성이며, 이에 대한 어떤 문제도 제기하지 않는다. 제1부에서 다문화주의의 네 가지 유형에 대해 설명했던 것은 이러한 책임감 있는 다문화주의에 도달하고자 하는 의도일지도 모른다.

덧붙여서 말하자면, 해체에 대한 아이디어는 포스트모던 이론가들이 전형적으로 사용하는 용어라 할 수 있는 것일지라도 대외적으로 주장될 수 있는 것은 아닐지도 모른다. 왜냐하면, 해체는 단지 우리에게 언어와 현실의 복잡한 관계들을 상기하도록 신중하게 바라봐야 하는 하나의 이야기이며, 사실은 그 이상의 어떤 것도 제공하지 않는다고 주장해왔기 때문이다. 결과적으로 우리는 우리가 항상 해왔던 것을 계속 진행해야만 한다.[13] 나는 이것은 우리가 계속해서 합리적 의사소통의 가능성과 객관적 이해를 위한 탐색을 믿는다는 것을 의미한다. 마지막으로 이슬람 문화권의 교조적인 미술작품이 여러 가지 차원에서 감상될 수 있다는 인식을 한다면, 비평의 각기 다른 유형들, 문화적인 것과 심미적인 것들의 합일이 잘 이루어질지도 모른다. 예를 들어, 미술작품의 사회적 측면들은 미술의 심미적 가치들을 억누르지 않고도 합법적으로 정당하게 그 가치를 인정받을 것이며, 이것은 역으로도 설명이 가능하다. 심미적 측면들은 사회적 측면들을 배제하지 않고도 그 가치를 부여받을 수 있다는 것이다. 즉 문화적 비평이 도를 넘어 주제를 벗어난 채로 이루어지지 않으려면 심미적 측면의 가치를 줄이고 없애려 하기보다는 그것을 수용하고 영속시켜야 하며, 심미적 비평은 문화적 가치와 심미적 가치가 종종 서로 맞물려있다는 것을 인지하고 행해져야만 한다.[14] 나는 문화적 비평 혹은 문화연구가 심미적 문해력을 개발하지 못하도록 저지해야하는 가라는 질문에 동의하지 않는다. 미술교육이 오직 사회재건주의와 타협하는 것을 회의적으로 보고 있다. 이 책은 포스트모더니즘의 광범위하고 체계적인 논의를 위한 것이 아니라는 점이다. 그 용어는 방대한 문헌 조사를 필요로 하며, 여기서 논의한 내용들은 내가 그동안 연구해온 논문들에서 광범위하게 논의한 것들을 압축한 것뿐이라는 점을 인지해주길 바란다.[15]

미주

1) 『미학백과사전(Encyclopedia of Aesthetics)』 ed. Michael Kelly (New York: Oxford University Press, 1998) 4권의 pp. 93-96에 실린 나의 글 "현대미학교육(Contemporary Aesthetic Education)"을 찾아볼 수 있고, "심미적 교육: 질문과 이슈(Aesthetic Education: Questions and Issues)"는 『미술교육 연구와 정책(Handbook of Research and Policy)』, ed. Elliot Eisner and Michael Day (New Jersey: Lawrence Erlbaum Associates, 2004), pp. 163-185에서 찾을 수 있다.

2) Ralph A. Smith and Alan Simpson, eds. 『미학과 예술교육(Aesthetics and Arts Education)』, (Urbana: University of Illinois Press, 1991).

3) 미국의 학교들이 체계적인 개혁 실행 운동에 나서기 시작한 것은 '국가교육수월성위원회(National Commission on Excellence in Education)'가 1983년에 발표하여 엄청난 영향력을 발휘했던 <위기에 처한 국가(The Nation at Risk)>라는 제목의 보고서에 영향을 받은 결과였다. 이 보고서로 인해 전 국민의 관심이 '범재들(mediocrity)의 급증'에 쏠렸고, 이런 현상이 미국의 학교들을 무너뜨리고, 미국의 어린이들을 세계 시장에서 뒤쳐질 위험에 빠뜨린다고 여기는 사람들도 많았다. (역자 설명)

4) 『수월성 II: 미술교육의 지속되는 요구들Excellence II: The Continuing Quest in Art Education』, (Reston, Va.: National Art Education Association, 1995) 참조

5) 우리나라에서 우수인재 육성을 위한 개별화 맞춤교육 지향으로 평준화를 보완하고자 일컫는 '수월성'은 'excellence'로 번역되며, 교육계에서는 교육의 질적 향상과 비슷한 의미로 써 왔다. 이번에 발표한 수월성 교육은 엘리트 교육과 어느 정도 통한다. 이 저서에서 Smith가 사용하는 'excellence'도 시기적으로 우리나라에서 사용되는 '수월성' 개념과 같으며 이를 위해 우수한 학생을 발굴해 질 높은 교육을 제공함으로써 이들을 국가 발전의 원동력으로 키울 수도 있다는 주장을 했던 미국의 상황을 대변하기 위해서 수월성으로 해석하고 이후 수월성 교육과정으로 의역하였다.

6) "심미적 비평부터 인간주의적 이해: 실천적 환상(From Aesthetic Criticism to Humanistic Understanding: A Practical Illustration)" Studies in Art Education 25 (Summer 1984): 238-244. 참조

7) 『미술교육에서 미학과 미술 비평: 미술을 규정하고 설명, 평가하는 문제들 *Aesthetics and Criticism in Art Education: Problems in Defining, Explaining, and Evaluating Art*』, (Chicago: Rand McNally, 1966). (Reprinted in 2001 in the Archival Series of the National Art Education Association, 참고문헌 주석 추가 교정본) 참조

8) Peter Kivy, "음악과 교양교육(Music and the Liberal Education)," *Journal of Aesthetic Education* 25, no. 3 (1991)의 p. 85.

9) Richard Shusterman, "미학과 포스트모더니즘(Aesthetics and Postmodernism)," in 『옥스포드 미학 안내서(*The Oxford Handbook of Aesthetics*)』, ed. Jerrold Levinson (New York: Oxford University Press, 2003)의 p. 771.

10) Charles Jencks, 『포스트모더니즘: 미술과 건축의 신고전주의*Postmdernism: The New Classicism in Art and Architecture*』, (New York: Rizzoli, 1987), 7.

11) 이 내용은 David Carrier가 Journal of Aesthetic Education 20, no. 4 (1986): 99-101.에 실은 포스트모더니즘과 미술교육에 대한 두 권의 책에 대한 리뷰글에 실린 것이다.

12) Martin Schiralli, 『구성적 포스트모더니즘: 문화적 문학 연구의 새로운 부활을 향하여*Constructive Postmodernism: Toward Renewal in Cultural and Literary Studies*』(Westport, Conn.: Greenwood, 1999)에서 특히 chap 3.의 내용을 참조

13) Joseph Margolis, "해체: 호기심어린 이야기(Deconstruction: A Cautionary Tale)," Journal of Aesthetic Education 20, no. 4 (1986)의 pp. 91-94. 참조

14) Monroe C. Beardsley, "미술과 문화적 맥락(Art and Its Cultural Context)," in 『심미적 관점에 대한 에세이들*The Aesthetic Point of View: Selected Essays*』, ed. M. J. Wreen and D. M Callen (Ithaca: Cornell University Press, 1982)의 p. 370.

15) 나의 저서 『미술 감각: 심미적 교육 연구(*The Sense of Art: A Study in Aesthetic Education*)』(New York: Routledge, 1989), 169-80.

제1부

배경과 비전

제1장

교양교육으로서 예술교육

　최근 몇 년 동안 예술과 인문학 교육의 정치화는 배움을 향한 전통적인 인문학적 관점을 잃게 하는 결과를 초래했다. 이 책의 첫 장을 여는 내용은 인문학적 이상으로 시작하여 예술에 대한 진지한 연구를 안착시키는 인문학적 해석을 제공한다. 이는 앞으로 제안될 심미적 발달의 다섯 단계로 이루어져 있는 12학년 대상의 수월성 교육과정을 구상하기 위한 밑거름이기 때문이다.

　교양교육에 대해 헌신적으로 기여해온 기관으로 알려진 버드대학 기념도서관Bard College Memorial Library 60주년 설립 기념행사에서 그리스 문화 분야의 위대한 학자 Werner Jaeger는 '그리스인들과 인간 교육The Greeks and the Education of Man'1)이라는 내용으로 연설을 발표하였다. 그는 이 연설에서 우리 시대까지 막대한 영향력을 미친 그리스 시대의 삶의 이상의 본질을 회상하면서 그 이상의 운명에 대해서 파헤쳤다. 그는 청중들에게 교양과목과 인문학의 가치를 정의하고 평가하려는 모든 시도는 그리스 시대에 성립한 확고한 문화의 개념에 뿌리를 두고 있음을 상기시켰다. 그 개념의 중심에는 본질적으로 인간이 무엇이고 그런 발견을 위해 수반되어야 할 의무는 무엇인지에 대한 탐색적 이행이 존재했다. 이런 연결로 보자면 우리는 고대 그리스인들의 인문학에 대한 이상으로 잘 차려진 풍성한 식탁에 초대받은 최후의 손님이라고 할 수 있다. 물론, 처음으로 초대받은 손님은 인문학에 대한 고대 그리스의 이상에 내재된 교육적 잠재성을 입증했던 로마인들이 었다. 로마인들은 그리스 문학의 본질을 정제해서 그들의 교육에 적용할 핵심 요소로 만들었던 실천적 사색가들이었다.

그리스인들에게 인간성은 무엇을 의미했을까? 그 용어는 처음에 교육을 의미하는, 즉 아이들을 기르는 것을 의미했지만 점차 문학 속에 녹아있는 고등 문명 혹은 문화를 통칭하는 것으로 의미하게 되었음을 발견하게 된다. 그래서 그리스인들에게 문학은 언어적 텍스트 이상을 함축하는 것이었고 예술작품을 포함하는 모든 위대한 작품들을 의미했다. 이런 통합적 의미로 통칭되는 용어는 오늘날 '**일반교육**general education 혹은 **문화**culture'로 번역되는 '**파이데이아**paideia'였다.

당시 그리스의 문화에 대한 개념은 오늘날의 인류학자들이 사용하는 개념과 달리 매우 규범적이었으며, 국가의 모든 창조적 활동을 포함하고 있었다. 창작시들은 그들의 이상적 세계를 본보기화했고 이는 곧바로 미적 감흥의 원천이 되었으며, 그 당시 시대적 풍토를 반영했으며 예술적 의도를 성공적으로 충족시켰다. 무엇보다도, 한편의 시적인 작품은 재현된 대상의 탁월함을 구체화해주었다. 아마도 우리는 그리스의 시보다 더 합리적으로 그리스 시대의 조각 작품에서 인간에 대한 주제를 쉽게 떠올리게 할 수 있다는 것을 말하고자 할지 모른다. 그러나 그런 이상은 오히려 웅변술과 역사 그리고 철학에 널리 스며들었다.

그리스인들의 사고가 진화하면서 미덕과 규범 그리고 파이데이아의 가치도 진화되었다. 처음엔 영웅적 미덕과 군사적 기량, 그 다음으로 정치적 미덕과 시민적 덕목, 마지막으로 철학적 덕목이라 할 수 있는 지혜의 숭고한 가치가 최고가 되었다. 다시 말해서, 그리스 시대에 교육은 오늘날에 이해되는 방식으로 단지 사회화의 과정도 전문적이고 특별화된 훈련도 아니었다. 오히려 삶을 살아가는 인간의 의식적 형성과정으로서의 일반 교육(교양교육)을 의미하는 것이었다. 현대에 통용되는 용어로 설명하자면, 우리는 이런 과정을 자아와 타자 그리고 문화와의 올바른 관계를 찾으려는 자아의식의 체계적 구축이라고 할 수 있다. 이런 맥락에서 인간됨을 건축적 성격으로 설명될 수 있을지도 모른다.

이런 용어들은 자아를 형성하는 본질적 요소들에 대해 자연스럽게 질문하게 한다. 그리스인들에게 이 질문에 대한 답은 신체적 훈련과 음악이었는데, 성악과 악기 연주뿐만 아니라 시와 무용을 포함했다. 오랫동안 시는 그 역할을 수행하는 데 지배적이었고, 호머와 그리스 극작가들은 인간성을 부여하기 위한 소재들을 제공했다. 그런 작품들은 즉시 즐거움을 제공해주며, 영감 있고 교육적이었으므로 책임과 의무감을 불러일으키기 위한 목적으로 사용되었다. 중요하게 여겨야 할 것은 그리스 교육의 기본적인 관심이었던 사람들의 인간성 형성과 표현이 그리스 사고의 모든 형태에 스며들었다는 점인데 이는 시, 음악적 조화, 언어의 구조, 수사학, 논리학, 산수, 기하학을 포함한다. 만약, 이런 그리스인들의 관심이 지금 우리에게 친근하게 여겨진다면, 우리가 그것을 알고 있든 그렇지 않든 간에 우리의 인종과 계층과 성에 상관없이 우리 모두 그리스인들이었기 때문이다.

그리스의 경험을 고려해야 하는 또 다른 중요한 이유는 전통과 현대의 관계에 대한 사고의 모델을 제공하기 때문이다. 그리스식의 사고로 과거 – 고대는 결코 신성한 것으로 간주되지 않았고 오히려 그리스 작가들은 그런 주제를 냉혹한 비평으로 다루었다. 하지만 절대 무관한 것으로는 간주하지 않았다. Jaeger는 그리스 작가들의 글을 읽으면서 과거가 지속적으로 존재하는 듯한 인상을 받았다고 말한다. 유산이 계승된 시점을 모든 비평의 출발점으로 삼았다. 받아들여진 아이디어는 전통을 통해 자기 방식대로 수용되어야 하고 그것을 보완하거나 초월하기 이전에 우선적으로 그것을 소유해야 한다는 것이었다. 그것이 그리스인들에게 받아들여진 사고였고, 이후 이 사고는 로마인들, 중세의 기독교인들, 그리고 르네상스 인문주의자들, 다른 많은 시대 사람들에게도 역시 받아들여졌다. 정말로 서구 문명화가 어떤 리듬을 타고 흘러온 과정을 보면 바로 그리스의 문화에 대한 사고의 지속적인 재발견이라고 할 수 있다. "모든 세대는 그리스 인문주의가 동시대적 문명화의 상황에 잘 부합되는 지점을 스스로 결정해야만 한다."고 Jaeger(p. 17)는 말한다. 그래서 Jaeger는 단지 그렇게 함으로써 1950년대 그리스 문화에 대한 관심의 부활을 인지했다고 믿었다.

Jaeger가 교육에 대한 그리스적 이상화의 미덕들을 격찬한 후 20년이 지나서 괄목할 만한 문화비평가와 문학교사였던 Lionel Trilling도 이와 비슷한 주제를 다루었었다. 동시대적으로 교육받은 인간에 대한 연구 주제로 열린 아스펜 인문학 연구학회Aspen Institute for Humanistic Studies Trilling은 인문학적 교육 전통과 관련된 것으로서 20세기 후반에 중요한 교육의 출현이 일어날 만한 요소들을 현대사회에서는 감지할 수 있는가에 대한 질문을 받았는데, 그는 '인문학적 교육 이상에 대한 불확실한 미래The Uncertain Future of the Humanistic Educational Ideal'2)라는 주제로 연설함으로써 이에 대한 답을 했다.

교양교육에 선구적인 모범을 보인 교육기관인 콜롬비아대학에서 오랫동안 재직했던 교수로서 Trilling은 상당한 역량을 갖춘 사람으로서 다음과 같은 그의 신념을 실천하는 데 오랜 시간이 걸리지 않았다.

현재 미국 사회는 과거 인본주의적 교육 전통과 연결되는 긍정적이고 중요한 교육적 이상을 지각할 만한 요소들이 거의 존재하지 않는다. 다음 25년 안에 확실하고도 영향력 있는 방식으로 교육적 이상이 만들어질 만한 요소들이 전혀 존재하지 않는지도 모른다(pp. 160-161).

Trilling에게 모든 징후는 부정적 방향으로 나타나는 것처럼 보였고, 사회는 점차 전통과는 거리를 두고 있는 것으로 보였다. 그러나 Trilling의 이런 회의주의는 미국식 교육적 사고가 확산된다면, 재빠른 방향 전환의 계기가 될 수 있다는 깨달음으로 완화되었다.

예를 들면, 그가 속한 콜롬비아대학의 교양교육 역사를 피력하였는데 그가 회의적으로 말한 그 역사가 교양교육은 여가를 풍요롭고 여유 있게 보내는 데 유용할거라 생각하던 고루한 사고를 바꾸었다고 하였다. 그는 콜롬비아대학이 철폐되기를 원했던 Frederick Barnard에서부터 이후 교양공부에 소홀하고 나태하게 보내는 대학생들의 시간을 좀 더 줄이기를 원했던 Murray Butler까지 교양교육에 대한 역사를 통해서 교육은 전문화된 역량을 기르는 교육보다 더 중요시되어야 함을 입증하였다. 결과적으로 대학에서의 교양교육에 대한 인식은 널리 전파되었고 콜롬비아대학은 그런 대학의 핵심적 역할을 담당했다. 제1차 세계대전 이후 John Erskine은 대학 3, 4학년 학생들을 위한 위대한 책 읽기 프로그램을 세웠는데 여기서 그는 인간이 되기 위한 가장 좋은 방법은 과거의 위대한 지적인 예술 작품들에 대한 습득을 통해서 가능하다는 주장을 했다. Erskine의 영향력은 그 나라의 전역에 영향을 주었고 주로 시카고대학과 세인트존칼리지에 위대한 책 읽기 프로그램에 영향을 주었다. 이런 방식으로 점차 교육받은 인간이 전인적 인간이 될 수 있다는 관점은 성공적으로 받아들여졌다. 가장 훌륭한 시민이란 과거에 이성, 미덕, 아름다움, 진실에 대해 말해왔던 위대한 정신들을 배운 사람들일 것이다.

Trilling은 또한 그 당시에 널리 알려졌던 교양교육의 가치에 반대하는 입장도 주장했는데, 말하자면, 그런 교육이 제공했던 것은 자기이해와 보다 나은 삶의 조건을 발견하기 위한 것이라기보다는 더 호의적인 사회 계층과 경제적 신분을 가진 믿을 만한 사회 구성원이 되기 위한 것이었다는 주장이다. 짧게 말해서 교양교육은 신분상승을 위한 인간의 가능성을 확장하는 것으로서 여겨졌었다. Trilling이 암시했던 것은 자기 자신을 위해 마음을 고양하고자 하는 미국인들이 가진 이중적인 특징이었다. 그럼에도 불구하고 노동자 계급 출신을 포함한 우리 세대 대다수에게는 이러한 이중성이 교양교육의 본질적 가치에 유리하게 작용되었다. Trilling이 묘사한 바에 의하면, 인간은 유익한 상태에 대한 무의식적인 갈망이 있었는데, "교육받은 자는, 더 높은 수준의 경험을 함으로써 교육받기 전에 자신들이 빠져있던 정신적 무지와 몽매로부터 벗어나 그것들을 초월한 사람들의 모임이나 조합에 가입하고자 하는 초보 지망생이다."(p. 170). Trilling은 교육의 전통적인 인문주의에는 항상 이러한 전제가 존재해왔다고 말했다. 인류학적 관점에서 이 과정은 문화의 통과의례를 경험하는 것으로 알려져 있다.

만약 Trilling의 말대로 전통적인 인문주의적 이상에 대한 태도들이 흔들리고 변화되는 상황에 따른 것이라면, 교양 학문의 미래에 대해 긍정적이어야 할 이유가 없지 않은가? Trilling은 1970년대 중반에 이런 시련을 겪는 과정 속에서 통과 의례가 행해졌던 불만을 지적하면서 자신의 질문에 답했는데 이러한 생각은 자기 이해를 추구하겠다는 의지를 전제할 뿐만 아니라, 가치 있는 모델들에 의해 자아가 형성된다는 개념을 받아들인다는 것을 의미한다. 그러나 당시 Trilling이 이 글을 썼을 때에는 고난을 통해 배운다는 것은 - 어려운 자료와의 직면과 훈련에 대한 복종 - 자유와 개성에 대한 침해를 뜻했다. 따라서 아이들로 하여금 교육 기관에서 편안함을 느낄 수 있도록 하는 그 의도가 변질되었다. 그래서 그것이 현실이 된 지금, 엄청난 학점 인플레이션과 무수한 지원 단체들이 생겨난 원인이 되었다. 우리는 이러한 맥락에서 샌디에고 주립대학교San Diego State University에서 영어와 비교문학 과목을 담당했던 교수가 제안한 학생 행복 증진 계획을 이해해야 한다. <뉴스위크> 잡지에 실린 에세이에서 그 교수는 오랜 경험을 통해 가르침의 비밀을 발견했다고 한다. 한 학기의 두 번째 주가 끝나면 각 과목에 등록되어 있는 모든 학생들은 최종 성적으로 A학점을 받게 되는데, 이는 학생들의 불안감을 덜어주고 남은 학기 동안 무엇이든 자유롭게 할 수 있게 된다. 반대하는 동료들에게 그녀는 "이봐, 편하게 삽시다! 무엇 하러 인생을 어렵게 만들어요?"[3]라고 할 것이다. 하지만 물론 학교가 엄격한 학습에 대한 의무를 포기한다면 문명화 역할을 제대로 할 수 없게 된다. 이것은 마치 젊은이들과 일부 어른들이 교육 기관에게 마음에 맞는 것을 찾기 위해 쉽게 다가갈 수 있고 끝없이 이것저것 둘러보는 케이블 텔레비전을 기대하는 것과 같다. 이렇게 되면 학교는 신중하게 선택한 아이디어와 목표만 체계적으로 추구하는 상쇄적인 공간을 제공하는 대신, 대중문화의 다양성을 모방하고 축하까지 할지도 모른다.

Trilling은 인문주의적 학습의 유효성을 저해하는 몇 가지 요소들에 관심을 기울였다. 거의 비슷한 시기에, 저명한 영국 철학자 Michael Oakeshott도 콜로라도에 있었는데 그 또한 약간 다른 어구와 억양으로 교양교육에 대해 다루었다. '배움의 공간'이라는 에세이에서 Oakeshott가 정의하는 배움은 인간의 자유와 무엇을 이해할 수 있는 능력을 전제로 한다.[4] 인간의 삶은 미리 계획된 진로를 따르지 않기 때문에 인간이 되기 위해 배우는 것은 마치 인간의 진로에 대한 대본을 작성하고 조건에 따라 수정하는 모험과 같다. 인간이 된다는 것은 의문점이 많기에, 인간의 삶은 되도록 많은 지능으로 접근해야 할 곤경을 제시한다.

삶을 사는 법과 진로를 형성하는 것은 가족 안과 그 환경에서 시작되지만, 현대 사회에서는 학교가 학습을 위한 주요 장소이다. Trilling이 지적하듯, 학습은 부분적으로 시험을 통해 진행되고 때로는 다른 사람들이 배우고 삶을 이루어 놓은 것을 차용하기도 한다. 학교는 성취를 위해 구체적인 조건하에 특정한 것을 배우는 곳이기도 한다. 또한, 학교가 효과적이기 위해서는 안정적이고 안전한 환경을 제공해야 한다. 현대 생활의 촉박함으로부터 거리를 둬야 하며 피난처의 역할을 해야 한다. Oakeshott는 비판적 사고의 학습 혹은 마음 수양 학습과 같이 공허한 어구들의 추상적인 표현을 지적하는 것을 목표로 삼으면서 특정한 것을 배우는 것의 중요성을 강조했다. 더욱이 이러한 특정한 것들은 의사소통을 가능케 하는 공통 언어를 통해서 생기가 더해진다. 교양 학습에 있어서 하나의 조건은 학습의 자유이다. 학교라는 환경 밖의 요구에 계속 뒤흔들리면서 인간이라는 것을 명료하게 이해하기는 힘들기 때문에 학습은 인내심, 끈기, 그리고 집중력을 필요로 한다.

Oakeshott는 **파이데이아**paideia라는 용어는 사용하지 않지만 Jaeger의 파이데이아에 대한 이해와 어느 정도 일치한다. 즉, 학습은 인간이 남긴 유산들에 대한 이해와 그것을 전용하는 방법 모두 포괄하는데, 인간이 남긴 유산은 문화적 자본일 뿐만 아니라 문화와의 대화적 만남이기도 한다는 뜻이다. 그러므로 학습은 문화로의 초대이다.

Oakeshott에 의하면 문화는

> 끝내지 못하고 버려진 탐험가들이 남긴 너덜너덜한 지도에 의해 알려진 지적이고 정서적인 여행들로 이루어져 있다. 편한 마음으로 즐기는 모험에 대한 여행, 극이나 드라마에서 발명되고 탐험된 관계에 대해, 인간의 자기이해를 단편적으로 묘사하는 신화와 이야기, 시들, 그리고 숭배되었던 신들에 대해서, 그리고 급격히 변화하는 세상과 죽음에 직면했던 것들 대한 반응들로 구성되어 있다. 그리고 인간의 자기 이해에 대한 흥미로운 모험들을 접할 수 있도록 우리가 보고 듣고 느끼고… 투영하도록 여러 가지 방식으로 초대를 한다…. (p. 29)

Oakeshott는 지속적으로 교양학습의 전통과 12세기와 14세기 전통의 부활을 상기했다. 하지만 Oakeshott의 관심은 역사보다는 비평과 이론이었다. Trilling과 마찬가지로, 그는 교양학습이 보전되는 것을 위협하는 상황들을 관찰하는 데 관심을 가지고 있었다. 1970년대에 썼던 글에서 그는 전통이 이미 종말을 맞아 격동을 겪고 있다고 믿지 않았다. 하지만 수많은 발전들에 의해 전통은 느리지만 확실하게 기반이 붕괴되어 가고 있으며, 무너질 위기에 처해진 것이 분명히 보였다.

교양학습을 반대했던 적들은 정말로 유용한 사람들, 때론 배려심 있고 돌봄을 제공하는 사람들 그리고 순수하게 인도적인 정서를 피력했던 사람들이 되는 것이 중요하다는 생각들을 표명하기 시작했다. 그러한 정서들은 주로 학생들의 관심사를 고려하고 다양한 사회 문제를 다루어 해결하고자 하는 노력으로 표명되었다. 그러나 정말로 중요한 것은, 자기 이해와 좋은 삶의 추구에 대한 탐구를 위해서는 인간 유산의 전승과 이행일 것이라고 Oakeshott는 말한다. 이러한 방식으로 생각하면, 고전주의자 William Arrowsmith가 말한 대로 문화유산은 그 중요성이 실로 무궁무진하다. 문화유산에 담겨있는 사상, 묘사, 신화, 그리고 이야기들은 그 무엇보다 인간 존재에 대한 기쁨과 고난을 잘 조명한다. 그뿐만 아니라, 지속적으로 "그것과 함께with it" 공존하는 것은 불가능하기에 그대로 가르치는 것은 실패할 수밖에 없는 어리석은 것이다. Oakeshott의 요점은 현재의 관습에 맞게 가르치려 하고 유행에 적응하며 사회적 병폐를 해결하기 위해 그것들을 적용하려하는 노력들은 정작 그 주제들을 가르칠 시간을 남기지 않는다는 것이다. 사회 문제의 관련성에 지나치게 적용하다가는 그 주제들을 제대로 이해할 시간조차 주지 않는 학습이 될 수 있다. 즉 장단을 맞추어 춤을 추다가는 무용지물danse macabre이 될 수 있다는 의미이다.

만약 시대적 상황에 따른 "관련성"에 맞추어 설정된 장단에 맞춰 따라가는 것이 스스로를 무효화하는 것이라면, Oakeshott가 이해했던 사회화와 일반교육의 협업도 마찬가지라고 할 수 있다. 그가 생각한 대로 이러한 종류의 일반교육은 특정한 것들에는 주의를 기울이지 못할 수 있다. 이와 대조해서 '위대한 대화The Great Conversation'들에 나오는 아이디어와 사상들은 구체화된 특정 주제를 다루는 것이지, 단순히 비판적 사고를 기르기 위한 도구가 아니다. 또한 위대한 대화는 고정된 것이 아니다. 내재적으로 그것은 역동적이며, 보수적이면서도 혁신적인 가치를 추구하는 지속성과 변화 모두를 명백하게 드러내는 것이다. 그것의 레퍼토리는 변하지만 절대적인 핵심은 유지된다. 그러나 이 핵심이 더 이상 보장되지 않는다 하더라도 서구 지성의 고전과 문화유산의 고전들은 대부분이 현대 사회가 직면한 문제들의 원인이 될 수 있는 일종의 악마의 징후를 근본적으로 검토할 수 있는 것들로 점차 중요하게 여겨지는 내용들이다.

명백하게 말할 수 있는 것은 사상에 대한 모험이 어떤 문제를 전부 해결해주는 것이 아니라는 사실이다. 자연, 사회 과학에 대한 모험도 있고, 수학, 그리고 예술과 인문학에 대한 모험도 있다. 내 주된 관심사는 후자에 있기에 인간 가치를 이해하는 데에 직접적으로 관련 없는 Oakeshott의 다른 주제에 대한 논의는 넘어가겠다. 그래도 Oakeshott의 생각을 엿보자면, 그는 문학은 "이상적인 인간의 표현의 세계로 우리의 온전한 주의와 이해를 이끌어내는데, 혼잡하고 진부한 일상적인 삶의 일반화된 조건에서부터 해방된 신념, 감정, 가상의 상황에서의 인간 성격과 관계에 대한 진지한 탐구"(p. 33)로 구성된다고 말한다.

1970년대 중반에 교양학습의 이상을 위협하는 요소들은 Oakeshott에 있어서 사회 문제와의 관련성과 사회화의 중점, 그리고 교양교육의 잘못된 해석이었다. 그가 호소했던 문화에 대한 학습은 다음과 같이 해석된다.

> 신념, 인식, 관념, 정서와 실행을 모아 놓은 것이 아니라 다양한 이해에 대한 차별화된 언어로서, 그리고 그것의 권유가 이러한 언어들로의 초대이고, 그것들을 구별하는 법을 배우는 것이고, 단순히 세계를 이해하는 다양한 방식이 아닌 우리가 인간에 대해 가장 중요하게 표현된 발현으로 인식해야 한다는 것이다(p. 38).

이는 교양학습이 상상력을 교육하는 것이라는 점을 강조하고자 한 것이다. 아마도 인문학 전통에서 창작과 사색을 구분하는 작가들의 오랜 경향 때문인지, Oakeshott은 그가 연구를 위해 추천하는 다양한 언어에 창작과 공연 예술을 구체적으로 포함하지 않는다. 그러나 우리가 예술에 소통할 가치가 있는 특별한 언어의 지위를 부여한다면, 그것 역시 인문학의 지위에 편입될 수 있다. 예술적 진술로서, 예술작품은 감상, 해석, 판단의 특별한 문제를 제기하는 뛰어난 성취의 역사를 가진 언어를 구성한다.

Oakeshott은 그가 선호하는 상상력 교육은 보호된 장소에서 진행되어야 하고 요구되어야 한다고 다시 한번 강조한다. 이를 위한 전제조건은 학교의 목적이 무엇인지 알고, 정규과목과 특기적성과목들을 혼동하지 않고 헌신적으로 교수에 전념하는 지식 있는 교사들이다. 학생들은 외국어, 역사, 예술작품, 철학, 그리고 종교와 같은 어려운 과목들을 배우며 인문학을 배우는 즐거움을 얻는다. 학생들의 교양교육은 자신들의 진로에 도움이 되는 특기적성 수업에 참여할 수 있는 자격이 주어질 수 있지만, 이것은 인문학 교육의 본질이 아니다. 요약하자면, "위대한 대화The Great Conversation"에 입문하는 것은 온전한 사람이라 불리도록 하는 인간됨을 목적으로 하며, 생각과 감정을 조리 있게 논리적이고 의미를 가진 자아와 사회생활 속에서 표현할 수 있는 사람이 되도록 해준다.

Oakeshott가 말하고자 하는 바가 아무리 예리하고 영감을 주더라도, 현실은 무시할 수 없고, 학습의 장소에 영향을 미친다고 반박할 수도 있다. 행정직에 종사하는 사람들은 과다한 사회 문제를 해결하도록 압력을 받는다. 학생들은 종종 공부할 시간을 쪼개어 일을 해야 하고, 교육 과정을 기획하는 데에 있어 그들의 의견을 반영해야 한다고 요구하고, 연방 정부의 보조금에는 제약 조건이 있다는 등등 여러 가지 압력이 존재한다. Oakeshott은 이러한 제약에 어떻게 대응할까? 그는 아마 학교는 학교의 주된 목적을 상기해 타협하지 말아야 한다고 말할 것이다.

순전히 충동적인 감정표현, 즉각적인 만족감의 요구, 무작위한 정식적 방황을 억누르기 위해 학습은 안정성, 집중력, 형식, 규율, 우수성, 창의성, 그리고 문명을 강조해야 한다. 즉, 자기만족과 탁월함을 추구하지 않는 진부한 사고방식을 포용하는 대신, 학습의 장소들은 뛰어난 지성과 뜻깊은 자기 변형에 주목해야 한다. 이러한 교육 조건하에서 어린이들도 최고의 자신을 만들 수 있을 것이다. 19세기 문화비평가들이 이런 정서들을 나타냈는데, 그들은 현대 민주주의 국가들이 우월한 업적과 그 인식의 중요성을 강조하지 않음으로써 초래할 수 있는 문제들을 예견했고 우리 시대의 신중한 작가들에 의해 울려 퍼졌다.

나는 1950년대와 1970년대의 몇 가지 자세를 토대로 교양학습의 전통과 그의 인본주의적 이상에 대해서 이야기해 보았다. 수십 년이 지난 지금, 중요한 것은 당시에는 별로 없었던 인본주의적 이상으로 복귀할 것이라는 Trilling의 판단이 예언인지 아닌지에 대한 것이다. 학교와 학교문화에 대해 일어나는 일에 눈을 떼지 않고 저널 편집인으로서 그 누구보다 그 문화들에 대한 원고를 읽은 사람으로서 나는 Trilling의 예언에 동의한다. 전통적인 인본주의적 이상은 학습의 장소에서 사라지고 있다. 이상이 생존하기 위해서는 조치를 취해야 하는데, 미국교양교육아카데미American Academy for Liberal Education가 담당하고 있는 과제이다.

이미 말했듯이, 학습의 고전적인 이상을 유지하려는 시도들은 학습의 장소들을 침략하고 차지하고 있는 대체 문화들을 완전히 무시할 순 없다. 약간의 조정이 필요하다. 다른 세상이나 우리 사회 안의 다양성을 무시하는 것도 불가능하다. 교양학습, 특히 예술과 인문학에 있어서 재정의가 필요하다. 하지만 현대적인 정의들도 그 기원이라 할 수 있는 문화와 문명에 대한 전통적인 서구적 이상과 대체적으로 대립적인 한, 부분적으로 문제이다. 그래서 나는 이제 Albert William Levi의 이론에 주목하고자 하는데, 그는 전통에서 가장 가치 있는 것을 유지하는 재정의 필요성을 피력하였다. Levi는 워싱턴 대학에서 데이비드 메이 디스팅귀쉬드 대학David May Distinguished University 에서 인문학 교수직을 맡았었다.

Trilling과 Oakeshott이 콜로라도에서 연설을 하고 있었을 쯤 같은 시간대에 Levi는 "인문학으로서 문학의 가르침Teaching Literature as a Humanity"
이라는 주제로 페루, 일리노이에서 열린 인문학-세계 문학 세미나에서 연
설을 했는데, 여기서 자신의 견해를 간단히 요약했다.[5] 탈무드의 유명한 이
야기에서 시작되는데, 이슬람 지배자로부터 붙잡힌 랍비는 죽음의 형벌로
한발로 서서 유대교의 본질을 요약해야 했다. 유식한 랍비는 미가서 6장을
상기하며 이렇게 말했다. "의롭게 행하고 자비를 사랑하며 겸손히 그대의
하나님과 동행하느니라." 같은 관점으로 Levi는 인문학의 본질을 다음과 같
이 요약했다. "비판적으로 생각하고, 성공적으로 의사소통하며, 그대의 전통
과 자랑스럽게 걷는 것이다"(p. 283).

따라서 Levi는 인문학의 본질을 절차적인 관점에서 정의했다. 그러나 그
가 문명화 기능의 장려로 인문학을 이해할 때, 그는 항상 그 기능들을 - 그
가 의사소통, 연속성, 비평으로 이루어진 교양으로 부르는 것들 - 그에 상
당하는 과목들을 언어, 문학, 역사와 철학에 연관시키는 것에 항상 조심했
다. Levi는 더 나아가서, 인문학의 절차적 측면을 강조한 중세의 전통과 인
문학을 본질적으로 내용이나 주제로 이해한 르네상스 전통이라는 두 가지
의 위대한 인문학의 전통들을 합성했다.[6]

인문학에 대해 생각하는 두 가지 방법은, 절차적으로 그리고 실질적으로,
오늘날 인문학을 가르치는 데에 있어 몇 가지 선택권을 준다. Levi의 합성
도 마찬가지이다. Levi는 어떤 때에는 인문학을 문명화의 기능으로 가르치
는, 좀 더 절차적인 면에 기울었다. 다른 시기에는 인문학을 과목으로 가르
치는, 좀 더 실질적인 면으로 기울었다. 인문학의 절차적 정의를 택하는 것
은 오늘날 방대한 인문학 자료를 공부하는 데에 있어 의미가 있다. 실질적
정의를 택하는 것은 문화적 건망증과 문맹 퇴치에 대항하는 노력에 있어 의
미가 있다.

나는 인문학을 가르치는 특정한 방법을 추천하려는 것이 아니라, 어떠한
인문학 교육의 정의에도 의사소통, 연속성, 비평을 겸비한 교양 학문에 특

별한 명예의 자리를 마련하는 것이 왜 중요한지 그 이유를 상기해보자는 것이다. Levi가 말하듯, 우리 인류는 본질과 사회생활의 조건에 뿌리박혀 있어 이것을 고려하지 않은 정의는 있을 수 없다. 그것 없이는 개인의 정체성 탐색, 생존 가능한 사회 구조의 구축, 가치의 개혁을 생각할 수 없다. Levi는 이러한 예술을 일련의 동심원으로 이해했다. 마치 연못에 던져진 자갈처럼, 각각 다른 의도를 가지고 있지만, 어느 정도 다른 것과 겹쳐서 생기는 동심원처럼 말이다.

의사소통의 예술에 대한 본질은 인간 표현과 반응에 대한 탐구이다. 언어는 단지 자신의 지적, 정서적 인지력의 한계를 측정할 뿐만 아니라, 의미와 함축의 스타일과 뉘앙스에서도 삶의 한 형태를 구성한다. 사용하는 태도는 그 사람의 성격을 드러낸다. 즉, 언어는 자신의 성질과 경험을 나누는 것에 대한 중요성에 대해 많은 것을 말해준다.

사람의 성격, 바탕 및 스타일은 근원과 전통을 찾는 데에 기초를 두고 있다. 이것이 연속성 혹은 역사적 연구의 본질이다. 역사는 먼 옛날과 최근 조상들의 업적과 사고들을 기록한다. 우리 시대의 것들도 기록할 것이다. Levi는 역사를 단순히 인과관계의 서술로만 이해하지 않고, 인간에 대한 관련성과 중요성의 통찰로 이해했다.

인간이라는 존재는 인간적 표현과 시간에 대한 방향성뿐만 아니라 비판이나 철학적 사고의 기능인 합리성의 필요에 의해 정의된다. 이와 다른 어떤 방법으로 어떻게 사람들은 자기 자신과 다른 이들의 존재를 바꾸고 개선하기 위해 자신의 생각, 의미 및 가치를 명확히 할 수 있을까?

따라서 예술을 포함한 모든 것을 인문학적으로 가르치는 것은 **의사소통**, **연속성** 및 **비평**으로 이어지는 교양을 갖추고 특정 주제를 이해하고 감상하는 것을 의미한다. 문학 작품을 인문학적으로 가르치는 것은 감상과 비판적 사고에 감수하는 일시적인 상황에서 그것을 언어적 표현의 예라고 보는 것이다. 우리가 비언어적 예술을 예술적 진술로서 언어의 규범 안에 포함시키도록 허용한다면, 모든 예술 작품에도 마찬가지일 것이다. 표현적인 진술로 모든 작품은 특정 매체로 존재하며 구조와 스타일이 있다. '**매체**', '**구조**' 그리고 '**스타일**', 이 세 가지는 의사소통으로서 예술의 범주 혹은 범위이다. 세계 예술의 모든 걸작은 시간의 흐름에 따라 만들어진, 더 큰 전통적 맥락에 자리를 차지하는 인간 창조물이기도 하다. 그러므로 정해진 날짜에 특정한 사회적 상황에서 특정한 누군가가 특정한 장소에서 특정한 누군가를 위해 만들어졌다. 따라서 '**날짜**', '**상황**' 및 '**청중**'은 연속성으로서 예술의 범주 또는 범위이다. 모든 예술 작품은 또한 삶의 철학의 산물이며 따라서 암묵적으로 또는 명시적으로 비평의 작품이다. 특정 가치의 무리를 선호하거나 거부하며 암묵적으로 또는 명시적으로 중요한 교훈을 가지고 있다. '**태도**', '**가치**' 및 '**메시지**'는 비평으로서 예술의 범주 또는 범위이다.

따라서 우리는 인문학적으로 가르치는 예술 작품에 대해 다음과 같은 질문을 할 수 있다. (1) 매체는 무엇인가? (2) 구조는 무엇인가? (3) 스타일은 무엇인가? (4) 언제 만들어졌는가? (5) 왜 만들어졌는가? (6) 누가 만들었는가? (7) 어떠한 태도들을 표현하는가? (8) 어떠한 가치를 옹호하거나 부인하는가? (9) 어떤 메시지를 전달하는가? (10) 미적 경험의 수준은 어느 정도인가? (11) 만들어진 문화에서의 기능은 무엇이었나? (12) 오늘날 문화에서의 기능은? (13) 이해, 비평 및 평가에 어떤 특이한 문제를 전달하는가?

내가 생각하기에 인간화와 문명화 기능을 촉진하는 인문학, 즉 Levi의 인문학의 재정의가 도움이 되는 것은 그의 인문학을 공부하는 방법과 언어, 문학, 역사, 그리고 철학을 인문학 과목으로 분류하는 것이다. 내가 볼 때 그 정의는 교육적인 측면에서 매우 중요하다. 그뿐만 아니라, Levi의 접근법은 과거와 현재, 고급과 대중문화, 서구와 비서구의 연구에 모두 적용될 수 있다. 하지만 Levi는 나와 같은 방식으로 미국인들에게 엄숙한 예술 작품은 주로 서양 작품들을 염두에 두고 한 접근이었다. Levi는 『오늘날의 인문학*The Humanities Today*』에서 인문학의 개인적 그리고 사회적 가치에 대해 다음과 같이 언급한다.

의사소통으로서의 예술의 경우, 언어가 제한된 상상력을 확대하는 삶의 형태로
제시되는 것과 칸트가 취했던 사회적 인간의 정의적 속성으로서 서로 간의 상
호 교감을 표현하는 것을 의미한다. 연속성으로서 예술의 경우, 역사가 적절하
고 문학과 철학의 고전을 이해하는 것을 인간 전통의 연속으로 제시한다면, 사
회 통합성과 확대된 사회적 감수성의 역할을 하는 공통된 과거의 제시를 의미
한다. 마지막으로, 비평으로서 예술의 경우, 철학적으로 가치의 본성과 극대화
에 대한 지능적 탐구로 여기는 비평을 가르치는 것의 확대를 의미한다. 인간적
인 상상력, 동정심에 기초한 보편적 사회 유대감의 형성, 가치 실현을 위한 기
법의 도입은 교양과목의 궁극적인 목표가 된다.[7]

위의 내용에 좀 더 부가해서 나는 예술교육에서도 이에 부합된 관점에서
언급할 것이다.

따라서 교양교육 또는 일반교육의 맥락에서 예술을 인문학으로 가르치는
경우를 살펴보았다. 물론 학교에서 교양교육이 아니라 일반교육에 대해서
이야기하는 경향이 있지만, 그 개념들, 가치들, 그리고 질문들은 동일하다.
필자가 제안하는 교육의 방식은 당연히 중·고등 학년에 더 적합하다. 확실
히 말하자면, 예술을 배우는 것은 그것보다 더 일찍 시작한다. 그래서 여러
차례 초기와 후기 학습을 다섯 가지 단계로 나누어 논의했었다. 이 다섯 단
계에서는 초기의 노출, 통속화, 그리고 인식의 정제부터 후기의 역사적, 감
상적, 그리고 비평적 연구까지 이른다.[8] 초창기에는 모두 즐겁고 지능 발달
에 있어 생산적인, 높은 수준의 인지 능력을 육성하는, 그리고 창의적이고
공연의 활동을 강조하는 교실 학습은 인지 연구를 포함하고 젊은 학생들에
게는 예술 세계를 문화 기관이라고 소개할 것이다. 이러한 학습은 핵심이
예술 대상과 그 배경에 대한 조사로 이동하게 되는 역사적, 감상적, 그리고
비평적 연구를 위한 길을 열어 준다. 전반적인 목표는 예술과 문화에 있어

서 통찰력을 기르고 개선하는 것이다. '**통찰력percipience**'이란, 구성과 계시의 가치에 대해 사람들이 예술 작품을 경험할 수 있는 능력을 말하며, 이는 선하고 위대한 예술 경험이 긍정적인 방향으로 자아를 형성하는 가능성을 보유하고 동시에 인간 존재와 자연 현상을 간파하는 것을 말한다. 나는 심미적 학습의 다섯 단계를 (1) 심미적 속성을 인식하기, (2) 지각 능력을 개발하기, (3) 예술의 역사를 이해하기, (4) 본보기를 감상하기, (5) 비판적 성찰하기로 제시하고자 한다. 이러한 커리큘럼의 구현은 인문학 교육과 예술 교육의 분야에 있어 현재 예술 교사들이 받아들이고 있는 것보다 더 크고 광범위한 수용을 전제로 한다.

예전에 내가 기획했던 지역 전문대학의 인문학 프로젝트에서 Levi는 인문학을 잠깐 멈추고 우리의 현실들, 가치들, 그리고 헌신들을 돌아보는 것의 요구로 해석하는 것이 중요하다고 강조했다. 그는 "예술은 구체적으로 현재의 삶을 표현할 뿐만 아니라 상상력을 자극하고, 사회 또는 시대의 다른 문화적 요소들을 통합하고, 또한 우리에게 조용히 비평적 반응을 요구하는 모방 혹은 거부, 비전과 열망에 대한 모델을 제시한다"고 말했다.[9]

그러면 모든 것은 예술을 가르치고자 하는 교사들과 젊은 사람들을 이러한 학습에 준비시키는 방향으로 흘러간다. 상상력을 넓히고 지각을 다듬고 조사할 가치가 있는 비전을 제시할 수 있는 능력을 기르기 위한 예술 작품 연구 학습이다.

1) Werner Jaeger, 『그리스인들과 인간교육(*The Greeks and the Education of Man*)』, Bard College Papers (New York: Annandale-on-Hudson, 1953).

2) Lionel Trilling, "학습에 대한 인본주의 이상의 불확실한 미래(The Uncertain Future of the Humanistic Ideal of Learning)," in 『마지막 세기: 에세이와 리뷰들(*Last Decade: Essays and Reviews*)』, 1965-1975, ed. Diana Trilling (New York: Harcourt Brace Jovanovich, 1979), 161-76.

3) D. F. Borkat, "자유로운 교육과정(A Liberating Curriculum)," Newsweek 123 (1993): 11.

4) Michael Oakeshott "배움의 장소(A Place of Learning)," in 『배움의 소리: Michael Oakeshott의 교육(*The Voice of Learning: Michael Oakeshott on Education*)』, ed. T. Fuller (New Haven: Yale University Press, 1989), 17-42.

5) Albert William Levi, "인간성 접근의 문학 교수(Teaching Literature as a Humanity)," The Journal of General Education 28 (Winter 1977): 283-87.

6) Albert William Levi, "인간성으로 본 문학(Literature as a Humanity)," Journal of Aesthetic Education 10 (September/October, 1976): 46-60.

7) Albert William Levi, 『오늘날의 인문학(*The Humanities Today*)』 (Bloomington: Indiana University Press, 1970).

8) 예를 들면, Ralph A. Smith, "지각을 향해: 예술교육을 위한 인문학 교육과정 (Toward Percipience: A Humanities Curriculum for Arts Education)," in 『예술, 교육, 그리고 심미적 앎(*The Arts, Education, and Aesthetic Knowing*)』, ed. Bennett Reimer and Ralph A. Smith, Ninety-first Yearbook of the National Society for the Study of Education (Chicago: National Society for the Study of Education, 1992), 51-69. 참조

9) 『커뮤니티대학 학생들을 위한 현대 인문학 과정(*A Contemporary Course in the Humanities for Community College Students*)』 (NEH Grant ED-10555-74-412). James J. Zigerell, Project Director, City Colleges of Chicago, n.d.

제2장

심미적 교육 철학과 이론

심미적 교육의 철학과 이론의 관련성에 대한 질문을 다루는 데 있어 두 학자의 견해를 가지고 논해보고자 한다. Harold Osborne은 일찍이 철학자들은 인류의 발전과 진보를 염두에 두고 미학적 문제를 살펴봐야 한다고 보았으며 Eugene F. Kaelin은 심미적 교육은 미학과 중요한 이해관계를 가지고 구성된다고 보았다.1) 하지만 현대 서양 미학에서 교육에 대한 관심은 매우 드문 편이다. 오히려 Francis Sparshott가 말하듯, "일반적으로 '심미적 교육aesthetic education'이라는 문구는 미학에서는 거의 역할을 하지 않는 문구이다."2) 물론 심미적 교육이론가들에게는 다르다. 그들은 이론이 교육 문제에 중요한 어떤 영향을 미치고 그것이 교육의 조직화에 어떻게 도움이 되는지를 연구한다. 짧게 말해서, 교육이론가들은 실천적 이론에 특별한 관심을 둔다. 그렇다면 실천이론은 무엇인가?

인간의 잠재성에 대해 연구한 Israel Scheffler는 과학이론의 본질과 명제를 구별하면서 실천이론의 본질을 설명한다.3) 과학자들은 자신들이 연구한 현상의 참된 재현을 위해 해당 분야의 용어를 사용해서 법률적 진술을 통해 공식화된 체계들을 고안해낸다. 그러한 진술들은 논리적 일관성, 설명력, 그리고 발견적 효능을 기준으로 평가된다. 보다 일반적인 이해를 위한 탐구로서 이론들은 점점 체계화되고 추상화되며 자율적인 틀을 가지지만 실상 우리가 일상 언어로 사용하는 용어들과 실제 경험으로부터 멀어지게 된다. 반대로 윤리적 이상의 영향을 받는 실천이론의 명제는 어떠한 활동을 유도하기 위한 목적으로 정리되는데, 이 경우 전문적인 교육활동이다. 교육의 복잡한 활동을 묘사하고 설명하기 위해서는 어느 하나의 학문으로 충분하지 않기 때문에 교육 실천이론은 복합적이어야 하며, 우아해서는 안 된다. 적어도 과학이론과 비교해서는 말이다. Scheffler에 따르면, 우리는 심미적 교육의 실천이론이 예술에 대한 이해와 감상 그리고 자연 환경의 유사한 현상을 가르치는 문제에 다양한 분야의 통찰력을 적용한다고 말할 수 있다. 나는 여기서 주로 예술연구에 대해 관심이 있다. 그렇다면 주어진 과제는 철학적 추론이 예술의 우수성에 대한 인식을 목표로 삼는 커리큘럼에 어떻게 정보를 줄 수 있는지 보여줌으로써 심미적 교육과 철학적 미학의 통찰력과의 관련성을 나타내는 것이다. 맥락을 설정하기 위해 몇 가지 서두로 언급하고자 한다.

예술, 문화, 그리고 교양교육

심미적 교육과 철학의 관계를 예술의 수월성과 관련하여 논의하기로 한 결정은 1980년대의 '수월성 교육(Excellence in Education, 미국의 교육 정책)' 운동에 대한 대응을 제공하려는 노력에서 비롯되었다. 국가 위원회 보고서와 다른 연구의 쇄도에 의해 시작된 이 운동은 수월성과 형평성이라는 전통적인 민주적 이상을 상기시키고 익숙한 질문들을 제기한다.[4] 우리는 민주주의와 탁월함 둘 다 가질 수 있을까? 가장 재능 있고 능력 있는 사람들뿐만 아니라 모든 젊은이들이 인간의 사고와 행동의 다양한 영역에서 높은 수준의 성취를 이룰 수 있을까? 우리는 배경, 기질 및 전망에서 인간의 차이를 수용하면서 높은 목표와 기대를 설정하는 커리큘럼을 설계할 수 있을까? 이렇게 수월성에 대해 정기적으로 관심이 자꾸 생기는 원인이 무엇이든 간에, 이러한 걱정은 고전적인 이상들에 대한 힘을 굳건히 할 뿐이다.

그러나 오늘날 우리가 인본주의적 교육에 대한 전통적 이상에 대해 이야기할 때, 고전주의 작가들이 선호하는 용어들로 그 이상을 이야기하기보다는 19세기 문화 비평에서 사용하는 용어들로 말할 가능성이 높다. 예를 들면, 선구자적인 미국의 교육사학자 Lawrence A. Cremin이 Matthew Arnold의 문화 개념을 참고해서 미국식 교육의 독특한 장점은 지식을 인간화하려는 노력에 있다고 말하면서 미국교육을 특징화하고자 했다.5) Arnold는 우리가 사고하고 기록해온 모든 중대한 사안들을 다루는 사람들이 문화의 위대한 사도들이라고 주장했다. 즉, 문화는 문화유산의 위대한 시금석을 포괄할 뿐만 아니라 도덕적 헌신과 특정한 마음의 품성을 전제로 한다는 것을 의미한다.6)

Arnold와 그와 같은 생각을 가진 사람들은 – 예를 들어 Ortegay Gasset – 현대의 민주주의 국가들이 문화의 적절한 개념 없이는 높은 수준을 유지하는 데 힘든 시간을 보낼 것이라고 예견했다.7) Arnold와 Ortega이 걱정했던 문제들 중 대중적인 민주주의, 정치적 안정, 삶의 질과 같은 것들은 현재의 우리들도 걱정을 불러일으키는 것들이며 해결될 수 있는 것이라고 생각하는 사람들도 거의 없다. 세계 인구과잉, 빈부격차, 환경오염, 자원고갈, 핵무기의 존재를 볼 때, 당장의 삶을 유지하고 보호하기에도 급급한데 좋은 삶에 대해 이야기 하는 것은 무의미해 보인다. 더 나아가 George Steiner는 20세기의 끔찍한 사건들은 Arnold식의 문화에 대한 감식이 결코 본질적으로 문명화되지 않을 것이라는 점을 암시했다. 오히려 그 역이 참일 것이라고 말한다.8) 그러나 근대성에 대한 부인할 수 없는 문제와 예술의 이점을 의문시하는 것이 우리로 하여금 절망에 빠져 있도록 만드는 것은 아니다. 그것들은 단순히 우리가 무비판적으로 당연시하는 경향에 대해 더 자기의식적이 되어야 한다는 것을 상기시키는 것들이다. 우리는 단순히 종말론적인 불안의 분위기가 문화에 대한 아이디어의 장점을 잃게 해서는 안 된다는 것이다. Steiner의 비관적인 추측조차도 수많은 자격 요건들 속에서 허점을 드러낸다.[9]

문화의 선행에 대한 자격 요건과 의심에도 불구하고 예술로의 진지한 참여는 Ortega가 말한 '평범한 마음의 틀'을 초월하는 것 이상의 가치 있는 혜택을 가져올 수 있다고 가정하는 것이 타당하다. 더욱이, 한 번 교화되면, 경건한 감각의 문화적 취향은 영원히 지속되는 성향이 있다. 미국 최초의 시인 수상자인 Robert Penn Warren은 『민주주의와 시Democracy and Poetry』에서 위대한 예술은 경험의 지속적인 가능성을 제공하고 우리로 하여금 우리 자신을 끊임없이 돌아보도록 하는 힘을 가졌다고 지적했다.[10]

그러나 지속되어야 할 필요를 제시하지는 않았다. 선진화된 사회가 모든 가치를 경제적 이익으로 축소하려는 경향을 감안하면, 문화의 유익함은 그 어느 때보다 오늘날 가장 필요하다. Albert William Levi에 의해 마음의 도구적 역할을 육성하도록 책임을 느꼈던 John Dewey조차 그의 후기 저서에서 이 점을 깨닫게 되었음을 알 수 있다.[11] 간단히 말하자면, 전통적 인본주의 교육의 이상은 우리가 완전한 사람이라 칭했던 것의 교육을 포함하기 때문에 영속적으로 의의가 있다. 우리가 학교에서 다양한 배움과 경험의 방법을 숙지시킴으로 인간 경험의 가치 있는 자질을 키우는 일반교육의 교육과정으로 젊은이들을 인도하도록 권고할 때마다 그 이상은 영예롭고 소중하다.[12] 사람들은 깨달음의 한 가지 방식으로 혼자 살아가지 않고, 뛰어나길 위해 노력할 때 그리고 그들의 성취를 인정받을 때 비로소 잘 산다.[13] 나는 이제 이러한 깨달음의 방식들 중 하나로 내가 편의상 **심미적 문해력 aesthetic literacy**이라고 부르는 인식에 대해 논의하려고 한다.

수월성과 심미적 문해력

  심미적 교육에 대한 어떤 이론을 세우기 위해서 할 수 있는 가장 기본적인 질문은 마음, 몸, 성격의 속성이 예술에 대한 연구를 통해 개발되어야 한다는 것이다. 학습을 통해 배양된 모든 바람직한 경험의 속성들은 도덕적인 덕목이 아니기 때문에 덕목을 말하는 것이 아니라 수월성에 대해 말하고자 하는 William Frankena의 견해를 좀 더 따라가려 한다. 그는 교육의 근본적인 목표는 가치 있는 성향을 개발하는 것이라 믿는다.14) 그렇다면 우리가 심미적 교육으로 배양해야 할 성향 그리고 마음과 몸, 성격에서의 수월성은 무엇인가? 나는 학교에서의 심미적 교육의 전반적인 목표는 예술의 수월성을 감상할 수 있는 자질을 개발하는 데 두어야 한다고 생각한다. 여기서 말하는 '예술의 수월성excellence in art'은 인간 인식을 강화하고 확장하는 데 예술 작품이 최상이라는 점을 함축하는 것이다.15)

  적어도 중·고등 학년에서 우수한 예술작품을 주요 학습의 대상으로 강조하는 이유는 충분히 분명해 보인다. 하지만 교육의 목적에 관한 한 영국 미학의 대가로 일생 동안 인정받아 온 학자 Harold Osborne을 언급하는 것은 가치가 있다. 그는 오랜 기간 『영국 미학 저널British Journal of Aesthetics』의 편집자이기도 했다.

  [Osborne이 적길] 예술 작품들은 최선을 다해 지각의 속성을 만족 없는 충만 감으로 확장하고 정신적 활력을 증가시켜 그 자체의 존재를 파악하도록 해준 다... 수년간의 연구와 경험, 반평생 동안 함께한 익숙함으로 하나의 위대한 예 술 작품을 완전히 이해할 수 있다. 그 경험 자체는 언제나 고도의 활력이 살아 나는 감성을 동반한다. 우리는 더 깨어있고, 평상시보다 더 주의를 기울이고, 더 큰 압박감에 신체 기능들을 더 효율적으로 일하도록 하고, 다른 시기보다 더 큰 자유 속에서 놓여질 수 있다. 그래서 새로운 통찰의 발견은 끊임없는 보 상이다.16)

거기에 예술이 가진 특유한 수월성이 있다. 가장 가치 있는 방법으로 경험에 활력을 불어넣고 전달하는 능력 말이다. 그러한 활력을 불어넣은 경험을 **'심미적 경험aesthetic experience'**으로 주로 부른다. 이 경험의 성격을 설명하기 위해 Monroe C. Beardsley, Osborne, Nelson Goodman, and Eugene F. Kaelin의 글들을 참고한다.[17] 나는 독자가 예술의 수월성에 친근하다는 가정하에 Lord Kenneth Clark의 '걸작이란 무엇인가?What is Masterpiece?'에서 논의되었던 탁월성에 대해 간략하게 언급하겠다. 영감받은 기교, 강렬한 느낌, 탁월한 디자인, 타협하지 않은 예술적 완전성, 상상력, 비전의 독창성, 인간 가치에 대한 뜻깊은 감각과 같은 성질들이다.[18] 이러한 수월성은 Clark가 구체적으로 논의한 Raphael, Rembrandt, Rubens의 것만 아니라 Mozart, Beethoven, Bartók, Shakespeare, Dostoyevsky, T. S. Eliot 등의 다른 많은 예술가들의 것도 포함하는 성질이다.

우리는 가치 있는 심미적 경험을 제공하는 능력으로서 예술의 수월성에 관해, 심미적 경험이 가치 있는 이유를 4가지로 말할 수 있다. 심미적 경험이 제공하는 만족의 질(Beardsley), 그 자체를 위한 직접적 인지의 자극(Osborne), 세계와 자아의 이해와 새로운 관점에 기여(Goodman), 예술 기관의 자유 활동 보장(Kaelin)의 이유를 들 수 있다.

Monroe C. Beardsley
본질적으로 만족감을 주는 심미적 경험
Aesthetic Experience as Essentially Gratifying

Monroe C. Beardsley의 저서 『미학: 비판주의 철학의 문제점Aesthetics: Problems in the Philosophy of Criticism』은 1958년 처음 출판되어 1981년에 개정되었는데 John Dewey의 저서 『경험으로서의 예술Art as Experience』 출판 이후 미국의 철학적 미학 분야에서 가장 영향력 있는 저서 중 하나이다.19) 예술 비평의 전제에 대한 체계적인 검토를 제시하는 철학적 합성을 이뤄낸 걸작이다. Beardsley는 미술, 음악 및 문학 평론가들의 수많은 비평들로부터 취합한 의견 분석뿐만 아니라 인간의 삶에서의 예술의 역할에 대해 심미적 가치의 도구적 이론은 심각한 우려가 있다는 점을 주장한다. 따라서 그의 저서는 필연적으로 심미적 교육의 중요성을 제공하다.

Beardsley가 다른 어떤 것보다 더 고군분투했던 개념적 문제는 '심미적 aesthetic'이라 불리기에 적합한 인간 경험의 종류에 대한 것이었다. 다른 종류의 경험과 충분히 구별될 뿐만 아니라 그것을 개발하려는 사회의 노력을 보증할 만큼 충분히 중요하게 여겨지는 종류의 경험이 존재하는가였다. 그는 특히 다른 것들도 미적 수용력을 다양하게 가질 수 있음에도 불구하고 예술 작품들이 이러한 경험에 이상적으로 들어맞을 것이라는 데 특별히 관심이 있었다. Beardsley는 이러한 질문들에 대답하는 데 성공하지 못했으며, 대개 자신의 분석 노력에 불만족스러워 했다. 그는 시간이 지나면서 이론의 내용을 수정했지만 예술의 심미적 가치는 자격을 갖춘 관찰자로 하여금 높은 수준의 심미적 경험으로 유도할 수 있는 능력에 달려 있다고 믿었다. 여기서 예술의 심미적 가치란 인지적 또는 도덕적 가치가 아닌 예술적 수월성이다. 이 경험은 많은 특성들을 지니고 있어 주로 즐거움, 기쁨, 만족 또는 충족감과 같은 특별한 감정을 제공하기 때문이다. 이 용어들 중 Beardsley는 '충족감gratification'을 선호하고 있지만, 우리가 예술에서 얻는 쾌락 효과를 구체화하는 데 어려움을 겪었음을 증명한다.20)

이 모든 것은 Beardsley의 이론을 쾌락주의적 이론으로 분류하도록 하지만, 절대 단순한 의미의 쾌락주의가 아니다. 심미적 충족감은 비격식의 친밀한 대화, 스포츠 행사에서의 응원, 또는 정치 활동의 참여와 같은 일반적인 기분 좋은 상태도 아니며 이런 것들과 익숙해진 상태도 아니다. 라파엘의 그림, 베토벤의 피아노 소나타, 셰익스피어의 소네트와 같은 위대한 예술 작품들을 정교하고 민감하게 경험함으로써 얻을 수 있는 만족감이다.

Beardsley의 심미적 경험에 대한 마지막 에세이는 1982년에 출판되고 제자 두 명이 편집한 모음집인 『심미적 관점The Aesthetic Point of View』에 실려 있다.21) 이 에세이에서 Beardsley는 심미적 경험이 최대 5가지 특징을 지니고 있다고 하는데, 심미적 경험이 발생하기 위해서는 5가지가 모두 존재하지 않아도 된다고 한다. 이것은 심미적 경험이 단일하게 녹아든 속성, 느낌, 감각 또는 감정을 고려하지 않고 속성들의 집합체에 대해 고려하게 하는데, 이 집합체가 심미적 경험을 복합적이고 분리된 것으로 만든다.

간단히 요약하자면 다음과 같은 것이다. 위대한 예술 작품에 대한 우리의 심미적 경험에는 요소, 형식 관계, 미적 자질 그리고 의미론적 측면이 자유롭게 다뤄지는 주목할 만한 존재의 대상에 주의가 고정된다. 심미적 특성의 존재 여부를 알려주는 한 가지는 스스로 알아서 적절하고 알맞게 풀어지는 느낌이다. 또 하나는 지금 당장 주어진 대상에 대한 강렬한 사로잡힘으로 과거와 미래에 대한 걱정이 줄어드는 것이다. 더 나아가 심미적 개입은 대상으로부터 감정적으로 거리를 둬서 관찰자가 대상의 다른 특징에 압도되기보다는 지각에 대한 통제력을 유지할 수 있도록 가능하게 하는 것에 있다. 그러나 거리를 둔 참여의 효과는 상충되는 자극이 표현적 특성과 인간적 의미가 스며드는 형식적인 패턴에 응집되도록 하고자 하는 노력의 성공에 관찰자가 들뜨게 될 가능성을 부정하지 않는다. 사물 지향성, 자유로운 참여, 분리된 개입, 그리고 적극적 발견으로 주목할 만한 경험은 개인 통합, 자아의 수용과 확대의 느낌 또한 도출할 수 있다.

Beardsley는 심미적 경험에는 자신이 설명한 것보다 더 많거나 적을 수도 있는 특징들이 포함된다는 것을 알고 있다. 그의 의도는 생각의 문을 닫지 않고 마음을 여는 것이었다. 그러나 그는 심미적 경험을 통한 느낌, 경험, 배움 모든 것들의 고유 가치는 그것들이 주는 충족감의 질에 있다고 믿는다. 인간 경험의 요소들이 이러한 방식으로 결합되는 때에 이르기는 아주 드물다. 그 요소들이 결합될 때에 만들어지는 상태는 충족된 웰빙Well-being의 상태라는 것에 우리는 동의할 수밖에 없다. 우리의 평범한 일상에서 위대한 예술을 경험할 때처럼 자극, 자유로움, 통제된 정서적 개입, 진정한 발견의 감정, 자기 성취를 언제 느낄 수 있을까? 인간 가치의 중대한 실현을 구성하는 그러한 마음 상태는 인간 웰빙의 특유한 형태이며 따라서 가치 있고 좋은 삶의 일부이다. Beardsley는 예술 작품이 "잠재력을 그것들의 방식대로 우리에게 잘 전달하고 있다"고 생각하는데, 이는 개개인들이 심미적 경험을 함으로써 가능하다.

Harold Osborne
내재적 가치가 있는 지각으로서의 심미적 경험
Aesthetic Experience as Intrinsically Valuable Perception

"잠재력을 그것들의 방식대로 우리에게 잘 전달하고 있다"는 말은 Beardsley의 견해이지만 사실 이 말은 예술작품은 직접적인 지각을 자극하고 고무하며 확장하도록 함으로써 우리에게 잘 전달되고 있다고 믿었던 Harold Osborne의 견해일 수도 있다. 그는 이것을 **지각력**의 힘이라고 부른다.

지각력은 무엇인가?『감상의 예술Art of Appreciation』에서 Osborne은 지각력을 심미적 감상과 경험으로 동화시킨다. 그는 예술작품의 심미적 경험은 제한된 감각적 영역을 넘어 주의집중을 환기시키는 것을 포함하는 것이라고 말한다. 그것은 하나의 실천적 이행인데 그 감정적 영역의 질이 각자 타고난 기질, 유사성과 대비, 특별한 구별성에 따라 초점을 맞춰야 한다.[22] 그런 지각은 우리의 실제적 관심과 활동을 특징화하는 어떤 종류의 편집 없이도 충분하고 완전하며 잘 일어난다. 게다가 심미적 경험이 일어나는 동안 정신적 상태에서 개념적 분석이 일어날 수 있는데, 예를 들어 역사가의 원인과 결과의 근원을 발굴하는 데 필요한 어떤 분석적 사고가 일어나는 것이 아니라 오히려 통합적이고 개괄적인 견해를 훈련하는 것이 바로 심미적 경험이다. 이것은 피카소의 게르니카 그림에 재현된 내용들이 무엇인지 확인하는 것과 그림이 가지고 있는 주제, 형식, 표현의 통합적 지각 행위 속에서 융합적으로 인지하는 것과는 다른 것이라는 말이다.

Osborne은 심미적 흥미를 이끄는 고도의 몰입은 심미적 경험에 특징적인 감성적 색채와 그 분위기를 가져다주며 지각된 대상이 역동적인 특징을 가졌을 때조차도 평정을 가지도록 한다고 (아마도 의문스럽게) 생각한다. 더 중요한 것은 심미적 경험이 일어나는 동안에 대상을 지각하는 몰입이 다이나믹하기 때문에, 우리 자신의 감정을 의식하기보다는 대상의 속성에 우리는 더 관심을 가지게 된다는 점이다. 대상의 복잡성으로 그것을 보고자 하는 지각적 인식의 요구와 의무는 단지 부질없는 묵상과 정신적인 연상을 독려하지 않는 경향이 있다. 그래서 심미적 경험은 특징적으로 경직성을 가지며, 상상력은 작품의 속성을 이해하는 데 필요한 것이지만 이 역시 검토를 통해 일어난다.

심미적 경험의 또 다른 특징은 물적 존재 너머 나타나는 것을 우선시한다는 점이다. 하나의 대상이 세상에 존재하는 물질적인 것이라는 사실은 물질적인 사물들이 현존하게 하는 상상적인 것들보다 덜 흥미롭다. 그런 상상은 우리 자신을 새로운 세계로 나아가도록 해주기 때문에 심리적 모드로 지각하는 것을 지속하게 하는 데 적합하다. 자아ego 의식은 결코 완전하게 사라지지 않지만, 대상의 속성과 의미를 인지한다는 것을 항상 깨닫게 해준다.

Osborne은 우리로 하여금 심미적 경험은 인간 삶의 많은 영역들 속에서 단련되는 것이지만, 순수예술작품과 실제 그것을 대면하는 사람들이 그것에 흠뻑 젖어들어 향유할 수 있도록 하는 것임을 상기시킨다. 반복해서 말하자면, 예술작품은 지각능력을 증진시키고 그것을 포함하는 정신적 기술을 확장시키는 데 최상의 것이라는 점이다. Osborne의 이론의 핵심은 심미적 경험 속에서 일어나는 사물에 대한 고도의 인식력에 있다. 그런 경험은 사람들을 더 생동감을 갖도록 하여 깨어나게 하고 일상적인 것에 익숙하게 하기 보다는 경계심을 가지고 더 번뜩이게 함으로써 자유와 성취의 엄청난 힘으로 작업하도록 하며, 이에 대한 지속적인 보상으로 새로운 발견을 가져다준다.

Osborne은 지각력은 그 자체를 위해서 의도적으로 고양되어져야 한다는 그의 주장에서 그러한 고양은 항상 영적인 필요와 열망을 표현하는 동기였다고 강조한다. 이념과 인간의 물적 제약으로부터 자유가 무엇이든지 간에 사람의 인간성은 대개가 더 충만하고 더 자유롭게 깨닫고자 갈망하는 표본적 이상이다. Kenneth Clark 또한 지극히 세속적인 사회에서조차 대다수의 사람들은 여전히 순수하고 비물질적인 만족의 순간들을 경험하고자 갈망한다고 믿었으며, 그런 만족은 어떤 다른 수단에 의해서보다도 예술작품을 통해서 더 얻을 수 있다고 확신했다.23) 이것은 우리가 미술의 유용성에 대해 말할 때 바로 그 특별한 감각으로 사용되어야 한다는 것을 뒷받침한다. Osborne는 합리성 역시도 그 자체를 위해서 고양되어져야하지만 그것은 철학, 논리, 수학, 그리고 이론적 과학 분야에서 완벽하게 산출되고 확장되는 특성이라고 말한다.

Nelson Goodman
이해로서의 심미적 경험
Aesthetic Experience as Understanding

Nelson Goodman의 저서를 통해 우리는 이해와 상징체계에 대한 논리 이론이 근대의 발전 아래 이루어진 것을 알 수 있다. Goodman의 관점은 단지 소설처럼 허구가 아니라 예술을 이해하는 데 있어 혁신적인 의미를 함축하고 있다는 것에 일반적으로 동의하는 추세이다. Goodman의 저서의 중요성에 대해 말하자면, Sparshott가 Goodman의 저서 『예술의 언어 *Languages of Art*』의 출현을 지루한 분야에 거대한 바위로 그림자를 드리우는 중요한 등장으로 비유했던 반면, Haward Gardner는 Goodman이 그

책으로 인해 가혹하게도 하루아침에 미학을 진지하고 경직된 연구 분야로 바꾸어 놓았다는 견해를 피력했다.[24] Beardsley도 역시 Goodman의 미학에 대한 저술을 가치 있게 인정했다. 그런 찬사들은 비록 좀 과장되게 언급되긴 했지만, Goodman의 위상이 어디서 비롯된 것인지를 명확하게 한다. 미술은 본질적으로 인지적인 것임을 밝혔던 그의 논문들이 교육 이론가들로 하여금 심미적 교육 이론의 정당화와 이를 확고히 하는데 기여한 바가 있음을 증명해 준다.

Goodman의 저서 『예술의 언어*Languages of Art*』가 말하는 주된 주장은 예술은 인간이해의 상징적 체계이며, 과학, 인간의 계몽을 위한 추구를 포함하는 다른 형태의 탐색을 요구한다는 점이다. Beardsley와 Osborne는 심미적 경험에 대한 생각들을 압축해서 설명했는데 우리로 하여금 예술의 실천적 이행을 어떻게 설명하는지에 대한 관점들을 제공해왔다.

> 심미적 경험은 정적이기보다는 역동적이다. 그것은 미묘한 관계들을 섬세하게 구별하고 식별하도록 하는 것, 상징체계들을 확인하고 이 상징체계 속에서 특성들과 그런 특성들이 무엇을 암시하고 예시화하는지에 대해 확인하는 것, 작품을 해석하고 작품의 견지에서 세계를 재조직하고 세계의 견지에서 작품을 재조직하는 것을 모두 포함한다. 우리 경험의 대부분과 우리의 작품 표현 기술의 대부분을 활용하게 만들고 그것을 향유하는 관람객들에 의해 변형된다. '심미적 태도(aesthetic attitude)'는 불안정하고 탐색적이며 시험적이며 창조와 재창조라는 행동보다는 좀 약한 태도이다.[25]

위 인용을 통해서 우리는 Beardsley와 Osborne이 말한 심미적 경험에 대한 설명에서 무엇을 공유하고, 무엇이 그 설명과 다른 점인지를 알 수 있다. Beardsley, Osborne, 그리고 Goodman의 세 학자들이 인지하는 것은 지각은 역동적이고 차별화된 것이며 해석적인 것이라는 점과 인간세계에 대한 인간의 관점은 미적 만남에 의해 변형되는 것일지도 모른다는 점이다.

Goodman의 설명은 그가 무엇을 강조하고 강조하지 않았는가에 의해 구별된다. Goodman의 이론에서 상징체계와 상징체계 속에서의 특성들은 테크니컬한 의미를 가진다는 것을 확인했을 때, 예술작품의 특성은 암시적이고 본보기를 제공하는 방식으로 이해하는 것을 의미한다. Goodman은 심미적인 것의 기준이 만족감 속에서 발견될 수 있는 것으로 보지 않는다. 그가 비록 예술에서 그 주된 목적은 그 자체로 **인지**라는 점을 강조한다고 할지라도 그는 Osborne이 선택한 방식으로 그 자체의 목적을 인지라고 주장하지는 않는다. Goodman은 세계를 형성하고 재구성하는 데 인지의 역할을 강조하는데 그가 이해시키고자 하는 주된 관심은 예술작품의 상징적 기능과 그것들이 불러일으키는 계몽이다.

Goodman이 예술의 목적은 과학의 - 이해로 이끄는 - 그것과 비슷하다고 한 주장은 예술작품이 참과 거짓의 속성을 가질 수 있다는 것을 의미하진 않는다. 오히려 그것은 디자인과 같이 미술작품은 심미적으로 옳거나 그르거나 하다는 것이다. 그는 또한 예술과 과학이 서로 중요한 차이가 없다고 생각하지 않는다. 미술작품은 우리로 하여금 다르게 보고 듣고 읽도록 하며 새로운 패턴을 목격해서 대상들 간의 연결을 만들어내도록 하는 속성을 가지고 있다. 그래서 이런 점이 바로 Beardsley, Osborne, 그리고 Goodman 간에 어떤 다른 점이 여전히 남아있더라도 그들 간에 어떤 이견이 없이 동일하게 주장하는 점이다. 우리는 예술에 대한 Goodman의 이론이 예술이 가진 인지적인 특성에 대한 설명을 하기보다는 예술작품의 지각과 감상의 본성에 대한 설명으로 좀 덜 구체적이라는 점을 알아야만 한다. Goodman이 심미적인 것들의 증상들이라고 하는 것들 - 통상적이고 의미론적인 것들의 넘쳐남, 상대적 포만감, 예시화, 다중적이고 복잡한 인용 - 은 심미적 속성이 아니라 상징적 체계라고 해석되는 미술작품의 특징적 기능으로 언급되는 기술적인 용어들이다.[26] 그런 용어들은 예술작품이 비재현적이거나 엄격히 형식적인 것조차도 어떻게 암시적이고 어떻게 표현되는

가를 설명해주는 것들이다.

Eugene F. Kaelin
제도적 효력으로서의 심미적 경험
Aesthetic Experience as Institutional Efficacy

　　Eugene F. Kaelin는 그의 논문, 단편집, 그리고 저서 『예술과 존재*Art and Existene*』에서 주로 심미적 사고에 대한 견해를 표명하였는데, 그의 이론도 여전히 예술과 심미적 경험에 대한 다른 철학적 견해들로 이루어진 것들이다.[27] Kaelin이 Sartre와 Merleau－Ponty, Husserl, Heidegger에 의해 영향을 받았던 대륙의 실존 현상학적 견해로 썼다고 할지라도 심미적 경험의 속성에 대한 이론은 Beardsley, Osborne, 그리고 Goodman에 의해 설명된 것과 유사한 것이다. Kaelin은 미술작품이 심미적 소통과 인간 경험을 명료하게 하고 강화시키므로 심미적 경험이 유익하다고 주장한다. 미술작품을 거부하는 것들(작품의 겉모양과 내적 깊이)을 성공적으로 없앰으로써 느끼는 만족은 심미적 경험의 쾌락적인 측면으로 이루어지며, 이 측면으로 말하자면, Kaelin의 이론은 Beardsley의 이론과 닮아있다. 예술의 인간경험을 명료화하고 강화하는 힘에 대한 Kaelin의 관점은 미술작품 그 자체로 충만감의 힘을 자극하는 성향을 강조했던 Osborne의 신념과 부합된 것이다. 비록 Kaelin의 철학적 기반이 Goodman의 이론과 부합되진 않았지만, 두 사람 모두 예술이 사물에 대한 신선한 지각을 표현하는 힘을 가진 것으로 그 가치를 둔다는 점이 공통된 견해이다. 이들의 심미적 이론들을 비교하고 대조해 본 결과 정말로 재미있는 점은 철학적으로 서로 다른 견해를 가지고 있더라도 예술로부터 일어나는 그 유익한 면에 대한 상이한 결론을 도출해 내지는 않는다는 점이다.

　　이 논의에 관한 한, Kaelin의 미학이 인간 자유에 대한 강조와 학교교육을 통해 심미적 경험을 단련하고 소양을 길러냄으로써 미술 제도를 자유롭게 만들어내는 데 기여한다고 주장한 점은 주목할 만하다. 다시 말해서 심미적 경험은 개인적이고 사회적인 가치에 모두 기여한다. 심미적 교육에 대한 이론은 사회가 배출하고자 하는 개인을 규정하고 인내와 소통 그리고 판단에 대한 인간의 가치들을 예시화하며 편협과 독단, 대립과 강요를 멀리하는 인간 개개인의 유형을 정의하도록 해준다.

Kaelin의 주장에 따르면, 어떻게 심미적 경험이 그런 가치들을 예시화한다는 말인가? 이에 대한 답은 심미적 경험이 발현되고 전개되고 종결에 이르는 방식을 이해하는 데 있다. Kaelin은 어떻게 어떤 대상을 지각하는 사람들이 즉각적인 심미적 경험을 일으키는 기호화의 맥락을 창조해내는지를 설명한다. 그 본질적 가치가 즉각적인 심미적 경험을 일으키기 위해 물질적인 것을 제공해주는 중요한 맥락 말이다. 미술작품의 표현적 속성에 주의를 기울인다는 것은 형태, 주제 그리고 그것을 다루는 데 다양하게 이루어지는 지각을 포함하는 것이며, 지협적이고 지역적인 속성은 물론 작품 화면과 그 내면의 관계로 일어나는 모든 측면을 말한다. 다시 말해서 심미적 경험은 의미의 맥락들에 대한 처리방식으로 활성화되고 통제된다는 점이다. 작품에 대해 적대시하는 시스템들의 성공적인 통합은 심미적 경험의 성취를 가져다주는 작품에 대한 표현적 반응 행위를 가져다준다. Kaelin의 용어로 **감각된 표현**felt expressiveness은 작품 화면과 내적 깊이에 대한 적합함이나 전용의 감각을 함축한다. 한 예가 Picasso의 '게르니카Guernica' 작품의 다양한 특징을 들어 해석한 Kaelin의 적대감에 대한 설명이다. "그렇게 해석했을 때 게르니카Guernica에 대한 우리의 경험은 우리가 작품화면에 ─ 검정과 흰색의 극명한 대조 속에 부서진 비행기와 울퉁불퉁한 가장자리들로 ─ 구성된 모든 것들이 우리 인간의 삶과 죽음의 극명한 대조와 같이 그 내면을 재현한 것으로 부합되는 점을 인지하는 경험에 도달한다."28) Kaelin이 표현적 반응에 대한 단순한 행위라 부르는 것은 Osborne가 시놉틱 혹은 통합적 시각의 한 예시라고 부르는 것이다.

이때 "미술작품을 주목하여 바라보는 지점은 무엇일까?"라고 Kaelin은 질문한다. 그 지점은 작품들이 가치 있는 심미적 경험을 제공하는 지점이다. 지각적인 표현 기술의 훈련과 미적 판단만이 아니라 심미적 소통의 가치로 이어지는 바로 그 지점이다. 이 모든 것은 작품에 대한 반감을 표하는 것에 대한 직감적 가치들에 의해 이루어지는 의미의 맥락에서 일어난다. Kaelin은 심미적으로 경험하도록 하는 미술작품은 본질적으로 인간이 만들어낸 객체적 대상이라는 Erwin Panofsky의 믿음에 대한 그의 견해를 효과적으로 피력한다.29) Kaelin이 주장하듯이 미술작품은 "감각적인 작품 화면에 개방적인 표현으로 그 안에서 쏟아나는 통제적 반응들에 의해 이루어진 상상과 이해를 허용하는 사람들의 경험에만 존재하게 된다."30) 우리가 교양교육의 전통적인 이상에 부여하는 모든 것은 Kaelin의 심미적 경험에 대한 설명속에 포함되어 있다. 특히, 수월성과의 학문적인 만남이 기본적인 인간의 권한을 시험하고 강화하고 확장시킨다는 자각 속에 드러난다.

지각력을 가진 사람들은 작품의 의미를 맥락적으로 이해하도록 해야 한다는 생각 때문에 규율과 이념에 순응하는 자세로 작품의 가치를 평가할 수 없다. Kaelin이 설명한 현상학적 분석 방법은 미술작품이 즉각적으로 주어진 것으로부터 그 단서를 취하고 작품의 의미의 독특한 맥락 속에서 그 가치를 도출하고 본질적 가치에 감각적으로 반응하지 않는 해석적 토대를 이중적으로 만들어내는 것이 아니다. 미술작품이 특징짓는 것이 무엇이며 우리 현실과 다른 것들과의 관계에 대해 그것이 무엇을 말하는지에 대해 미리 알 수 있는 것은 없다. 그래서 심미적 소통은 본질적으로 자유로운 소통이다. 예술창조와 감상의 행위를 통해서 인간은 그것들의 미래를 선택한다. 우선적으로 심미적 가치에 대한 새로운 세계를 창조하고 경험의 새로운 가능성으로 그것들을 개방함으로써, 따라서 미술은 인간에게 개인과 사회 모두에 이로운 힘과 잠재성을 깨닫도록 함에 의해서 **존재Being**를 드러낸다.

결론과 논의

결론적으로 철학자들은 인간성에 대한 진보와 발전을 염두에 두고 심미적 질문을 해결해야 한다는 Osborne의 신념을 나는 다시 상기해본다. 이런 관점은 Beardsley, Goodman, Kaelin에 의해서도 강조되는데, 이들은 심미적 교육의 정당화를 위한 이론을 제공해주었다.

Beardsley는 미술작품이 가치 있는 심미적 경험을 제공하는가를 가늠해보고 그 작품이 탁월한 작품인지 아닌지를 구별하는 방법을 제시함으로써 인본주의적 목적과 그 정당화의 문제를 해결하고자 한다.

Osborne은 탁월한 미술이 발생시키는 경험의 속성을 전형적으로 우리를 놀라게 하는 미술에 반응할 때 이루어지는 경험과는 대조적인 경험으로 설명함으로써 심미적 교육의 인본주의적 목적과 그 정당화에 기여한다.

Goodman의 미술의 인지적 특성에 관한 사례는 과학적인 이해와 예술적인 이해의 서로 다른 두 문화적 간극을 없애는 효과를 제공해준다. 심미적 교육의 정당화를 가능한 한 덜 어렵게 만드는 방법으로 심미적 탐구를 위한 연구를 진지하게 세우도록 해준다. Goodman이 했던 것처럼 과학에서의 미술은 호기심을 유발하고 그 목적을 계몽에 두며, 그 기본적인 목적은 "인지 그 자체를 위한 것이며, 실천, 즐거움, 충동, 소통적 유용함 모두 이 인지에 달려있다."[31] 하버드 대학에서 Howard Gardner와 David Perkins의 통솔하에 Goodman에 의해 설립되었던 프로젝트 제로Project Zero 연구소는 미술 창작과 감상에서 예술적 인지의 역동성을 조사 연구해왔다.[32] 그 연구는 궁극적으로 우리로 하여금 예술이 더 효과적으로 가르쳐질 수 있는 방법을 잘 이해하도록 해주었다.

Kaelin은 미술은 자유로운 사람들 간의 심미적 소통을 세우는 데 중요한 역할을 한다고 강조함으로써 인본주의적 목적을 주장하며 인문주의의 진전을 제시해주었다. 예술적이고 미적인 만남은 인간의 개방성, 관계성, 자율성, 자유에 대한 가치를 본보기화하며 미술제도의 효과적인 기능에 모두 중요한 요소가 되는 것이다. 교육을 통해서 심미적인 문해력이 갖춰진 사회는 미적 자유와 소통의 조건을 우선적으로 추구할 수 있으며, 미술제도가 정치적 목적에 의해 규제받지 않도록 보장할 수 있다.

이 논의를 통해 얻은 하나의 결론은 절충주의의 유용성에 대한 깨달음이고, 네 명의 이론가들의 심미적 경험에 대한 설명을 비교해 봄으로써, 나는 미술작품을 응시하는 것으로부터 얻을 수 있는 탁월한 가치들에 대해 동의하지 않을 요소를 거의 찾을 수 없다. 예술작품은 우리가 친숙한 것을 낯선 시각으로 볼 수 있게 해주는 세상에 대한 신선한 전망을 제공할 뿐만 아니라, 우리가 현실에 대한 경험을 조직하고 재구성하는 관점에서 사물들 사이의 새로운 연결을 인식하도록 하는 데 최상의 것이다. 이 네 이론가들의 개별적인 철학적 성향, 방법론적 가정, 그리고 설명과 설명의 범주들은 미술이 가지는 인간 부활의 힘을 불러일으킨다. 나는 예술에 대한 심도 깊은 연구를 통해 얻을 수 있는 각기 다른 방법으로 예술의 장점들을 피력해왔지만 이제부터는 현재 감지된 가치들과 앞으로 기대될 가치들 간의 구별을 설명하는 것이 중요하다. 현재 긴밀하게 느낀 가치들은 심미적 경험을 통해 감지된 특성들이며, 앞으로 기대될 가치들은 현재의 가치들이 공헌하게 될 가치들이라고 할 수 있는데, 예를 들면, 공감적 이해뿐만 아니라 일반적으로 지각과 상상이라고도 할 수 있는 것들이다. 내가 현재 긴밀하게 느낀 가치들과 앞으로 기대될 가치라고 일컫는 것들은 Beardsley가 두 가지의 내재된 본질적 가치라고 부른 것이며, Osborne이 예술의 주된 기능과 부가적 기능이라고 했던 것들이며, Kaelin의 미학적이고 미학적이지 않은 가치들에 관한 것이다. 미학교육연구 목표의 하나는 근접치와 기대치 간의 연결을 더 잘 이해하도록 하는 것일지도 모른다. 비록 서로 다른 종류의 가치들이 확고한 심미적 교육의 정당화를 위해 절대적으로 중요한 것이 아닐지라도 말이다. 심미적 경험은 인간으로 하여금 다른 형태로는 지각할 수 없는 방식으로 지각하도록 하는 특별한 형태의 지각이며 인간의 잠재성을 의미 있게 실천하도록 하는 특별한 것이라고 확실히 주장할 수 있다. 심미적 능력이 결여된 삶은 부분적으로만 충족된 삶이며, 젊은이들이 그들의 인간성의 중요한 부분을 깨닫도록 돕지 않고 학교교육을 받도록 한다면 그것은 사회와 그들의 교육 시스템에 대한 심각한 기소라고 할 수 있다.

예술의 다양한 기능에 대해 설득력 있는 명료한 진술로 인해 네 명의 이론가들은 모든 심미적 교육이론에 중요한 자료를 제공해준다. 그런 진술은 철학적 미학이 심미적 교육이론과 관련되도록 하는 데 확실한 토대를 제공해 준다. 비록 예술의 이론을 세우게 된 주된 이유가 교육을 조직적으로 만들기 위한 것이라 하더라도,33) 더 큰 범위의 고려사항들은 분명히 심미적인 것들을 이론화하도록 하는 계기가 되었다.

마지막으로 몇 가지 말하자면, 심미적 교육이론이 예술의 본성과 기능에 대한 몇 가지 다른 관점들에 의해 영향을 받았을지라도 여기서 선택한 이론들은 개별적으로 교육 이론가들의 성향에 의해 결정되며 사회적 상황에 따라 우세적으로 여겨졌을 것이다. 어떤 교육이론가들은 Goodman의 정당화가 학교교육에서의 예술교육에 가장 적합한 것으로 보여서 선호할 수도 있다. 이해를 증폭시키는 특성이 교육자들로 하여금 교육적 전문성을 강화시킨다. 그러나 예술의 기능을 과도하게 인지적 측면으로 해석하는 것은 심미적 경험의 감정적 측면의 중요성을 약화시킬 우려가 있다. 간단히 말해서, 예술작품을 예시화하고 의미화하는 것으로만 이해하는 것은 충분하지 않다라는 말이다. 너무 빈번하게 반복할 수 없는 말을 하는 것 같지만, Frank Sibley가 강조한 것처럼 미술을 통해 사람은 자신 스스로 사물 자체를 보고 느낄 필요가 있다.34)

네 명의 이론가들은 예술에 대해 가장 특징적인 것을 설명하려고 하지만, 이에 대해 의문시하는 것도 역시 중요하다. 그들은 모두 미술의 독특한 에너지에 대해 중요하게 생각하고 그 잠재성을 깨닫는 방식을 이해하고 있다.

그런 주장들은 미술에 대한 이론적인 저서들이 사회적 정치적 연구들로 이루어지는 시대에는 더욱 중요하다. 그렇지만 예술과 심미적 교육이 이념적 용어들로 해석되는 시대 예술의 핵심 과업은 가벼워진다. Virgil C. Aldrich 는 "가장 위대한 미술은 재료들을 형식적으로 표현하는 한편 주제에 대해서도 즉각적으로 표현한다. 이 둘 모두 서로 상응하는 변형으로 정의로움을 실천하고 제각기 내용을 구성하는 데 서로 고무적인 것들이다."35)라고 말한다. 괄목할 만한 필수적인 특징들이 모든 미술작품이 주제를 표현하는 것은 아니지만, 이것은 심미적 과업과 미술의 성취에 토대가 되는 것이다. 매체, 형식, 내용간의 관계들의 균형이 미묘하고 불확실할수록 이념적 관여가 과도하게 작용하므로 표현적 상태와 심미적 반응을 위한 잠재성을 충분히 발휘하지 못하게 된다.

미술 감상이 사회적 변화와 개혁과의 연결과 상관없다는 것은 아니다. 심미적 속성으로 문명화된 사람이 환경 파괴와 인간의 감각을 무디게 하는 것을 혐오할 것이고 더 나은 삶의 질과 고도의 문화를 추구할 것이라고 생각될 것이다. 심미적 감수성을 개발하는 것은 사회적 책임감을 개발하는 것과 같다는 말이다. 그러나 단순히 이념에 치우친 관심은 심미적 상상력을 없앨 것이다. 이 점은 역사가 Richard Hofstadter가 한 말을 상기하면 알 수 있다. "인간 정신에서 독립적인 아이디어 활동이 없는 것보다 더 위험한 것이 존재한다면, 아마도 그것은 어떤 특정한 억제된 아이디어를 과도하게 실행하려고 하는 것일지도 모른다." 그가 말하는 지적 기능(심미적 기능을 추가해서)은 "너무 축약된 참고문헌의 틀 속에서 이루어진 어리석음으로 과도하게 강조될 수 있다."36) 이런 이유로 필자는 예술의 본성과 그 독특한 기능들에 대해 한 가지가 아니라 네 가지의 이론적 관점을 들어 설명하였다. 확실하게 미학 이론가들은 예술의 주된 기능과 부가적 기능을 구별하기 위해, 그리고 안개처럼 가려진 모호한 추측들을 표출해내기 위해 지속적으로 예술의 본질을 탐구한다. 미학 이론의 날카로운 철학적 분석 연구의 가치를 폄하하고자 하는 것은 아니다. "미술의 탁월함에 대한 합리성을 초월한 미학 이론들에 대한 논의는 무엇이 미술작품을 유익하게 하는가에 대한 지속적인 논쟁의 문제를 가져오므로"[37] 우리로 하여금 다양한 미학 이론들을 탐색할 의무가 있다고 주장했던 Morris Weitz의 의견에 따르는 것으로 결론을 짓고자 한다. 이런 측면에서 Beardsley, Osborne, Goodman 그리고 Kaelin의 이론들을 미술의 탁월함과 심미적 교육에 대한 비평적 대화를 이끌어내는 것으로 나는 이해하고 있다.

미주

1) Harold Osborne, "'심미적 가치'의 두 가지 중요성(The Twofold Significance of 'Aesthetic Value')", *Philosophica* 36, no. 2 (1985): 5-24. Eugene F. Kaelin, "심미적 교육: 미학의 역할(Aesthetic Education: A Role for Aesthetics Proper)," *Journal of Aesthetic Education* 2, no. 2 (1968): 51-66.

2) Francis Sparshott, 『예술 이론(*The Theory of the Arts*)』, (Princeton: Princeton University Press, 1982), 484.

3) Israel Scheffler, 『인간 잠재성에 대하여(*Of Human Potential*)』, (Boston: Routledge and Kegan Paul, 1985), 5.

4) 예를 들면, 국가 수월성교육협회(The National Commission on Excellence in Education), 『위기의 국가(*A Nation at Risk*)』, (Washington, D.C.: Government Printing Office, 1983); Mortimer J. Adler, 『파이데이아 프로포절: 교육성명서(*The Paideia Proposal: An Educational Manifesto*)』, (New York: Macmillan, 1982); Ernest Boyer,『고등학교: 미국 중등교육 보고서(*High School: A Report on Secondary Education in America*)』(New York: Harper and Row, 1983); John Goodlad, 『학교로 불리는 장소(*A Place Called School*)』, (New York: McGrawHill, 1984); and Theodore Sizer, 『호레이스의 타협: 미국 고등학교의 딜레마(*Horace's Compromise: The Dilemma of the American High School*)』(Boston: Houghton Mifflin, 1984).

5) Lawrence A. Cremin, 『미국교육의 우수성(*The Genius of American Education*)』, (New York: Random Vintage Books, 1966), 108.

6) 문제의 자주 인용되는 내용은 Matthew Arnold, 『문화와 무정부상태*Culture and Anarchy*』(New York: Cambridge University Press, 1969), 70. First pub-lished 1869.

7) José Ortega y Gasset, 『대중의 반란*The Revolt of the Masses*』, trans. Anthony Kerrigan (Notre Dame: University of Notre Dame Press, 1985). Ortega의 교육적 중요성에 대한 포괄적 평가를 위해서는 Robert McClintock의 『인간과 환경: 교육자로서 Ortega*Man and His Circumstances: Ortega as Educator*』(New York: Teachers College Press, 1971). 참조

8) George Steiner, "우리의 신사들을 문명화하기 위해(To Civilize Our Gentlemen)" in 『언어와 침묵으로: 언어, 문학, 그리고 비인간적인 사람에 대한

에세이*Language and Silence: Essays on Language, Literature, and the Inhuman*』(New York: Atheneum, 1967). 참조

9) 특히, Steiner의 저서『블루비어드의 성: 문화의 재정립을 위한 몇 가지 주의사항들*In Bluebeard's Castle: Some Notes towards the Redefinition of Culture*』(New Haven: Yale University Press, 1971)에서 제시된 자격 요건들을 참조

10) Robert Penn Warren, 『민주주의와 시*Democracy and Poetry*』(Cambridge: Harvard University Press, 1975), 72.

11) Albert William Levi, "Nature and Art," *Journal of Aesthetic Education* 18, no. 3 (1984); John Dewey, 『경험으로서의 예술*Art as Experience*』(New York: G.P. Putman's Sons, 1958). First published 1934 by Minton, Balch and Co. See also Dewey, 『존 듀이: 후기 저서들*John Dewey: The Later Works*』1925-1953, ed. Jo Ann Boydston (Carbondale: Southern Illinois University, 1987), Vol. 10.

12) 앎에 대한 방식을 강조하는 대표 저서로는 Louis Arnaud Reid, 『이해의 방식과 교육*Ways of Understanding and Education*』(London: Heinemann, 1986); Philip H. Phenix, *Realms of Meaning* (New York: McGraw−Hill, 1964); Paul H. Hirst, 『지식과 교육과정*Knowledge and the Curriculum*』, (Boston: Routledge and Kegan Paul, 1974); and Howard Gardner, *Frames of Mind* (New York: Basic Books, 1983).

13) 이것과 연결해서 다음 저서에서 언급한 내용들을 살펴보는 것이 유용할 것이다. Moses Hadas in his 『그리스의 이상과 부활*The Greek Ideal and Its Survival*』(New York: Harper Colophon Books, 1966). Hadas는 "그리스인들의 경험으로 기억할 수 있는 것은 고도의 수준의 독창성과 성취들로 개인적 업적의 중요성에 대한 깊은 확신을 전제한다. 그것을 성취하기 위한 수단으로서 수월성의 목표와 그것을 용인하는 것은 인간의 판단에 의해 결정된다."(p. 13)고 언급했다.

14) William Frankena, 『세 명의 교육철학자들: 아리스토텔레스, 칸트, 듀이*Three Historical Philosophers of Education: Aristotle, Kant, Dewey*』(Glenview, Ill.: Foresman, 1965), esp. chap. 1.

15) 필자는 이 관점을 다음 저서에서 확장해왔다. 『미술교육에서 수월성*Excellence in Art Education*』updated version (Reston, Va.: National Art Education Association 1987).

16) Harold Osborne, 『감상의 예술*The Art of Appreciation*』(New York: Oxford University Press, 1970), 36-37.

17) The discussion of Beardsley, Osborne, and Goodman draws substantially on my lecture 『심미적 교육의 현대 관점*Aesthetic Education in Modern*

Perspective』(Provo, Ut: College of Fine Arts and Communication, Brigham Young University, 1986).

18) Kenneth Clark, 『무엇이 걸작인가?*What Is a Masterpiece?*』 (New York: Thames and Hudson, 1979).

19) Monroe C. Beardsley, 『미학: 비평 철학의 문제들*Aesthetics: Problems in the Philosophy of Criticism*』 2nd ed. (Indianapolis: Hackett, 1981). First edition published 1958 by Harcourt, Brace and World.

20) I have traced this shifting terminology in my "The Aesthetics of Monroe C. Beardsley: Recent Work," *Studies in Art Education* 25, no. 3 (1984): 141-50.

21) Beardsley, "Aesthetic Experience," in 『심미적 관점: 비어즐리의 글모음*The Aesthetic Point of View: Selected Essays of Monroe C. Beardsley*』 ed. M. J. Wreen and D. M. Callen (Ithaca: Cornell University Press, 1982).

22) Harold Osborne, 『감상의 예술*The Art of Appreciation*』 (New York: Oxford University Press, 1970), esp. chap. 2.

23) Kenneth Clark, "Art and Society," in 『비전의 순간들*Moments of Vision*』 (London: John Murray, 1981), 79.

24) Nelson Goodman, 『예술의 언어*Languages of Art*』, 2nd ed. (Indianapolis: Hackett, 1976).

25) Ibid., 241-42.

26) 『예술의 언어*The Languages of Art*』가 출판된 이후 이 마지막 징후가 추가되었기에 다중적이고 복잡하게 인용되었다. 또한 다음 저서를 인용하였다. 『세상을 창조하는 방식들*Ways of Worldmaking*』 (Indianapolis: Hackett, 1978), 67.

27) Kaelin을 논의함에 있어 다음 저서를 사용했다. 『예술과 존재: 현상학적 미학*Art and Existence: A Phenomenological Aesthetics*』 (Lewisburg: Bucknell University Press, 1970); 『심미적 교육에 대한 존재론적 현상학적 설명*An Existential—Phenomenological Account of Aesthetic Education*』, Penn State Papers in Art Education, no. 4 (University Park: Pennsylvania State University, 1968); "Aesthetic Education: A Role for Aesthetics Proper," *Journal of Aesthetic Education* 2, no. 2 (1968); and "Why Teach Art in the Public Schools?" *Journal of Aesthetic Education* 20, no. 4 (1986): 64-71.

28) Kaelin, "Aesthetic Education: A Role for Aesthetics Proper," *Journal of Aesthetic Education* 2, no. 2 (1968): 154; reprinted in R. A. Smith, ed., 『미학과 교육의 문제*Aesthetics and Problems of Education*』 (Urbana: University of Illinois Press, 1970).

29) Erwin Panofsky, "The History of Art as a Humanistic Discipline," in 『시각 예술에서 의미*Meaning in the Visual Arts*』 (Chicago: University of Chicago Press, 1982; first published 1955), 11.

30) Kaelin, "Aesthetic Education: A Role for Aesthetics Proper," 155.

31) Goodman, 『예술의 언어*Languages of Art*』, 258.

32) Goodman 『마음에 대해 또 다른 문제들*Of Mind and Other Matters*』 (Cambridge: Harvard University Press, 1984), chap. 5.를 참조

33) Sparshott, "On the Possibility of Saying What Literature Is," in 『문학이란 무엇인가?*What Is Literature?*』 ed. Paul Hernandi (Bloomington: Indiana University Press, 1978), 14.

34) Frank Sibley, "Aesthetic and Nonaesthetic," *The Philosophic Review* 74, no. 2 (1965): 136-37.

35) Virgil C. Aldrich, 『예술철학*Philosophy of Art*』 (Englewood Cliffs, N.J.: Prentice－Hall, 1963), 98-99.

36) Richard Hofstadter, 『미국인의 삶에서 반지성주의*Anti－intellectualism in American Life*』 (New York: Alfred A. Knopf, 1963), 29.

37) Morris Weitz, "The Role of Theory in Aesthetics," in 『미학의 문제*Problems of Aes－thetics*』, 2nd ed. (New York: Macmillan, 1970), 180.

제3장

미술, 인간 생애 진로, 그리고 심미적 교육

미국의 미술교육협회NAEA에서 괄목할 만한 문화역사학자 Jacques Barzun은 "예술은 우리 문화의 중요한 부분이다. 그것은 인간의 깊은 본능에 해당하기 때문에 즐겁다. 그러므로 우리는 그것의 기초를 가르친다."고 언급했다.[1] 심오한 본질이 무엇인지 논의할 필요가 있었지만, 아무도 논의를 제기하지 않아 왔다. 대신에 Barzun은 인간의 성격적 측면에서 예술교육자들이 교육학적 언어를 심하게 부풀리는 경향에 대해 비난했다. 그러나 인간 성향에 대한 예술적 해답을 논하지 않는 채 교육에 대해 논의한다는 것 자체가 하나의 사치이다. 특히 미국, 그리고 영국에서도 마찬가지로 예술을 제외한 기초적인 교육이 사람들에게 더 많이 인식되는 시기에는 더욱 그러하다. 우리는 우리 자신을 위해서 미술이 가져오는 깊은 본질을 발견해야 할 의무에 놓여 있다. 이에 대한 논의는 미술이 가져오는 깊은 본질을 발견하는 것의 궁극적 가치를 향해 겸손하게 나아가고자 하는 시도라고 할 수 있다. 이런 노력의 결과는 그것이 부분적인 성공을 가져다 준다고 할지라도 심미적 교육이 기초적이고 기본적인 교육으로 해석될 방안을 찾도록 할 것이다.

논의의 출발은 예술이 과거 우리 인간 삶의 역사를 이루어온 역할에 대해 탐색해보는 것으로 가능할 것이다. 예술이 이루어온 다양한 방식의 기능들 중에 하나의 주된 특징적 기능을 찾아내는 것이 가능할까? 이런 기능의 실마리는 영국의 미술사학자 Kenneth Clark의 예술과 사회의 관계에 대한 저서 『예술과 사회Art and Society』에서 발견된다.2) 예술과 사회의 현대적인 관계에 대해 생각하는 것을 유용하게 증명해 줄 일반화된 서양예술의 역사를 훑어봄으로써 Clark은 예술이 고대 중세, 르네상스, 그리고 19세기에 이루어 놓은 생동감 있는 기능들을 논의한다. Clark이 말하기를 사람들은 미술작품이 인간 운명과 숙명에 대한 중대한 신념을 확인하고 지속적으로 그 중요성을 존속시키는 것들을 상기시켜 주기 때문에 미술을 감상한다는 것이다. 비록 예술작품이 그 사회 지배층의 가치를 반영하는 일부 소수의 사람들에 의해 창작된 것이라 할지라도 서로 연관된 이해를 가져오는 내용으로 인해 대다수의 사람들에게 호소하는 역할을 한다는 것이다. 중세에 만들어진 미술작품들은 성경과 확실한 형식적 관습과 의례에 기초한 것으로 미술이 이루어온 믿음은 그것이 이루어온 종교적 신념과 기능, 즉 성찬의례의 기능을 제대로 담당해왔다. Clark은 후기 미술은 기독교정신의 표상을 세속적인 이미지의 표상으로 변모했으며 그것은 기념적인 믿음으로 종교적인 것이라기보다는 표현하는 것으로서 미술에 대해 말하는 것이 더 정확하다고 믿는다. 그 예시로 19세기 풍경화에 나타난 자연에 대해 말하는데 그것은 합리적으로 설명할 수 없는 삶의 감각을 더 드높은 경지로 올려놓았다고 보았다(p. 69). 20세기에 이르러 미술은 그 자체로 차별화된 특징을 갖게된다. 신의 영광을 경배하는 화려한 성당을 건축하던 신앙의 시대와 달리 우리의 물질주의적 숭배는 주식 투자자들의 이익을 산출하고자 하는 사업을 수행하는 데 적합한 밋밋한 고층건물을 세우고 있다. 그 차이는 사르트르 대성당과 록펠러 센터의 차이라고 말할 수 있다. 게다가 Clark은 다른 어떤 수단보다도 미술작품에 의존해서 사람들은 순수와 무관심, 그리고 물질적이지 않은 정신적 만족을 얻기를 갈망한다고 주장한다. 그래서 그는 대다수의 사람들이 예술작품과의 대면으로 경험할 수 있는 것들을 많이 놓치고 있다고 본다(p. 79).

다시 말해서 예술이 가져다주는 심오한 본질은 미의 본질과 다른 것이 아니라 특별한 가치를 두고 있는 마음의 상태라고 Clark이 말한 것으로 확인될 수 있다. 이런 마음의 상태는 무엇인가? 확실히 Clark은 그런 마음의 상태를 **아름다움**beauty, **순수**pure, **무관심**disinterested이라는 용어로 설명하는데 이는 최근 미학이론과 불협화음을 가져오는 용어들이다. 예술 경험은 순수하거나 무관심적인 것이 아니라고 우리는 말하고 싶어 한다. 아름다움에 관해서는 예외적으로 더 이상 현대 미학이론의 주요 개념이 아니다. 당연하게도 우리는 Clark이 의도했던 것에 대해서 공정한 생각을 가지고 있다. 그가 미술 경험이 순수하고 무관심적이라고 말하는 것은 예술 경험이 우리의 매일의 일상을 지배하는 실천적, 실용적, 혹은 물질적 관심들과 의미 있는 방식으로 거리를 두게 한다는 것을 의미하는 것으로 볼 수 있다. 예술 경험이 이성을 초월한다고 그가 말하는 것은 예술 경험은 어느 정도 인지적인 반면에 이성보다 더 많은 감정적 에너지를 발산한다는 것을 의미한다. 정말로 우리는 예술 경험은 이성과 감정을 에너지화하며, 심미적 경험에 독특한 가치를 부여하는 특별한 방식이라는 것을 가정하고 있다. 예술작품은 바로 이런 것들이 일어나게 하는 것이다. 이런 측면에서 왜 대부분 예술은 자연보다 더 우월한 것이 되는가? 물론 그 답은 예술작품의 주제에만 있는 것이 아니라 작품 양식에도 있다. 미술작품은 특징적으로 명확한 재료, 감각적인 질감, 예술 형태, 그리고 드라마틱한 기호들로 눈에 드러나는 생생한 이미지들이다. 그런 이미지들은 지각적으로 저항하기 어려울 정도로 시선을 잡아끌기 때문에 주목하게 하며, Harold Osborne이 말한 대로 작품들에는 특별한 심미적 동기가 내재되어 있기 때문에 지각적으로 우리의 관심을 끌고 주목하게 한다.³⁾ Osborne은 다른 동기와 의도에도 불구하고 예술적 노력의 역사를 통합하는 것은 이러한 심미적 동기라고 생각한다. 그러나 심미적 동기가 개념화되고 예술에 대한 우리의 경험과 연관된 것은 근대에 이르러서이다.

따라서 우리는 예술이 대응하는 깊은 인간의 본능, 예술이 유도할 수 있는 독특한 가치의 정신 상태, 모든 예술이 보여주는 보편적인 동기가 극적 질서의 창조, 인식, 향유에 대한 본능이라고 결론을 내릴 수 있다. 그 질서가 충분히 복잡하고 중요할 때, 그것은 일시적인 인식의 순간뿐만 아니라 심미적 경험으로 알려진 특별한 종류의 경험을 유지한다. 따라서 심미적 경험의 개념은 관심을 유지하기에 충분히 매력적인 물체와 그것을 참여시키기에 충분히 숙련된 자격을 갖춘 인지자 둘 다를 전제로 한다. 우리는 더 나아가 예술 작품을 적절하게 취함으로써 발생하는 일종의 만족감을 위해 심미적 경험을 위한 충분한 기회를 제공하는 것은 예술의 탁월하거나 특징적인 기능이며, 예술이 다른 어떤 것보다 더 잘할 수 있는 것이라고 말할 수 있다. 또는, 약간 다른 용어로, 인간의 생애에서 예술의 주된 역할은 심미적 특성을 부여함으로써 경험의 수준과 질을 높이는 것이다. 일단 우리가 심미적 경험을 한 후에, 우리는 물론 예술 작품으로 다른 것들을 할 수 있다. 우리는 그것들의 의미의 기호를 (그것이 존재한다면) 고찰할 수 있다. 우리는 그것들을 도덕적인 지침으로 (그것들을 차용해서) 사용할 수 있다. 우리는 심지어 그것들에 재정적으로 투자할 수도 있다. 우리는 이 모든 것들을 그리고 더 많은 것들을 할 수 있다. 그러나 미술작품을 지식이나 윤리적 고리나 경제적 투자로서가 아니라 "예술"로서 가치로운 것으로 만드는 것은 그것들이 가지는 심미적 가치, 그리고 상당히 수준 있는 범위의 심미적 경험으로 안내하는 힘이다. 미술에 대한 인식적이고 윤리적인 가치들이 폄하되지 않는 동안 특히 문학, 드라마, 영화에서 할 수 있는 하나의 유용한 질문은 우리는 예술작품이 일어나도록 하는 신선한 경험을 위해서 혹은 그것들이 제공할 수 있는 지식과 윤리적 가르침을 위해서 예술작품을 탐구하는 가이다. 이는 사실상 핵심적인 중요한 질문이다.

예술작품이 다른 어떤 것보다 더 좋고, 더 풍부하고, 더 지속적인 미적 경험을 유도할 수 있는 능력이 있다는 주장은 일정 기간과 규모의 심미적 경험이 다른 물체, 행동, 사건에 의해 일어날 수 있다는 것을 부정하는 것을 의미하는 것은 아니다. 심미적 경험의 본질에 대한 더 명확한 개념을 얻기 위해, 한쪽 끝에는 사물의 단순하고 일시적인 특성에 대한 인식을, 다른 쪽 끝에는 장기적이고 강렬한 집중을 수반하는 예술작품에 대한 인식을 가지고 하나의 연속체로 상상할 수 있다.

우리는 Harold Osborne의 『감상의 예술*The Art of Appreciation*』로 시작할 수도 있다. 그 저서에서 Osborne은 감상의 근대 개념을 미술작품의 경험으로 이루어진 것으로 설명하면서 매일의 일상을 다음과 같이 기술하고 있다.

> 우리는 우리의 삶을 끈기 있게 또는 고달프게, 부분적으로 연약하고, 부분적으로 저항력이 있는 환경, 물질과 인간으로 끝없이 주고받으며, 우리가 할 수 있을 때 그것을 우리의 목적에 적응시키고, 우리가 해야 할 때 그것에 적응한다. 때때로 삶의 복잡한 관여의 바쁜 흐름은 우리의 현실적이고 이론적인 선입견, 혼란 속에서 평온한 순간들이 일어나면서 중단된다. 우리의 관심이 여름날의 율동적인 흥망성쇠, 물레새들이 스모키한 연기처럼 써놓은 캘리그래프들에 의해... 겨울의 투명한 회색 하늘, 기괴한 느낌은 올리브 나무의 나뭇가지, 자작나무의 리솜 은은함, 또는 비에 젖은 민들레의 슬픈 축축함으로 위협받는다. 가끔, 더 드물더라도, 우리는 익숙한 것들을 낯선 시각으로 얼핏 본다. 흔히 볼 수 있는 장소의 물건들이 갑자기 흐릿함을 떨치고 관심의 초점으로 들어간다. 아마도 우리의 기억에서 처음으로 우리는 익숙한 광경을 보게 될 것이다.[4]

이것이 바로 심미적 경험의 원재료, 삶의 질적 즉각성, 그리고 그것이 인식을 침해할 수 있는 방법이다. 그러나 어떤 사람들은 사물의 단순한 질에

도 반응하는 것을 어려워한다. 적어도 이것은 다소 잘 알려진 가상의 인물에게는 그랬던 것 같다. 예를 들어, 『완전한 셜록 홈즈Complete Sherlock Holmes』 저서에 나온 '쿠퍼 비치의 모험The Adventure of the Copper Beeches'에서 기차로 영국 시골 지역을 여행하는 홈즈와 왓슨 박사가 서로 다른 견해로 마주치는 장면을 묘사한 글을 보면 알 수 있다.

다음날 11시가 되자 우리는 영국의 옛 수도로 잘 가고 있었다. 홈즈는 조간신문에 계속 묻혀있었고, 우리가 햄프셔 국경을 통과한 후, 그것들을 내려놓고 경치를 감상하기 시작했다. [혹은 왓슨은 그렇게 생각했다.] 그것은 서쪽에서 동쪽으로 떠다니는 작은 흰 구름과 함께 옅은 푸른 하늘인 이상적인 봄날이었다. 태양은 매우 밝게 빛나고 있었지만, 공기에 신나는 바람이 불어와, 그것은 한 사람의 에너지에 가장자리를 만들었다. 앨더쇼트 주변의 구르는 언덕을 벗어나 시골 곳곳에서는 새 단풍의 연두색 가운데 붉은색과 회색의 작은 지붕이 보였다.

"저것들 좀 보세요. 신선하고 아름답지 않아요?" [왓슨]은... 베이커 가의 안개로부터 상큼한 기운으로 한 남자의 모든 열정을 가지고 물었다.

그러나 홈즈는 심각하게 머리를 흔들었다.

"왓슨... 자기 자신이 관심을 가지고 있는 특별한 주제와 관련된 것들에 비추어 모든 것들을 보아야 한다는 것이 나와 같은 선회하는 마음의 저주 중 하나라는 것을..." "당신은 이렇게 흩어져 있는 집들을 보고, 그 아름다움에 감탄하는군요. 나는 그것들을 바라보면서 내게 떠오르는 유일한 생각은 고립감과 그곳에서 저질러질지도 모르는 불결함에 대한 생각뿐입니다." "맙소사!" [왓슨은 울면서 묻는다.] "누가 이 오래된 가정집들을 범죄와 연관 짓겠어요?"

[홈즈가 말한 바로는] "그것들은 항상 나를 공포로 가득 채웁니다. 왓슨, 내 경험에 비추었을 때, 런던의 흉악하고 음침한 골목에서보다 이렇게 밝게 웃고 있

는 시골에서 더 끔직한 범죄 기록들을 가지고 있어요."

"당신은 나를 소름끼치게 해요!" [왓슨이 말했다.]
"하지만 그 이유는 명백해요." [홈즈는 대답했다.]5)

이어서 홈즈는 왜 그토록 아름답고 미소 짓는 시골이 그렇게 추악한지를
계속해서 설명한다.

물론 요점은 영국 시골의 아름다움이나 사악함이 아니라, 직업적 선입견
에서 나온 잠재된 생각이다. 홈즈에게 범죄에 대한 생각이 너무 과해서 화
면 자체를 바라보며 그것을 돌파하려는 심미적 본능은 나오지 않는다. 자연
은 확실히 풍부한 심미적 쾌락의 원천이기 때문에 참으로 안타까운 일이다.
Pepita Haezrahi의 저서 『명상 활동*The Contemplative Activity*』에서 그 본
보기를 볼 수 있는데, 그녀의 심미적 경험 모델은 낙엽에 대한 인식임을 알
수 있다.

우리의 잎이 떨어진다. 그것은 나무 높은 곳에서 작은 탁탁 소리를 내며 몸을
가른다. 그것은 빨간색과 황금색이다. 그것은 나무 사이로 곧장 아래로 곤두박
질치더니 머뭇거리며 가장 낮은 나뭇가지 바로 아래를 맴돈다. 태양이 그것을
잡고 그것은 안개와 이슬로 반짝인다. 그것은 이제 유유히 내려와 마침내 땅에
정착하기 전에 잠시 더 머물러 있다.

그리고 그녀는 계속해서 다음과 같이 묘사한다.

당신은 그 사건의 전모를 목격한다. 뭔가 숨통이 트이는 것 같다. 마을, 마을
주변 정원은 망각 속으로 사라진다. 시간이 멈췄다. 당신의 생각 사슬이 끊어졌
다. 나뭇잎의 붉고 황금빛 빛깔, 그 하강에 의해 묘사된 우아한 형태의 호는 당
신의 의식 전체를 가득 채우고, 당신의 영혼을 가득 채운다. 마치 당신이 이 잎

이 떨어지는 것을 바라보기 위해 존재하는 것처럼. 만약 당신이 다른 선입견과 다른 목적을 가지고 있었다면 당신은 그것들을 바라보지 못했을 것이다. 이게 얼마나 오래 지속되는지 모르시겠지만, 시간적 여유와 무한한 영속성에 대한 질적 속성이 존재한다. 당신은 미적 경험을 한 적이 있군요.[6]

물론, 일단 낙엽이 떨어지고 나면, 미적 관심이 가라앉는다고 가정할 수도 있다. 하지만 우리는 인식의 연속을 따라 사물의 지각적인 흥미로운 특징에 대한 단순한 알아차림에서부터 식별력을 가지고 일정 기간 동안 지속할 수 있는 지점에 다다르게 된다. 그러나 이런 단계를 깊이 파고들어 가보면, 우리에게 마음이 한 관점에서 다른 관점으로 옮겨갈 때 어떤 일이 일어나는지 궁금하지 않을 수 없다. 예술에서 지식의 구조를 그리는 데 전념하는 글을 써온 Harry S. Broudy는 다음과 같은 상황을 생각해냈다.

> 우리가 평일 아침의 거리를 활기차게 걸어가는 이웃을 지켜본다고 가정하자. 그들의 걸음은 일정한 리듬과 속도를 가지고 있지만, 우리의 인식은 이웃이 무엇을 하고 있는지 추리하기 위한 단서들의 등록에 지나지 않을 것 같다. 지금 우리의 이웃이 갑자기 작은 깡충깡충 뛰기, 뛰기, 뛰기, 뛰기 루틴에 빠졌다고 가정하자. 우리의 관심은 즉시 고조되어, 이 특이한 행동의 원인이 무엇인지에 대한 이상한 가설을 우리 마음속에 강요한다. 걸음의 속도는 기쁨, 흥분, 또는 초조함 같은 것을 표현하게 되었다. 어쨌든, 우리는 이제 그 장면을 더 자세히 본다. 우리가 하는 것처럼, 우리의 이웃이 우리를 마주 보고 꽤 간단한 탭댄스를 시작한다고 가정해 보자. 이 시점에서 우리는 경찰을 부르거나 아니면 춤 자체에 열중하게 된다. 그러면 실용적이고 지적인 태도가 심미적 태도로 바뀌기 시작할 것이다. 우리의 관심은 그 분야와 그 안의 움직임을 인식하는 것이다.

Broudy는 계속한다.

그러나 만약 이웃이 우리의 관심 깃발을 무한정 두드리는 것을 계속한다면, 그 분야는 이미 탐사되었다. 더 이상의 놀라움도, 더 이상의 흥분도 없다. 하지만 그가 루틴을 바꾼다고 가정해보자. 리듬이 더 복잡해진다고 가정해보자. 갑자기 춤과 동시에 리듬이 울려 퍼진다고 가정해보자. 여자 댄서가 나타나서 이웃과 함께 춤을 춘다고 가정해보자. 이제 평범한 거리의 옷 대신 무용수들이 화려한 의상을 입고 단순한 음악이 여러 악기로 이루어진 오케스트라에 맞춰진다고 가정해보자. 이때쯤이면 이웃과의 실제적인 관심사가 우리의 심미적 관심에 완전히 잠겼을 것이다. 하나의 감각 대신에 우리의 많은 감각들은 높은 강도의 속도로 제각기의 기능을 하게 된다. 단조로운 패턴 대신에, 속도, 남성과 여성, 빛과 무거운 것, 긴장과 방출, 클라이맥스와 해상도로 구성된 대조가 있다. 말하자면, 우리의 눈앞에서, 평범한 보행의 한 조각이 예술 작품으로 변모하게 된다. 다른 여타의 것들을 위해 계획된 것이 아니라 오로지 지각되어 인식되기 위해 창작된 것처럼 말이다.[7]

Broudy는 더 나아가 예술작품에 의해 야기되는 관심의 정도는 형식적인 복잡함뿐만 아니라 그들이 만지는 삶의 신경 기능을 하게 될 것이라고 말한다. 푸른 하늘, 낙엽, 탭댄스의 경험은 상쾌하고 감동적일 수 있지만, 심오한 것은 아니다. 그러나 Broudy는 "'무용이란 전쟁, 죽음, 사랑, 비극, 승리의 캐리커처'라고 말한다면, 우리의 인식은 매우 중요한 무언가에 대한 표현이기도 하고, 어쩌면 너무 위험하기도 하고, 너무 혐오스럽기도 한 인간의 삶에 대한 표현이기도 하다"고 말한다. 아직 공식화되지 않은 언어로 분명하게 표현해야 한다. 아마도 Broudy는 이런 작품들이 "인간이 가지고 있던 것을 금방 잊어버릴 것 같은 충동들과 본능들을 묘사한다"(ibid.)고 말한다.

Broudy의 삽화는 우리를 여전히 우리의 연속체를 따라 더 멀리 나아가게 하고 우리에게 중요한 사실을 상기시킨다. 예술이라는 주제는 심미적 반응을 유도하기 위해 양립할 필요가 없다. 만약 그렇지 않다면, 예술에서의 비극은 우리의 즐거움을 넘어설 것이다. 그러므로 E. F. Kaelin가 피카소의

「게르니카Guernica」를 심미적 인식의 개념을 설명하기 위해 사용한 점은 그리 놀라운 일이 아니다.

Kaelin은 감각적인 표면을 인식하는 것 이상의 심미적 인식이 있다는 점을 지적하면서 다음과 같이 쓰고 있다.

> 우리가 황소나 말의 표현으로서 어떤 형상에 반응할 때, 우리의 경험은 깊어진다. 더 많은 세계가 이제 우리의 괄호 안에 포함될 수 있다. 좀 더 자세히 살펴보면, 우리는 다른 물체들을 확인할 수 있다: 부서진 전사, 혹독하게 얼어붙은 그의 절단된 팔, 부러진 칼을 움켜쥐고 있는 그의 팔, 그녀의 아이의 죽음으로 고통에 빠진 어머니, 불타는 건물의 산산히 부서진 목재를 뚫고 떨어지는 여자, 깜빡이는 불빛, 비둘기, 그것의 평화는 빗나갔다.

그리고 Kaelin은 계속한다.

> 마음이 이 이미지들을 가지고 놀게 하고 아이디어가 이해를 붙잡게 하라. 전쟁의 대가는 현재 보여지고 있는 것처럼 죽음과 파괴이다. 이것은 말 탄 사람과 물보라를 일으키는 스페인 오후의 짜증난 황소 사이에 싸우는 게임이 아니다. 그 공격은 불빛의 마지막 깜박임이 증명하듯이 밤에 일어났다. 남자, 여자, 아이, 그리고 말은 모두 죽거나 고통받거나 평화의 비둘기를 따라 도망간다. 황소는 거의 무감각하게 그 광경을 생각한다. 구원은, 일이 그렇게 될 때, 그의 끈기와 용기에서 찾아야 한다. 용감한 황소의 미덕은 박해자들의 고통을 끝까지 참는 것이다. 그렇게 해석하면, 게르니카에 대한 우리의 경험은 산 사람과 죽은 사람의 극명한 대조를 나타내기 위해 이 검정과 흰색의 대조를 적합하게 화면에 구성한 것들(모든 깨진 평면과 들쭉날쭉한 가장자리)을 깊이 있게 인지하는 표현적 반응의 단일 행동으로 귀결된다.[8]

Kaelin의 마지막 문장은 의미심장하다. 그것은 예술이 지닌 감각적이고 형식적인 요소들에 대한 관심을 제한하기 때문에 심미적 경험이 무효라고 생각하는 사람들의 우려를 완화시켜야 한다. 심미적 경험은 강조되어야 하며, 예술의 의미적 요소 또는 L. A. Reid가 말한 의미적 요소와 가치관을 수용해야 한다.9)

형식적인 속성은 물론 몇몇 예술작품에서 나타날 수 있다. 예를 들어, 세잔Cézanne이 그린 런던 대학교 코트롤드 예술 연구소에 있는 생트 빅토리아 산 그림은 어떨까 생각해 보자. 얼핏 보면 이 그림의 특징과 패턴들이 눈에 띄겠지만, 어느 순간 즉각적으로 자극을 받게 된다. Meyer Schapiro가 세잔에 대한 논문에 쓴 것을 보면 다음과 같다.

> 이 거대한 안절부절못하는 움직임에서 나오는 동안, 색깔을 바꾸는 모든 것이 어떻게 깜박이는지 신기하다고 말할 수 있을 것이다. 끝없이 넓고, 솟아오르고, 정착하는 텅 빈 세계 큰 깊이는 뚜렷한 구성 계획 없이 복잡하게 장착되고 연동되는 넓은 층으로 구축된다. 우리에게 이 층들은 점점 더 대각선으로 변한다. 전경에서 갈라지는 선들은 산의 형태에 대한 모호한 반영처럼 보인다. 이 대각선들은 산비탈이 시작되는 쪽으로 우리를 인도하는 원근법이 아니라 나무에 매달린 사지로 길게 이어져 있다. 극의 광대한 면모를 보여주는 것은 한계와 중심, 대칭과 불균형의 이러한 움직임의 대조이다. 그러나 이 그림을 멋진 묘미로 만드는 것은 깊은 조화로움이다. 세잔이 이 복잡한 전체를 얼마나 화면을 적절하게 배치하며 대조적인 조화를 이루기 위해 얼마나 애썼는지 놀랍다.10)

Schapiro의 말에 동의한다면 그런 심미적 가치에 대한 인식이 인간 생애에서 가장 훌륭한 심미적 경험의 순간 중 일부를 구성한다고 말할 수 있다.

그러나 심미적 경험을 심미적 교육 개념의 핵심으로 삼음으로써 "심미적 교육: 표현의 장소?Aesthetic Education: The Place of Expression?"라는 주제의 토론에서 잠시 옆길로 샌 것 같다. 그러나 심미적 경험은 종종 표현적 자질이라고 일컬어지는 자질을 포함하며 심미적으로 관련된 모든 측면에 대한 인식을 포함한다. 교실에 만연해 있는 예술 작품에 대한 평범한 비기술적인 담론에서 '이 작품은 슬픔을 표현한다'와 '이 작품은 슬픈 특성을 가지고 있다' 또는 '이 작품은 즐거운 공기를 가지고 있다'와 '이 작품은 기쁨을 표현한다'라는 말 사이에는 무시할 수 없는 의미론적 차이가 있을 뿐이다. 즉, 심미적 경험을 하는 동안 파악된 예술 작품의 의미와 중요성은 작품들이 표현하는 것으로 이해될 수 있다. 결과적으로, 심미적 교육 프로그램이 학생들의 심미적 경험을 위한 기술과 태도를 습득하기 위한 장소로서 역할을 하게 된다면, 학생들로 하여금 표현을 배우는 것에 머물지 않고 예술 작품이 아닌 다른 사물들이 가진 표현성에 대해서도 깨우치게 되는 장소가 된다.11)

이 시점에서 예술은 즐거운 것이며 인간의 깊은 본능에 해당한다는 Jacques Barzun의 말을 떠올릴 수 있다. Kenneth Clark와 다른 작가들은 이 본능의 본질에 대한 단서들을 제공했는데 18세기 이후 예술과 미학에 대한 철학적 사고를 이해하는 단서들이라고 할 수 있다. 이제는 이러한 단서들을 넘어 심미적 경험의 개념이 현재 지니고 있는 위상과 혹은 더 나아가 심미적 경험에 대한 어떤 개념이 현재 심미적 교육을 정의하는 데 유용할 것인지에 대해 질문할 때이다.

심미적 경험

심미적 경험의 개념에 대해 특히 주목할 만한 것은 Monroe C. Beardsley에 의해 미국철학협회 동부지부에서 행한 대통령 연설에서 설명되었던 개념이다.12) Beardsley는 심미적 이론의 전통에서 최고의 것을 현대적인 분석적 사고와 훌륭하게 결합시키면서, 경험이 사물 지향성, 감각된 자유, 독립적인 영향, 능동적인 발견, 그리고 그 경험을 겪고 있는 사람의 온전함과 같은 특징들을 가질 때마다 경험은 중요한 심미적 성격을 갖는다고 결론지었다. Beardsley의 분석에 대한 확대된 논의라서 그때는 허용되지 않았지만, 그것의 교육학적 유용성에 대한 몇 단어들이 순서대로 배열될 필요가 있다.

첫째, 교육 사상가들은 본질적인 즐거움이나 만족을 심미적 교육의 유일한 목표로 삼는 심미적 경험에 대해 회의적이어야 한다. 그것이 일어나는 대상들이 아무리 높이 평가된다고 하더라도, 즐거움은 심미적 교육 프로그램을 도입하는 데 있어서 설득력 있는 정당성으로는 충분할 수 없다. 따라서 다음과 같은 추가 질문이 필요하다. 심미적 즐거움을 그토록 바람직하게 만드는 것은 무엇인지?, 공식적인 학교 교육이 그것을 위한 조항을 만들어야 하는지? 아니면, 심미적 경험이 인간 경험에서 다른 가치 있는 것들에 어떤 기여를 하는지?에 대한 질문들이다.

Beardsley의 심미적 경험에 대한 설명은 단순한 즐거움을 분명히 넘어서는 것이기 때문에 도움이 된다. 그는 감각된 자유, 능동적인 발견, 그리고 총체적인 감각의 경험은 단지 즐거울 뿐만 아니라 유익하다고 주장하지만 어떤 방식으로 그러한지 궁금하다. 다른 곳에서, Beardsley는 예술의 경험이 긴장감과 파괴 충동을 완화시킬 수 있기 때문에, 심미적 경험은 폭력적이고 공격적인 추진력을 승화시키는 방식으로 도덕적으로 받아들일 수 있는 방법이 될 수 있다고 밝혔다. 그는 또한 심미적 경험이 폭력의 도덕적인 대체물이 될 수 있다고 말한다.13) 만약 그렇다면, 그것은 또한 자아 안에서 상충되는 경향들을 조화시킬 수 있을지도 모른다. 게다가, 예술작품에 대해 주의를 기울여야만 하는 분리되지 않은 관심은 흔치 않은 지각적 민감성을 전제로 하기 때문에, 심미적 경험은 또한 일반적으로 사물을 인식하는 능력을 향상시킬 수 있다고 가정하는 것이 타당해 보인다. 만약 이것이 일어난다면, 인간관계의 더 많은 특성과 측면들이 예술을 공부한 결과로 사람들에게 접근할 수 있게 될 것이다. 이러한 의미에서 예술은 감정적 성숙을 촉진할 수 있는 잠재력을 가지고 있다고 말할 수 있지만, 그럼에도 불구하고 명제적 의미의 지식은 인간의 이해에 중요한 추가로 해석되어야 한다. 게다가, 예술 작품들은 상상력의 산물이기 때문에, 그것들을 이해하기 위해 요구되는 것은 아마도 심미적 경험이 인간 존재의 다른 영역에서 더 효과적으로 기능하도록 상상력을 자극할 수 있는 경우일 것이다. 마지막으로, 만약 예술이 정보를 제공하고, 흥미를 제공하며, 인식을 풍부하게 하고, 자신을 통합시키고, 상상력을 배양할 수 있다면, 그것은 또한 John Dewey가 그의 미적 경험 이론에서 강조했던 것처럼, 인간 진보에 이상적인 것이라고 말할 수 있다.

비록 타당성의 척도가 심미적 경험의 제각기의 이익에 부가될 수 있지만, 심미적 교육에 대한 정당성이 그것들 모두를 따를 필요는 없다. 인식의 정제, 상상력의 자극, 그리고 인간 가능성에 대한 이상 표현이라는 세 가지 주요 이점을 강조해서 현명한 선택을 할 수 있다. 예술작품에 대한 지각적 감수성을 발달시킴으로써 심미적 교육이 사물의 미묘한 측면을 알아차리는 보다 포괄적인 지각적 감수성에 기여할 수 있다고 가정하는 것이 타당해 보인다. 그리고 심미적 경험에서 일어나는 정신의 에너지가 상상력을 동시에 확장시킨다고 해도 분명히 해롭지 않다. 마지막으로, 비록 예술적 투입은 명제적 지식은 아니지만, 예술작품에서 이미지, 의미, 가치관의 다양성은 인간 생애 경력과 잠재력에 중요한 빛을 던질 수 있다.

이 점을 요약하면, 심미적 교육은 파란 하늘, 낙엽, 햇빛이 비치는 농장 계단, 탭댄스, 예술적 표현의 모든 범위에 대한 인식을 포함하는 활동으로 이해될 수 있다. 내가 예술작품에 집중했다면, 그것은 다른 많은 현상들의 심미적 즐거움이 배제되었기 때문이 아니다. 예술작품은 심미적 속성과 극적 질서의 두드러진 장소이기 때문에, 우리가 심미적 가치의 가장 고도로 집중되고 컴팩트한 분야를 찾는 경향이 있기에 그것은 하나의 장소이다. 그리고 선택의 문제에 봉착했을 때는 그 문제의 대표적이고 강력한 예를 선택하는 것이 현명하다. 심미적 교육의 일반적인 목표는 젊은이들의 마음과 감성을 심미적 역량을 확장할 수 있는 힘을 가진 대상을 통해 교육함으로써 경험의 수준과 성취를 높일 수 있다.

미적 동기 부여에 기반을 둔 심미적 교육의 개념을 제시하고 예술의 중요한 기능은 높은 수준의 미적 경험을 심어주는 것이라고 제안했던 나는 이제 이렇게 묻고자 한다. 비슷한 입장을 채택하기를 원하는 사람들은 어떤 어려움들을 겪게 될까?

첫 번째 어려움은 1960년대와 1970년대의 미학적으로 차별성이 없는 예술, 종종 개념 예술 또는 반예술anti-art이라고 일컬어지는 예술에서 일어날 수 있다. 그러한 예술은 예술작품이 미적 특성으로 평가되어야 한다는 생각을 스스로 거부한다. 그렇다면, 그러한 예술이 여기서 옹호되는 심미적 교육에 대한 시대착오적, 혹은 어쩌면 잘못된 교육적 관점을 만들어 주는 효과가 있지 않을까?

그러한 예술에 대해서는 두 가지를 말할 수 있다. 첫째로, 미술평론가 Harold Rosenberg가 말했듯이, 개념 예술가들은 실제로 예술의 미학적인 요소를 제거하려고 종종 노력해왔다. 그는 개념 예술의 특징을 나타내기 위해 조각가 Robert Morris의 진술을 사용했고, 그것은 수많은 다른 예들을 대표할 수 있다. Morris는 그의 금속 건축 '리타니Litanies'를 위해, 대중 앞에서 다음과 같은 "에스테틱 철폐 성명Statement of Esthetic Withdrawal"을 실행시켰다. "성명서의 서명자인 Robert Morris는 '리타니Litanies' 건축의 제작자로서 Exhibit A에 리타니Litanies라는 이름의 금속 건축은 모든 미적 품질과 내용물을 해당 건축에서 철회하고, 이에 따라, 해당 건축의 날짜로부터 그러한 품질과 내용물이 없음을 선언한다. 날짜: 1963년 11월 15일 /Robert Morris"[14]

과한 행동이라고 생각하는가? 그럴지도 모르지만, 개념 미술의 만연성을 무시할 수는 없다. 확실히, 우리에게 사물을 더 큰 자의식을 가진 사물로 고려하도록 요청함으로써, 개념 예술은 예술의 전통적인 기능 중 하나를 수행한다고 말할 수 있으나, 중요한 차이를 가지고 있다. 이런 종류의 작품들은 예술에 대한 생각에서 벗어나 관심을 끌 뿐만 아니라, 의도적으로 지루하고 진부한 경향이 있다. 그러므로 개념 예술은 우리가 예술에 대해 전반적으로 생각하도록 초대할 수도 있지만, 그다지 탐구적이지는 않다. 또한 그것은 인식을 유지하거나 활성화시키는 데 큰 도움이 되지 않는다. 그러므로 그것의 가치는 논쟁의 여지가 있다. 심미적 경험을 변성시키고 예술과 삶의 모든 차이를 제거하려는 어떤 것에 얼마나 큰 의미를 부여해야 할까? 만약 보는 사람을 위한 예술이 없다면 왜 보는 관람자가 그것에 관심을 가져야 하는가?

둘째, 심미적 교육에 대한 주장과 그것이 기반이 되는 예술의 기능에 대한 관념은 개념적인 것conceptual들과 같이 미학적으로 차별화되지 않는 예술들에 대한 반대적 사례에 의해 무너진 것은 아니고 예술의 역사 한 지점에 일어난 것일 수도 있다. 실제로 예술가들은 미적 형태를 다시 수용하고 적용하기도 하고 서로 다른 종류의 환상과 이미지를 탐구한다. 돌이켜 보면, 우리는 반예술anti-art이 매우 효과적인 선생님이 되었다고 말할지도 모른다. 부분별로 예술을 해체함으로써 예술이 무엇인지 다시 한 번 깨닫게 되었다. 그것은 또한 철회되었던 심미적 속성들의 회복에 대한 동경을 조성하는 데 도움을 주었다. 개념 예술가들은 심미적 절제를 설파함으로써 새로운 심미적 욕구를 위한 기반을 마련했다.

그러나 심미적 경험을 위한 배경 지식의 중요한 원천 중 하나인 미학을 미술 역사가들이 높이 평가하지 않는다는 사실이 또 다른 어려움으로 나타날 수 있다. 현대 미술의 많은 부분이 전통적인 미적 가치에 무관심한 것처럼 보인다면, 많은 미술사학자들은 심미적 이론(심미적 교육에 대한 이론을 포함한다고 가정할 것이다)에 무관심한 것처럼 보인다. 예를 들어, H. W. Janson은, 대체로, 미학은 대부분의 미술사학자들의 저서에 나타나지 않는다고 말했다.[15] 그리고 James Ackerman은 그의 글에서 미학이라는 단어의 사용을 피했다고 말했다.[16] 명성 있는 미술사학자들의 그러한 발언은 얼마나 많은 무게가 실릴 것인가? 상당히 무게를 지니고 있는 것처럼 보일 수

있다. 그러나 그들이 불변할 수 있는지의 여부 문제의 일부는 순전히 구두
일 수 있다. 두 당사자가 사용한 용어, 즉 '**심미적 가치**aesthetic value'라는
용어를 어떻게 사용하고 있는지 이해하도록 한다면, 그 문제는 해결될 수도
있다. 문제의 또 다른 부분은 전문가들의 편견, 예를 들어 그들의 신념, 학
문의 자급자족에 있을 수 있다. 균형을 맞추기 위해서, 미학의 관련성을 인
정하는 미술사학자들을 내세울 수는 있다. 예술작품을 심미적으로 경험하기
를 요구하는 인간이 만든 물건으로 특징지은 저명한 미술사학자 중 가장 뛰
어난 사람은 Erwin Panofsky였다.[17] 그는 모든 예술은 좋든 나쁘든 예술
사학자들이 주목해야 할 심미적 중요성을 지니고 있다고 말했다. 게다가,
Kenneth Clark과 Meyer Schapiro의 인용에서 언급된 심미적 경험과 속성
에 대한 이야기는 적어도 일부 미술사학자들에게는 충분히 자연스럽게 다
가온다는 것을 암시한다. 요컨대, 일부 미술사학자들에 의한 심미적 이론에
대한 무관심이 심미적 교육자의 입장에서 미술사에 대한 무관심을 조장해
서는 안 된다. 확실히, 미학과 예술사적 조사의 개념과 결과는 비평적 판단
을 가르치는 데 도움이 된다. 그러한 개념은 궁극적으로 예술을 경험하는
동안 암묵적으로 기능하는데, Kenneth Clark가 "만약 내가 반응적으로 계
속 보게 된다면 나는 정보의 원천으로 내 자신을 강화해야만 한다. 그리고
역사적 비평의 가치는 감각들이 그 다음의 정보를 얻을 수 있도록 시간을
가지는 동안 주의를 고정시킨다는 것이다."[18]라고 말했을 때 이런 개념을
염두에 두었을지도 모른다.

　마지막으로, 여기서 묘사되는 심미적 교육의 개념은 이념 문제에 대한 침
묵함으로써 비난받을 수 있다. 이 반대가 얼마나 타당한지는 이데올로기라
는 용어가 어떻게 이해되느냐에 달려 있다. 예술작품의 의미적 요소, 즉 그
의미에 대해 언급하는 것으로 받아들여진다면, 예술작품이 무엇을 의미하는
지, 소통하는지, 표현하는지, 심미적 경험에 대한 이해가 포함되기 때문에
비판은 도외시될 수 있다. 이것은 이데올로기적 내용이 예술의 본질로 받아

들여져야 한다는 것을 의미하는 것이 아니며, 예술이 어떤 저속한 의미에서 특정한 이데올로기를 조장해야 한다는 주장도 아니다. 이데올로기적 내용은 예술작품을 지각할 때 고려해야 할 한 가지 요소일 뿐이다. 확실히, 모든 사고는 이데올로기적이기 때문에 심미적 교육은 피할 수 없는 이념이라고 말할 수 있다. 모든 사고는 개인과 사회에 대한 생각과 신념, 지식과 가치 등으로부터 비롯된다. 이 경우 자신이 공언하는 이데올로기를 진술할 의무가 있다. 또한 예술은 불가피하게 이데올로기적이라는 개념의 중심에는 객관성의 가능성을 부정하는 것이 있는데, 그 중요성은 우리가 결코 우리 자신과 세계에 대해 편견이 없는 지식을 얻을 수 없다는 것이다. 많은 비판적인 이론화를 활성화하는 것은 바로 이러한 이데올로기의 감각으로 비롯된다. 간단히 말해서, 객관성이라는 용어가 위험 신호가 되었고, 그것의 언급만으로도 종종 적대적인 반응을 부추긴다. 또한 이 용어의 사용은 다양한 조사 분야에서 그 의미에 대한 수많은 오해를 불러일으켰다는 것이 분명하다. David Best는 『영국 미학 저널*British Journal of Aesthetics*』에 실린 논문에서 이러한 오해들 중 일부를 지적해왔다.[19] Michael Polanyi의 글 또한 L. A. Reid와 Harry S. Broudy가 유용하게 적용해왔듯이 Polanyi도 지식에서 개인적 요소와 그것의 상호 합의적 성격을 모두 인정한다는 점에서 관련이 있다.[20] 그 주제에 대한 확장된 논의를 허용하지는 않지만, 아마도 충분히 더 많은 논의선상에서 제안되어 왔다고 본다.

심미적 교육과 정책

이 장에 제시된 관점과 어느 정도 대조되는 관점을 나타냄으로써, 예술교육에 대한 생각을 미국의 한 사회의 두드러진 분야를 발전시키는 방향으로 몇 가지 제안할 수 있다. 그 방향은 정부의 재정 지원을 예술로 인도하는 데 관여하는 기관들의 전망과 사고방식을 특징짓는 것이다. 이러한 관측은 미국과 영국 사이에 존재하는 것으로 추정되는 유사점을 지적하기 위한 목적으로 이루어진 것이 아니다. 그 의도는, 오히려, 한 나라에서 잘못되고 있는 것에 대한 조심스러운 이야기로 작용할 수 있다는 것을 암시하는 것이다.

　미국의 예술에 대한 대중의 지지는 짧고 독특한 역사를 가지고 있다. 이 역사의 독특한 특징 중 하나는 예술에 대한 지원을 심미적 가치나 국가 문화 유산에 대한 공통된 가정에 기초하는 것을 꺼려했다는 것이다. 이것은 예술이 사회적, 경제적 유용성에 근거하여 예술과 예술교육에 대한 정부 지출이 정당화되는 결과를 가져왔다. 경제적 주장에 대해서는 정부 출연 프로그램과 기관이 일자리 창출과 신산업 유치, 선출직 대의원들의 지역구 관광을 늘릴 것으로 전해졌다. 예술이 사회적으로 활용되는 한 예술은 무엇보다도 범죄와 청소년 범죄를 줄이고 노화를 애니메이션화하고 민족 정체성을 구축하며 소외감을 해소하고 범죄자들을 갱생시킬 수 있는 능력을 가지고 있다고 한다. 예술에 대한 정부의 지원이 갖추어져야 한다는 주장은 노골적으로 정치적인 것이다. 따라서 보조금 지급 절차가 점점 더 정치화되어 가는 것은 놀랄 일이 아니다. 예술 기금을 확보해 배분하는 업무는 다수의 핵심 재단, 문화단체, 국가예술위원회 등과 사실상 연합해서 영향력 있는 문화 네트워크를 조성한 기관인 국립예술기금National Endowment for the Arts으로 위탁됐다. 예술 기관은 보조금을 지출하고, 그에 따라 보조금 수령자에게 지위를 부여하는 위신과 힘을 통해, 이미 학교에서 가르치는 예술 프로그램을 상당히 잠식했고, 훨씬 더 강력한 영향력을 다지기 위해 노력하고 있다. 즉, 많은 교육자들에 의해 심미적 교육을 위한 사례가 문화적 기득권층의 이념과 실질적, 정서적, 수사학적으로 유사해지고 있다. 이것이 자금을 확보하는 길이라는 것을 깨달은 많은 사람들은 예술의 경제적, 사회적 기능에 대해 (필자가 설명한 겸손하고 신중한 기악주의와는 대조적으로) 적극적이면서도 신중하지 못한 도구주의를 지지하는 것을 너무나 기뻐한다. 예술이 문화계에서, 그리고 다른 사람들에 의해 개인, 학교, 그리고 신체 정치에 어떤

해를 끼치든 간에 좋은 일종의 강력한 특허 의학으로 홍보되고 있다고 해도 과언이 아니다. 우리는 예술이 배움의 회색 요새를 인간화시키고, 기초 기술을 가르치고, 구획화된 교육과정을 통합하고, 조기 퇴학률을 줄이는 등 훨씬 더 많은 것을 할 수 있음을 읽을 수 있다.21)

Janet Minihan의 영국의 예술에 대한 국가 보조금에 대한 연구를 보면 영국이 문화적, 교육적 관계를 정의하는 데 훨씬 훌륭하다는 점을 알 수 있다.22) 그렇다면, 미국의 예술교육의 정치화는 예술의 진정한 잠재력에 대한 감상과는 배치되는 것이다.23) 그것이 인간 진로에 이바지할 수 있도록 미국의 예술에 대한 정부의 지원이 특색 있게 공헌한 칭찬할 만한 것이 없다는 것을 의미하지는 않는다. 예술교육에 대한 생각은 이제 막 잘못된 길로 들어섰다. 예술과 예술교육의 음울한 정치화를 반대하면서, 이 장에서 교육적 관점에서의 심미적 교육을 적절하게 제기하고자 했다.

미주

1) Jacques Barzun, "Art and Educational Inflation," *Art Education* 31, no. 6 (1978), published concurrently in the *Journal of Aesthetic Education* 12, no. 4 (1978). Also in *Art in Basic Education*, Occasional Paper 25 (Washington, D.C.: Council for Basic Education, 1979).

2) Kenneth Clark, "Art and Society," in 『비전의 순간*Moments of Vision*』 (London: John Murray, 1981).

3) Harold Osborne, 『미학과 미술이론: 역사적 안내*Aesthetics and Art Theory: An Historical Introduction*』 (New York: E. P. Dutton, 1970), 23.

4) Harold Osborne, 『감상의 예술*The Art of Appreciation*』(New York: Oxford University Press, 1970), 20-21. Chapter 2, "Appreciation as Percipience," was reprinted in *Aesthetics and Problems of Education,* ed. Ralph A. Smith (Urbana: University of Illinois Press, 1971).

5) Arthur Conan Doyle, 『완성된 셜록 홈즈*The Complete Sherlock Holmes*』 (New York: Doubleday, n.d.), 1:322-23.

6) Quoted by Osborne in 『감상의 예술*The Art of Appreciation*』, 25.

7) Harry S. Broudy, "The Structure of Knowledge in the Arts," in 『미술교육에서 미학과 미술비평*Aesthetics and Criticism in Art Education*』, ed. Ralph A. Smith (Chicago: Rand McNally, 1966), 34-35.

8) Eugene F. Kaelin, "Aesthetic Education: A Role for Aesthetics Proper," in 『미학과 교육의 문제*Aesthetics and Problems of Education*』, 154.

9) Louis A. Reid, 『예술에서 의미*Meaning in the Arts*』 (New York: Humanities Press, 1969). Cf. "Meaning in the Arts," in 『예술과 개인의 성장*The Arts and Personal Growth*』, ed. Malcolm Ross (New York, London: Pergamon Press, 1980).

10) Meyer Schapiro, 『폴 세잔*Paul Cézanne*』 (New York: Harry N. Abrams, 1952), 74.

11) 이후의 논의를 위해서 다음 저서를 참조할 필요가 있다. John Hospers, ed., 『예술적 표현*Artistic Expression*』 (New York: Appleton – Century – Crofts, 1971). 표현에 대한 개념에 대해 생각해보자면, Hospers가 그 용어를 과정, 속성, 소통, 환기에 대한 감각들이라고 칭한 것을 잘 생각해보는 것은 유용할 것이다.

12) Monroe C. Beardsley, "In Defense of Aesthetic Value," *Proceedings and Addresses of the American Philosophical Association* 52, no. 6 (1979): 741-42.

13) Monroe C. Beardsley, 『미학: 미술 비평 철학의 문제들*Aesthetics: Problems in the Philosophy of Criticism*』 (New York: Harcourt, Brace and World, 1958), 573-76.

14) Harold Rosenberg, 『예술의 해체된 정의*The De-definition of Art*』 (New York: Horizon Press, 1972) 28.

15) H. W. Janson, "The Art Historian's Comments," in 『교육, 종요, 그리고 예술에 대한 관점들*Perspectives in Education, Religion, and the Arts*』, ed. Howard E. Kiefer and Milton K. Munitz (Albany: State University of New York Press, 1970), 295. Cf. Monroe C. Beardsley, "Reply to Professor Janson," *Metaphilosophy* 1, no. 1 (1970).

16) James Ackerman, "Toward a New Social Theory of Art," *New Literary History* 4, no. 2 (1973): 330.

17) Erwin Panofsky, "The History of Art as a Humanistic Discipline," in 『시각예술에서 의미*Meaning in the Visual Arts*』 (New York: Doubleday Anchor, 1955), 11.

18) Kenneth Clark, 『그림을 본다는 것*Looking at Pictures*』 (New York: Holt, Rinehart and Winston, 1960), 16-17.

19) David Best, "The Objectivity of Aesthetic Judgment," *British Journal of Aesthetics* 20, no. 2 (1980).

20) 과학은 어떻게 합의에 도달하는가에 대한 설명을 위해 다음 문헌을 참조한다. Polanyi's "The Republic of Science: Its Political and Economic Theory," in 『앎과 존재: 마이클 폴라니의 모음글*Knowing and Being: Essays by Michael Polanyi*』, ed. Marjorie Grene (Chicago: University of Chicago Press, 1969).

21) 이런 설립된 관점은 예술과 교육, 미국의 패널인 "걸작magnum opus" 속에서는 의례적으로 붕괴된다. The views of this establishment are conveniently en-capsulated in its "magnum opus," Arts, Education and Americans Panel, 『우리의 감각을 불러오기: 미국교육에서 예술의 중요성*Coming to Our Senses: The Significance of the Arts for American Education*』 (New York: McGraw-Hill, 1977). 이 보고서에서의 나의 비평들은 다음 문헌에서 찾을 수 있다. *Teachers College Record* 79, no. 3 (1978); and the *Journal of Aesthetic Education* 12, no. 1 (1978). Cf. my "Policy and Art Education: Some Fallacies," *High School Journal* 63, no. 8 (1980).

22) Stuart Hampshire, "Private Pleasures and the Public Purse," *Times Literary Supplement*, 13 May 1977; a review of Janet Minihan's 『문화의 국가화: 영국의 예술 국가지원보조의 개발*The Nationalization of Culture: The Development of State Subsidies to the Arts in Great Britain*』 (New York: New York University Press, 1977).

23) 1970년대 예술이 어떻게 정치화되었는지를 설명하는 내용은 다음 문헌에서 참조할 수 있다. Ronald Berman, "Art Versus the Arts," *Commentary* 68, no. 5 (1979). Berman이 "예술의 사회적 기능은 다양성으로 강조되었고, 예술이 청소년 폭력과 아노미를 대체하고, 장인정신을 장려하고, 범죄를 억제하고, 새로운 고용 기회를 제공했음을 시사하는 논쟁이 있었다. 예술은 약물 중독의 대안이었고, 감옥 재활의 보조자였으며, 노년 문제의 해결책이었다. 예술에 노출되면 도시 내부의 긴장이 완화되고 적대적인 문화의 분위기가 개선될 수 있다."(p. 47) 고 설명한 부분에서 그 내용을 파악할 수 있다.

제4장

미술교육 철학의 문제

철학에 대한 다양한 해석이 존재하기 때문에 나는 철학의 절차적 해석과 이성적 비판 분석 및 실질적 해석으로 사상 체계를 구분하고 이 둘 중 절차적 해석을 강조하고자 한다. 주제와 사안들은 표면상 이분법으로 제시하고자 대조를 나타내는 기호로서 'VS' 부호를 사용했는데 이분법이 실제로 존재하지 않을 수 있다는 것을 암시하기 위한 것이다. 만약 이분법으로 제시된 용어들이 암시하는 의미를 해석하기 어렵게 하거나 도저히 생각을 불가능하게 한다고 여겨지는 경우에는 'VS' 부호를 머릿속에서 지워라.

예술의 본질적 정의 VS 맥락적 정의

1956년 Morris Weitz의 저서 『미학에서의 이론의 역할*The Role of Theory in Aesthetics*』[1])이 출판된 이후, 미학과 예술 교육에서 예술의 정의에 대한 철학적 관심이 지속적으로 이어졌다. Weitz는 이론가들이 예술을 고전적인 아리스토텔레스 방식으로 정의하려는 노력은 진실, 참, 또는 본질적인 관점에서 예술을 정의하려는 시도라고 할 수 있는데, 이런 노력들은 논리적으로 자멸적이었다고 보았다. 이유는 예술은 개방적인 개념이기 때문에 이러한 방식으로 정의될 수 없기 때문이라고 주장했다. 따라서 어떤 것이 예술 작품인지 아닌지 알려고 시도하는 것은 개념적으로 불가능하다. 예술로서의 지위는 사실에 기반한 것이 아니라 결정에 기반한 문제라는 것이다. 이는 예술은 예술을 정의하는 자가 가치 있다고 믿는 것에 따라 특징적으로 정의된다는 것을 의미한다.

사실상 Weitz는 예술에 대한 모든 정의는 설득력 있고, 명예로우며, 프로그램적이거나, 다양한 가치들을 담은 정의들이라고 말한다. 그 정의들은 그것이 얻을 수 있는 이익을 위해서 예술의 몇 가지 특징에 주의를 기울이는 권고 의견들을 포함하고 있다.[2] Weitz는 정의에 대한 문제가 제대로 이해되면, 이론가들은 전통적인 예술론에 대해 관대해야 한다고 조언했다. 그는 "모든 이론에서 중심적이고 분명해야 하는 것은 예술이 탁월하고 위대한 이유에 대한 논쟁이다. 감정적 깊이, 심오한 진리, 자연적 아름다움, 정밀성, 논의의 신선함 등이 평가 기준이 되어 논의되어야 하고, 이는 무엇이 좋은 예술작품을 만드는지에 대한 영원한 문제로 수렴된다"(p. 153)라고 남겼다. 미술교육에서 현대 이론을 다룬 글들은 전통적인 예술의 정의와 탁월성에 대한 기준에 관심을 보이지 않기 때문에 Weitz의 조언은 현명하고 시기적절하다.[3]

미술교육에서 일부 학자들은 Weitz가 예술을 정의할 수 없다고 주장했기 때문에 미술교육 철학에서도 예술의 정의가 필요하냐는 의문을 제기하고 있다. 하지만 이 문제를 접근하기 전에 Weitz가 예술을 정의하는 데 결정권이 없다고 한 것을 알아야 한다. 상당히 많은 문헌이 그의 기본적인 전제에 이의를 제기했다. Weitz의 분석은 결론에 이르지 못했고 심지어 그의 분석이 예술에 대한 정확하거나 진실한 정의가 공식화될 수 없다는 선험적인 a priori 가정에 있어 경솔하다고 주장한다. 비평가들은 의도, 특징적 기능, 제도적 맥락의 측면에서 예술의 본질을 정의할 수 있는 대안적인 방법들이 있다고 지적했다.[4] 실제로 예술의 본질에 대한 탐구가 지속되고 있는 것은 사실이다. 여기에서 예술의 정의와 관련된 문헌들이 정리될 수 없지만, Stephen Davis의 저서 『예술의 정의*Definitions of Art*』에서 정의와 관련된 내용들을 확인할 수 있다.[5]

예술의 본질에 대한 철학적 탐구의 모든 것에 있어서, 나는 예술교육 철학이 예술의 가치 있는 측면에 대한 관심을 끌게 하기 위해서는 예술과 예술교육의 정의를 맥락적 또는 프로그램적인 정의로 간주하는 것은 용인될 수 있다고 생각한다. 예술교육 이론가들은 Weitz가 주장하듯이 본질적으로 예술과 예술교육의 수월성에 대한 논쟁을 벌이므로 이러한 정의들을 많이 고려할 수 있도록 장려되어야 한다. 한 가지 주목해야 할 점은, 본질적 정의가 맥락적 정의가 될 수 있고 그 반대도 성립할 수 있기 때문에 둘의 구분은 급하게 규정지을 필요도 없고 경직된 것도 아니다.

과정 중심 VS 결과 중심 심미적 학습

예술교육 이론에서 또 다른 표면적 이분법은 주로 "과정 VS 결과물"로 표현된다. 심미적 이해를 목표로 하는 교육이 실습을 통해 이루어져야 하는 것인가, 아니면 감상적, 역사적, 비판적 연구를 통해 이루어져야 하는가? 아니면 두 가지 방법 모두를 동원해야 하는가? 이러한 질문들에 대한 답은 각자의 예술교육에 대한 비전에 따라 달라지며, 이는 각자가 생각하는 가치 있는 삶의 본질에 대한 솔직한 가정에 의해 영향을 받는다. 하지만 서로 대립적인 의견을 가진 사람들이 주요 질문을 회피하는 경향이 있기 때문에 명확한 답을 찾기는 힘들다. 앞으로 이어지는 내용은 이러한 맥락에서 친숙하게 반복될 것이다.

과정주의자들은 서로 이론적 배경에 대한 태도는 다르지만, 그들이 도출하고자 하는 결론은 청소년들을 예술적 행위에 포함시킴으로써 기를 수 있는 특정 능력 발달이라는 점에서 동일하다. 과정주의자 Howard Gardner 는 이렇게 말했다. "미술교육과정의 핵심은 각기 다른 예술적 상징체계를 다루고, 사용하며, 변환할 수 있는 능력이어야 한다. 예술적 표현 수단의 재료로서 생각하는 것 말이다. 이러한 과정은 예술작품이 모든 교육학적 노력의 초석으로 남아있을 때만 일어날 수 있다."[6] 비록 예술 교육에 대한 Gardner의 해석은 많은 규율들로부터 기인하지만, 근본적으로는 심리학자의 관점이다. 다중 지능이 예술교육에 미치는 영향에 대한 그의 이론은 예술교육에 대해 생각해볼 수 있는 하나의 방법이며, 과정 이론을 관계자들이 모두 적절하다고 생각할 만큼 잘 정돈해놓았다.[7] 그럼에도 그 이론이 가진 관점의 한계는 개인적인 생각으로 현재 시점에서 더 강조되어어야 할 역사적, 비판적 연구를 제대로 다루지 못한다는 점이다.

과정 및 창의적 활동에 집중하는 이론의 대안은 결과 중심 이론이다. 비록 심미적 이해의 발달 과정에서 창의적 활동의 역할을 인정되지만, 결과 중심 이론은 창의적 활동이 교육과 배움의 초석으로 여기지 않는다. 오히려 성인 예술가들의 완성작이 더 가치 있다고 주장한다. Albert William Levi 와 Ralph A. Smith의 학문 중심 미술교육discipline-based art education에 대한 인문학 기반 해석humanities-based interpretation이 좋은 예시다.[8] 커리큘럼에 대한 이런 접근 방식은 학습자가 예술작품의 구성적 그리고 계시적 능력 모두를 가치 있게 여기도록 한다. 이는 예술작품이 긍정적인 방식으로 인간의 성격을 형성하고 인간 경험 및 기타 현상에 대한 통찰력을 제공한다는 점을 의미한다. 비록 예술교육의 이러한 해석은 인지 심리학의 이해에 기반하지만, 이는 기본적으로 목표와 교육학을 미술사, 미술비평, 그리고 미학의 견해 및 관례로부터 학습 목표를 얻는 전통적인 인문학적 시각이다. 어쩌면 미술교육에 대한 포괄적인 철학이 심미적 학습의 과정 중심적 이해와 결과 중심 이해의 주된 특징을 모두 결합하는 것을 가능하게 할지도 모른다. 하지만 무엇이 중점이고 무엇이 주변 내용인지 정하는 것은 어떤 방식으로든 문제들을 낳을 것이다.

이상적으로 미술교육 철학은 심미적 복잡성이라 부를 수 있는 다양한 구성 요소들을 슬기롭게 판단해서 적용해야 한다. 예술적 지성의 본질에 대한 의문을 제기하는 예술작품의 **창조**, 본질, 의미, 가치에 대한 질문(존재론적, 인식론적, 가치론적 질문을 의미한다)을 제기하는 예술작품의 **특징**, 인지, 해석, 감상, 그리고 작품에 대한 반응, 맥락, 전통, 스타일에 의문을 제기하는 **미술사** 등이 그것이다.[9] 각 구성 요소에 얼마만큼의 주의가 기울어져야 하는가는 이론가들과 교사들이 해당 분야의 역사적 시점에 필요한 것이 무엇인지에 대한 판단 여부에 의해 정해질 것이다. 최근 몇 년간 심미적 학습의 범위를 넓히고자 하는 연구들이 지나치게 아동의 예술작품 제작과 예술가로서의 이미지를 강조하고 있음을 지적해왔다.[10] 하지만 이러한 노력은 심미적 활동을 역사적이고 창의적인 연구로 뒷받침하는 것이 심미적 교육의 가장 중요한 가치를 훼손할 거라 믿는 교육자들에 의해 반대되고 있다.[11] 이에 따라 이분법은 당분간 존속될 것으로 보인다. 모두의 입맛에 맞게 상황을 해결할 방법은 없을 것으로 보인다.

미술의 도구적 활용 VS 비도구적 활용

도구적 VS 비도구적이라 알려진 이분법은 각기 다른 용어로 규정될 수 있다. 예를 들어 예술작품의 특별한 심미적 기능 VS 비심미적 기능, 외적인 가치 VS 내적 가치, 예술의 실용주의 VS 비실용주의 활용 등으로 비교될 수 있다. 한편으로 미술 교육은 언제나 도구적이며 과목을 제공하는 수단이고, 콘텐츠이자 인간의 가치인 동시에 앎의 한 방법이다. 미술교육이 제공하는 과목은 물론 미술이다. 가르치는 내용은 다양한 관련 분야와 인간경험에서 파생된다. 예술의 특별한 가치는 심미적 가치이며, 예술의 앎의 방법은 심미적인 깨달음이다. 그렇지만 예술작품을 어떻게 다룰지, 그리고 개인과 사회에게 예술작품이 어떤 작용을 하는지에 대한 질문들은 전략적인 것이다.

비도구주의는 본질적으로 예술품에 내재된 가치로 평가받아야 한다는 관점이다. 그러나 앞서 언급했듯이 내재된 가치라는 개념은 모호하다. 인간의 모든 행위가 개인의 관심이나 사회적 필요를 충족시키기 위한 것이기 때문에 그 어떤 것도 그 자체로 가치 있을 수는 없다. 한 이론에 의하면, 예술품은 심미적 경험의 정도를 제공하는 능력에 따라 평가된다. 그렇기 때문에 심미적 경험을 제공하는 데 있어 도움이 된다. 그러나 도구성의 사슬은 거기서 그치지 않는다. 심미적 경험을 갖는 것은 사회가 소중히 여기는 다른 가치에 기여할 수 있다. 심미적 경험은 파괴적 본능을 잠재우고 자아의 통합만을 이루는 것이 아니다. 인식을 다듬고 상상력을 확장시키기도 한다. 그리고 심미적 경험이 이러한 효과를 가지고 있다면, 정신 건강에 추가적인 도움이 될 수 있고, 상호 공감과 이해를 형성하며 인간의 삶에 대한 이상을 제공할 수 있다.12)

예술의 또 다른 도구성은 현대사회의 정책 제정 및 연구에서 찾을 수 있다. 거기서, 예술의 효용성은 단지 이미 언급된 이익과 관련하여, 예를 들어, 읽기, 쓰기, 계산의 기초 기술의 향상 및 사회 문제 개선과 같은 많은 비심미적 목표들을 꽤 직접적으로 달성하기 위한 수단으로 언급되어 있다. 예술과 예술 활동의 중요성은 그렇게 많이 이해되지 않았다. 그렇기에 우리는 예술에 대한 연구는 인종 관계를 개선하고, 학교 폭력을 약화시키며 자퇴율을 낮출 수 있다고 해석한다.13) 요약하자면, 예술 활동과 예술품은 강한 동기부여가 되며 사회적 문제를 푸는 데 있어 중요하다고 이해된다. 그러나 이러한 활용이 중요할지라도, 그들이 독자적인 내용, 절차, 가치를 지닌 차별화된 과목으로서 예술에 대한 연구를 대체할 수 있는지 물어봐야 한다. 예술은 학습 매체, 동기부여, 사회적 도구, 또는 치료적 행위 이상의 것이 아닌가? 예술은 인류의 표현 중 가장 위대하고 심오한 표현을 보여주는 독특하고 중요한 업적으로 구성되어 있지 않은가? 이 사실이 부정된다면, 나는 미술교육의 정당성은 존재하지 않는다고 생각한다.

미술교육이 비심미적인 목적을 이루는 데 기초하여 합리화된다는 사실은 미술교육 분야가 기본적인 목적과 목표를 혼동하고 있음을 보여준다. 한 예로, 피아니스트이자 문화 비평가인 Samuel Lipman은 흔히 록펠러 보고서라고 불리는 "깨달음 얻기Coming to Our Senses"를 그러한 혼란의 기념비라고 불렀다.14) 그러한 보고서들이 결점이 없는 것은 아니지만, 충분히 가치가 있다. "문명화를 향해서Towards Civilization"는 "깨달음 얻기Coming to Our Senses"의 해독제 역할을 한다.15) 독특한 성취의 역사를 위한 예술 연구를 포함하는 한, 학문 중심 미술교육discipline-based art education의 개념도 마찬가지이다.16)

그러나 예술의 또 다른 도구적인 사용은 예술이 명확한 정치적 목표를 뒷받침해야 한다는 관점에서 비롯된다. 전통 예술 이론의 가치와 유용성, 그리고 예술적 우수성에 대한 주장에 주의를 기울이라는 Weitz의 현명한 충고를 무시하고, 이러한 도구주의적 사용은 미술교육을 특정 이익 집단의 목표 달성으로 밀어 넣을 것이다. 정치화된 미술교육은 20세기 중반부터 실행된 미술교육과 상당히 다를 것임은 자명하다. 또한 이를 '미술art' 교육이라 부를 수 있는지도 의문이다.

미술교육의 모든 정의가 어떤 면에서는 도구적이고 프로그램적이라는 점을 생각하면, 도구적 그리고 비도구적 가치가 경직되어 구별되기보다는, 좀 더 잘 이해될 필요 측면에서 편의상 구분한 것에 불과하다.

고급문화 VS 대중문화

관련된 문제들을 설명하기에 이 표면적 이분법의 용어들은 최적의 용어는 아닐 것이다. 고급문화 작품들도 간혹 인기를 끌 뿐만 아니라, 소위 대중

문화라 불리는 작품들이 고급문화가 되는 데 성공하는 경우도 있다. 또한, 한 시대의 대중문화가 시간이 지나고 나면 고급문화가 되기도 한다. 이 모든 것은 기존에 언급되었던 것들이다.

이러한 구분 뒤에 놓여있는 차이점은 첫째로 예술적 행위에서 우수성의 정도를 정할 수 있다는 것, 두 번째, 특정 작품들이 다른 작품에 비해 가치 있는 경험을 유도할 수 있는 더 큰 잠재력을 지니고 있다는 것이다. 고급문화에 속하는 작품들은 이러한 점으로 잘 알려져 있다. 그러나 예술과 예술교육의 수월성을 장려하고 인정하라는 권고는 가치 차이를 강조하지 않는 것을 선호하고 우수성을 강조하는 것을 엘리트주의로 간주하는 사람들에게는 우려의 대상이다. 후자에 해당하는 미술교육자들에게 이상적인 것은 일상적 행위, 의례, 그리고 의식을 기념하는 민속 혹은 공동체 예술이다. 물론, Dewey는 박물관 예술의 지나친 숭배를 상쇄하기 위해 예술과 사회의 독립을 요구했다. 그러나 Dewey는 『경험으로서 예술*Art as Experience*』을 그의 감식력을 알리기 위해 유명한 박물관장에게 바쳤고, 그 책에는 예술에 대한 빛나는 논의가 담겨있다. 물론, 예술 기능에 대한 공동체적인 해석을 선호하는 다른 작품을 배제하기 위해 상대적으로 자율적인 작품들의 창조와 감상을 강조하는 관점을 채택할 필요는 없다. 불행하게도 미술교육자들은 고전을 즐기고 연구하는 것이 엘리트주의적이고 근본적으로 민주적이지 않은 행위로 받아들여지기 때문에 후자를 선택해야 할 것으로 예상된다.

그러나 고급문화와 적절한 수준에서 명작을 감상하는 능력을 기르는 것은 반박하기 어려운 신념들에 기반한다. Stuart Hampshire가 그 이유를 밝혔다. 그는 보존하고 전파할 가치가 있는 위대한 예술의 전통이 있다고 말했다. 또한 이 전통에 대해 관심을 갖고 있으며 예술적 우수성을 위한 우리가 가진 판단력에 최고의 지침이 되는 사람들(예술가, 역사가, 비평가, 교육가)이 있으며, 고급문화의 작품들은 강렬한 즐거움, 만족감, 인문학적 통찰력의 헤아릴 수 없는 원천이고 그러한 작품들은 국가적 자부심과 통합의 중요한

구성 요소라 주장했다.[17]

고급문화의 작품들을 받아들이는 데 가장 중요한 것은 일반적으로 탁월함을 받아들이는 데도 가장 중요한 것 – 탁월한 퍼포먼스가 바로 그것이다. – 실제로 미국인들이 다양한 분야의 뛰어남을 소중히 생각하고 보상하는 방식을 묘사하면 퍽 두꺼운 책이 나올 것이다. 아울러 어떤 뛰어남을 부추기는 것은 거의 대부분의 전문가조직에서 행하는 제도적 관행이다. 위대한 예술의 존재와 이러한 예술이 평범함을 장엄하게 바꾼다는 점은 결코 반박할 수 없는 사실이다.[18] 또한 위대함을 측정하는 기준은 미스테리가 아니다. 그것들은 비교할 수 없는 예술적 기교, 높은 수준의 심미적 만족을 제공할 수 있는 특별한 능력, 그리고 높은 지위stature를 아우른다. 이 마지막 용어는 걸작이 개별적으로 표현하는 중요한 인간적 가치들을 암시한다.[19]

나는 고급문화의 전제가 질문하고자 한 대상이므로 이에 대한 논의를 해보고자 한다. 포퓰리즘의 기반은 지지자들이 민주적인 가치와 일치한다고 믿기 때문에 도전 받지 않고 넘어가는 경우가 대부분이다. 물론, 포퓰리즘도 나름의 장점은 있다. 포퓰리스트들은 고급문화 옹호자들이 지나치게 자신을 높게 생각하는 것을 방지하며, 일상생활의 예술도 우리의 시선을 잡아챈다는 사실을 일깨워준다. 더 나아가 포퓰리스트들은 주로 대중문화를 의심할 여지없는 선으로 받아들이는 젊은 사람들의 관심사에 진심으로 주의를 기울인다. 포퓰리스트들은 또한 예술 세계에 넓은 그물망을 드리우며, 서양의 고급문화와 대중문화를 나누는 기준이 전 세계적으로 받아들여지지 않음을 지적한다. 포퓰리스트들 역시 대중문화의 전통 중 전달할 가치가 있는 것들이 있고, 대중문화에 이를 의미 있게 할 수 있는 최고의 길잡이인 전문가와 학자들이 존재하며 대중문화는 국가적 자부심의 원천이 된다고 생각하는 것에는 의심의 여지가 없다. 결국에 미국 대중문화는 전 세계적으로 추앙받으니 말이다. 비록 나는 미술 교육 분야에서 발달한 포퓰리즘 이론에 무지하지만, 이 모든 내용은 포퓰리즘적 사고를 대신해 이야기할 수 있다. 대중문화의 가장 큰 옹호론은 학생들의 관심사에 가깝다는 것이다.

그러나 어쩌면 이 문제들은 문화적 형평성, 즉 기존의 품질 기준을 충족하는지 여부와 상관없이 모든 그룹의 모든 예술 형태들이 학교에서 연구할 자격이 있다는 측면에서 해결될 수 있을 것이다. 얼핏 보기에 매력적인 이 접근법은 학습을 위한 작품을 고르는 데 대처불가능한 현실적 어려움을 낳을 것이다. 예를 들어, 보다 성숙하고 경험 많은 교사의 판단보다 학생의 흥미와 취향이 더 우선시되어야 할까? 사회의 문화유산과 경험많은 전문가들의 성숙한 판단은 의미가 없는 것인가? 그러므로 이 질문들은 학습 자료를 고르는 데 있어 보편적 뛰어남의 기준을 무시해야 하는가와 관련된다.

이러한 문제점들은 철학적이기도 하며 사회적, 정치적이기도 하다. 문제가 제시하는 쟁점을 해결하는 것은 고급문화와 대중문화에 내제된 가치뿐만 아니라, 방대한 경험적 증거에도 달려있다. 고급문화와 대중문화 간 차이점의 유용함은 그래서 이러한 이분법 내부의 용어에 할당된 의미에 따라 좌우된다.

문화적 다원주의 VS 문화적 특수주의

이 이분법의 용어들은 양립할 수 없기 때문에 인용 부호는 없애야 한다고 생각한다. 문화적 다원주의와 문화적 특수주의가 무엇을 의미하는지는 Diane Ravitch의 글들에서 찾아볼 수 있다.[20] 문화적 특수주의, 또는 그녀가 문화 중심주의라고도 부르는 것에 대한 논의는 문화적 분리주의에 대한 그녀의 비판 때문에 특히 중요하다(해당 논쟁에 수많은 ~주의(이즘)를 포함한 것에 대해 미리 사과를 표한다). 문화적 특수주의는 다원주의와 다문화주의를 거부하는 모든 분리주의적 운동을 나타내지만, 주된 지지자들은 미국계 흑인 역사가들과 작가들이다. 증언과 많은 기사에서, Ravitch는 몇몇 현대 흑인 작가들의 경우, 기본적 가치는 더 이상 문화적 다원주의, 보편주의, 그리고 풍부하고 다양한 공통 문화에 존재하지 않음을 꼬집는다. 오히려, 이 작가들은 생물학적 결정론과 문화적 선입견에 기반한 분리주의적 가치를 따른다.

아프리카 중심주의적 교육과정의 목표는 자신의 역사와 문화적 성과를 충분히 인정하지 않는 연구들에 의해 사회에서 성공할 기회가 낮아진다고 생각하는 흑인 청소년들로 하여금 안전감과 자존감을 길러주기 위함이다. 이 상황에 대항하기 위해, 아프리카 민족주의자들은 유럽의 문화유산인 서구문명에 대해 강하게 비판적이다. 따라서 본질적으로 인종차별적이고 성차별적이며 엘리트주의적이라 여겨지는 사상과 가치를 지칭하기 위해 유럽 중심적이라는 명칭을 사용한다. 정치적 목표는 미국 교육에서 가치들을 분산시켜 서양식 원칙들의 패권을 약화시키는 것이다. 그러나 Ravitch는 문화적 다원주의, 다문화주의, 보편주의, 그리고 공통의 미국 문화를 거부하는 것은 사회적 갈등을 유발 및 촉진시킨다고 주장한다. 그녀는 소수자 그룹의 구성원들의 문화적 기여와 관련한 역사적 기록의 수정 및 확대 필요성은 당연한 것이라 말한다. 하지만 인종적 우월성, 문화적 선입견, 그리고 족벌주의에 기반을 둔 민족중심주의를 제창하는 대체 교육은 반박받을 것이 뻔했다.[21]

이 맥락에선 Mary Ann Raywid의 고찰이 규범적이었음이 입증되었다.[22] 그녀는 개인의 정체성을 인종적 기원과 연관 짓는 것의 위험성과 이러한 행위가 사회를 분열시킬 가능성이 있음을 인지했다. 그녀는 또한 민족성에 대한 새로운 강조가 소수민족 아이들에게 적용할 수 없고 무의미할 수 있다고 우려를 표시했는데, 이들은 사회적 위치에 있어서 기술, 역량, 성취가 민족적 기원보다 더 중요하기 때문이다. 이는 John Wilson이 그의 예술, 문화, 정체성의 관계에 대한 분석에서도 지적한 사항이다.[23] 따라서 Raywid는 인종적 가치와 표현 방식이 하위그룹 내에서 영속되고 발전될 수 있다는 것을 인정하면서 구성원들이 공통적이고 특별한 관심을 가질 수 있는 새로운 사회적 집단을 요구했다.

Ravitch는 사실상 Raywid의 주장에 한 걸음 더 나아가 배타주의적 사고는 집단 간 결혼과 연결을 통해 형성되는 문화 내 중요한 차이점을 무시함을 지적했다. 이러한 차이들은 배타주의자들에게서 제안된 제도와 같이 인구를 5개의 민족(아프리카계 미국인, 아시아계 미국인, 유럽계 미국인, 라틴/히스패닉 미국인, 미국 원주민)으로 나눌 수 없도록 한다. 이러한 분할은 인간 성취의 보편성을 무시하며, 특정 개인이 속한 민족 집단만을 모범사례이자 영웅으로 취급할 수 있기 때문이다. 대조적으로, Ravitch가 언급한 한 흑인 여성 달리기 선수는 그녀가 선택한 활동과 관련이 있는 업적인 Baryshnikov의 뛰어난 신체 훈련 때문에 그를 존경한다고 이야기했다. Baryshnikov의 피부색이나 민족성은 중요하지 않았다.

무엇보다도 Ravitch는 배타주의자들이 현대적 기원이 계몽시대로부터 시작된 자유주의의 전통을 폄하한 것에 대하여 비난받아야 한다고 생각한다. 유럽중심주의를 타파함에 있어서, 배타주의는 사실상 현대 민주주의 사회의 이상적 가치에서도 중심적 가치인 자유주의의 이성과 합리성을 배제한다. 그녀는 배타주의자들이 그들의 생각에 대한 비판을 인종차별주의자로 받아들이는 경향도 마찬가지로 비난받아야 한다고 생각한다. Ravitch는 미국인들이 유럽과 친밀한 관계를 유지해야 하는 타당한 이유가 있다고 설명한다. 미국의 많은 사회적, 도덕적, 문화적, 정치적, 그리고 종교적 뿌리는 유럽에서 발견되고 많은 미국인들이 유럽인의 후손이며, 또 미국의 제1언어가 영어이기 때문이다. 총괄적으로, 이러한 사실과 그 밖에 많은 이유들은 공통의 문화가 다른 문화와의 접촉을 통해 풍부한 영향을 받았고 또 그것을 전달하는 것이 교육의 목표가 되어 왔다는 것이다.

Ravitch가 다원주의에 적대적인 것은 아니다. 그녀는 미국이 다문화 사회라는 것을 인정하고 있으며, 캘리포니아 주를 위한 그녀의 다문화 역사 커리큘럼 작업은 그러한 신념의 가장 확실한 증거이다. 그렇지만 그녀는 다중중심주의 정책에서 심각한 교육학적 문제를 본다. 그녀는 그녀가 진실의 정치화라고 칭하는 것을 가장 불안해한다. 그녀는 진실이 권력의 기능, 독단적 이론, 그리고 검증되지 않은 상대주의가 아니라고 서술한다. 그보다는, 지식의 거듭되는 수정과 정정으로 이끄는 지속적 탐구라고 본다. 그녀는 점점 더 분리주의자들의 사고에 전념하는 교육 시스템이 심지어는 학교에 대한 공적 지원까지도 약화시킬지 모른다고 말한다. 의도적으로 분열을 초래하는 태도에 대해 사회가 지원금을 주어야 할 이유가 무엇 있겠는가?

　기본적인 선택지를 기억해 보자. 공유된 일반적 가치들을 강조하는 다양화된 일반 문화 혹은, 과거와 현재의 부당함과 불공평함에서 오는 절박한 권리에 열을 올리는 소수민족 집단 거주자와 특정 이익 집단의 과잉, 전형적으로, 미국사람들은 극단주의적 사고를 거부하기 때문에, 사람들은 특수주의가 궁극적으로는 포기될 것이라고 예상한다. 그렇지만 그때까지 이는 사회적 충돌의 원인으로 남아 있을 것이며, 그것이 낳는 이분법과 중요한 이슈들은 진지하게 연구되어 마땅하다.

포스트모더니즘 VS 모더니즘

　이 용어들은 고정된 의미를 가지고 있지 않으며, 그 기원이나 발현에 대한 동의 또한 이루어지지 않았다. 예를 들어, Jacques Barzun은 150년 동안 예술과 예술에 대한 태도가 어떻게 변화해 왔는지를 설명하는 그의 저서 『예술의 효용과 남용-The Use and Abuse of Art』에서 근대가 1450년 즈음부터 르네상스와 함께 시작되었고, 근대 시대는 1789년 프랑스 혁명과 함께 시작되었으며, 근대적 태도는 1890－1914년, 혹은 20세기가 21세기로 바뀔 때 즈음, 그리고 현대는 1920년부터 시작되었다는 그의 생각을 서술한다.[24] Barzun 분석의 중심은 아방가르드를 만들고 이의 종말 또한 가져온 힘들에 대한 설명이다. 이는 근현대시기에 근대사에 대해 생각해볼 수 있는 합리적 방법이다.

Ihab Hassan은 포스트모더니즘이 매너리즘, 낭만주의, 그리고 모더니즘에 의해 예시되었다고 생각한다.[25] 그는 포스트모더니즘의 기원을 17세기로 본다. 더군다나 Freud, Marx, William James 등이 포스트모더니즘에 지대한 영향력을 끼쳤다고 주장하는 것은 그들이 모더니즘에 영향을 끼쳤다고 말하지 않는다고 하는 것과 같다. 게다가, 포스트모더니즘은 모더니즘에 대한 반작용뿐 아니라 이에 대한 연장선으로도 이해될 수 있다. 다른 사람들에게, 포스트모더니즘은 모더니즘의 형식적 경향을 단순히 포함하고 있다. 이는 예를 들어, 후기 인상주의가 인상주의의 형식적 경향을 따라간 그 방식과 같은 방식이다. 어쩌면 이것은 Jacques Maquet가 포스트모더니즘에는 모더니즘을 급진적으로 거부하는 것 하나와 급진적 거부를 거부하는 또 다른 하나, 두 개의 포스트모더니즘이 있다고 서술했을 때 생각했던 것일 수도 있다.[26] 따라서, 모더니즘과 포스트모더니즘에 대한 그 어떠한 논의도 약정적 정의의 문제로서는 다소 자의적일 것이다.

아마도 몇몇 초기 설명은 먼저 모더니즘의 한 가지 의미를 고려함으로써 얻을 수 있을 것이다. 예를 들어, 수정 확장판 『현대 비평용어사전Dictionary of Modern Critical Terms』의 모더니즘(포스트모더니즘 항목은 존재하지 않는다) 항목에서는 다음과 같이 말한다.

가장 비판적인 용법에서의 모더니즘 회화는, 해롤드 로젠버그(Harold Rosenberg)가 "새로움의 전통(the tradition of the new)"이라고 부르는 기술로 여겨진다. 이것은 실험적이고, 형식적으로 복잡하며, 함축적인데, 창조뿐 아니라 파괴의 요소 또한 포함하고 있으며, 문화적 파멸과 재난의 개념과 함께 현실주의, 물질주의, 전통적 장르와 형태로부터 예술가의 자유라는 개념을 결합하려는 경향을 보인다. 이것의 사회적 구성물은 특징적으로 아방가르드나 보헤미안이며, 따라서 전문화되어있다. 예술가의 개념은 문화의 보존자가 아닌 앞으로 나아가는 문화의 창조자인 미래파 예술가이다.[27]

이 항목은 모더니즘이 하나의 미적 특질 혹은 스타일이 아닌 여러 가지를 표현한다고 설명한다. 이는 후기 인상파, 표현파, 미래파, 소용돌이파, 다다이즘, 그리고 초현실주의를 아우른다. 이러한 관점에서 오해의 소지가 있는 것이, 주로 포스트모더니스트들이 모더니스트 미학이 근본적으로 형식주의적이라고 하는 것처럼 말하는 것인데, 이는 의미론적 내용을 담고 있는 너무나도 많은 양식과 작업들을 배제하는 것이기 때문이다.

'모더니즘Modernism'의 의미에 내재된 모호함이 드러나는 순간은 용어가 영원성과 시간의 제약성을 모두 나타낼 때이다. 영구적인 현상으로서, 모더니즘은 예술가들이 그들 시대의 현대가 되고자 시도한 예술사의 모든 순간들을 이야기한다. 따라서 중세 예술의 관습의 일부로부터 시작하여, 르네상스 예술은 현대적이었다고 할 수 있는데, 이는 Barzun이 말한 것과 일맥상통한다. 시간 제한적인 개념에서, 모더니즘은 20세기의 아방가르드 시대를 나타낸다.

지금, 우리가 만약 모더니즘이 아카데믹 살롱의 공식적 예술과 같은 19세기의 공식적 문화의 심미적 클리셰cliché에 대한 대응을 포함하고 있었다는 관점을 수용한다면, 파울러가 말하듯, 모더니즘의 예술가들은 미래지향적이었다. 그렇지만 Hilton Kramer는 『아방가르드의 시대The Age of the Avant-Garde』에서, 모더니즘의 다른 가닥이 새로운 심미적 가치를 만들어 내기 위해 미래뿐 아니라 과거 또한 뒤돌아보았다고 말한다.[28] 만약 다다이즘 예술가들이 혁신적 사고의 완벽한 본보기였다면, 브라크와 피카소와 같은 예술가들은 예술적 문화의 연속성을 반영했고, 이의 가장 깊은 충동들을 새로이 하는 데 헌신했다. 그들은 전통이 바뀌고, 추가되거나, 연장될 수 있기 전에, 그것이 완벽하게 숙지되어야 한다고 믿었다. Kramer는 "사용 가능한 전통의 창의적 본성으로 행동하고자 하는 충동은, 아방가르드 시나리오의 일부이다…. 마치 과거와 전쟁을 벌이고자 하는 충동과 같은 것이다"(p. 12)라고 서술한다.

만약 아방가르드의 출현, 역사, 그리고 운명이 모더니즘을 이해하는 데에 중심이 된다면, 포스트모더니즘은 아방가르드가 그의 전통적 기능을 상실했을 뿐 아니라 중요한 의미에서 더 이상 존재하지 않는 문화의 상태로 이해될 수 있다. 그렇지만 기억해야 할 것은, 포스트모더니즘의 종류가 다양하다는 것이다. 건축에서, 포스트모더니즘은 종종 불손하고 장난기 많은 예술 주의를 지지하는 20세기 건축의 국제주의 미학에 대한 거부감을 암시할 수 있다. 혹은, Charles Jencks가 지적하듯이, 이것은 모더니스트 사고와 서양 전통 휴머니즘의 재통합을 찬성하는 자유형 고전주의를 대표할 수도 있다.29) 포스트모더니즘에 대한 이러한 해석을 볼 때, 포스트모더니즘을 서구의 지적, 문화적, 미적 전통에 대한 급진적인 비판과 동일시하는 것은 왜곡이다. 게다가 Jencks의 분석은, Kramer가 설명한 모더니즘의 변증법과 비슷한 부분이 있고, 실제로 두 저자는 그들의 해석을 뒷받침하기 위하여 T. S. Eliot의 에세이 "전통과 개인의 재능Tradition and the Individual Talent"으로 호소한다.

Kramer는 Hassan의 말을 빌려, 포스트모던으로의 전환은 예술가들과 문화 기관들이 캠프 사고방식과 합법화된 키치를 지지했던 1960년 즈음 나타났다고 시사했다. 그는 이 태도와 예술의 형태를 우스꽝스러운 부조리와 익살맞음에 흥청거리는 것으로 특징지었다.

물론 주제에 대해 더 많은 것들이 이야기되어야 하고, 예술교육 분야에서 포스트모더니즘에 대해 잘 다듬어진 해석이 있다면 도움이 되겠지만, 필자는 이에 대해 아는 바가 없다. 그렇지만, 이론적 논의에서 모더니즘과 포스트모더니즘의 유용성에 의구심을 제기하기 위한 만큼의 충분한 이야기는 나왔다. 대부분, 용어들은 이념적 논쟁에서 반작용으로 기능한다. 그렇다면, 여기에 철학적 문제가 존재하는가? '포스트모더니즘Postmodernism'이란 용어의 활용이 주로 양식적 선호 혹은 현대적이 되기 위한 시도로 기록되는 한 철학적 문제는 존재하지 않는다. 반면, 철학과 문학 이론에서, 실재, 진실,

언어, 뜻, 의도, 그리고 가치에 관한 근본적 질문들이 발생한다. 그러나 필자는 문화예술교육의 이론 대부분의 이러한 발달(특히 주의 깊게 분석되었을 때 예술의 모든 교육적 가치의 부인을 전제하는 해체 이론)은 여기서 논의될 수 없다고 생각한다.30) 이분법적인 의미들은 복잡하고 혼동하기 쉬우므로 조심스럽게 사용되어야 한다.

양적 평가 VS 질적 평가

이 용어들은 내재적으로 모호하며 위에서 논의된 몇 가지의 경우들과 비슷한 방식으로 교육 평가와 연구의 본질에 대한 토론에서 서로 반대 개념으로 사용되는 경향이 있었다. 모호함은 숙달에 대한 평가가 양적인 동시에 질적으로 이루어질 수 있다는 것이 확실해질 때 그 모호한 경우가 의미하는 바가 명백해진다. 주로, '양적 평가quantitative evaluation'는 학습 과제의 수행에서 명시적인 태도의 통계적 수치에 의존하는 평가 방식을 뜻한다. 이러한 수치는 기억, 개념적 프레임워크, 암시적 바탕 등의 내재된 심리적 작용의 영향에 관한 추론들을 배제한다. 반대로, '질적 평가qualitative assessment'는 학습자의 인지적 구조에서 지시 효과의 추정치를 제공하는데, 예를 들면, 마음이 새로운 정보를 어떻게 수용하고 동화시키는지와 같은 것을 추론하여 평가하는 방식이다.

'질적 평가'는 더 나아가 학습 결과물의 평가를 넘어서는 교육의 현장연구를 뜻한다. 사회과학과 인문학의 이념과 방법을 이용하여, 이는 인터뷰, 사례연구, 그리고 교육적 환경의 관찰을 지지한다. 질적 평가는 관찰 기술에 더하여 주제와 학교에 대한 광범위한 지식뿐만 아니라 관찰 보고에서의 문학적 기교 또한 요구한다. 이와 같은 지식과 기술을 취득하고 정제하는 데 몇 년의 연습이 필요하기 때문에, 질적 평가는 초심자들을 위한 과업이 아니다.

질적 이론의 놀라운 발전 중 하나는, 제시된 모델과 그에 따른 호의적 반응 모두에서 미적 기준의 사용이 증가하고 있다는 것이다. 예를 들어, 학습은 구조적으로 심미적 경험과 동등하며, 가르치는 교수 행위는 연기와 유사하고, 교육 비평은 미적 감식안과 예술 비평으로 유추될 수 있다고 인식되어 왔다. 이러한 관점은 몇 가지 흥미로운 관찰을 제공한다. 적어도 하나의 모델, 즉 교육 비평의 감식안 모델은 필자가 생각하기에, 그에 상응하는 몇 가지 의문스러운 결과와 함께, 합리적인 범위를 넘어 정교하게 설명되었다.

필자가 함축한 바대로 교육 비평은 예를 들어 Theodore Sizer의 "호레이스의 타협Horace's Compromise"을 알려주는 것과 같은 방식으로 성숙한 경험과 그에 대한 좋은 판단의 결과이다.[31] 그러나 교육 비평은 너무 자의적으로 예술적이 될 위험이 있다. 예를 들어, Sarah Lawrence Lightfoot의 "좋은 고등학교The Good High School"에서는 성격과 문화를 "묘사portraits"하는 것을 특징으로 삼는데, 여기서 그녀의 문학적 기술은 교육적 현상이 묘사되는 것으로부터 주의를 전환하고자 하는 경향이 있다.[32] 필자가 보기에 이 예시는, 교육 비평의 감식 모델의 근본적인 문제에 대한 해결책을 제공한다. 그들의 부인에도 불구하고, 이 모델의 지지자들은 사실상 교수, 학습, 그리고 학교를 예술적 공연과 장소로 변화시켜 감식안이라는 개념과 예술 비평의 원칙과 기법의 관련성을 정당화했다. 게다가, 교육 현상에 대한 이러한 심미적 태도들은 인문학적 사회과학, 특히 인류학자들에게 사용되었던 깊이 있는 묘사들과 같은 기술들과 결합되었을 때, 감식안 모델은 너무 복잡해지고, 다루기가 불편해진다.

Elliot Eisner의 감식안 모델이 특정 교육 부문에서 좋은 평가를 받았음은 인정해야 하지만, 그 수용이 모델의 실체보다는 학습의 중요한 척도로서의 표준화된 시험에 대한 불만과 더 관련이 있을 가능성도 유념해야 한다. 예를 들어, Donald Arnstine이 학습과 미적 체험의 동일시에 대해 의문을 제기된 바 있다. Monroe Beardsley는 잘 전개된 심미적 경험에 대해 연구하며 Arnstine의 논의에 대해 "최고의 교육 경험은, 그것이 최고의 교육 경험은 될 수 있을지언정, 결코 최고의 심미적 경험이 될 수 없을 것이다. 그리고 물론, 그 반대도 마찬가지이다."[33]라고 서술했다. 또한, 교사의 교육이 배우들의 훈련과 연결될 수 있다는 개념은 그 가정을 검토한 몇몇 저자들에 의해 의문이 제기되었다.[34]

사실, 미학과 교양교육 이론 사이의 관계에 대한 주제는 때때로 논술이나 논평, 또는 기껏해야 추측성 에세이 모음에 불과한 가치를 가질 뿐이다.[35] 또한, Beardsley가 지적한 바와 같이, 저자들이 학교 교육이 가지고 있는 어떤 심미적인 장식적 차원과, 심미적/교육적 활동 사이의 구조적 동등성을 혼동하지 않는다면 유익할 것이다. 마지막으로, 사물을 잘못된 이름으로 부르는 너무나 흔한 오류가 있다. '감식안Connoisseurship'은 단지 모델이 설명하는 과업들을 위한 것으로 사용하는 이름으로는 부적절한 명칭이다. 이와 같은 심미적 영역으로 유추하는 것은 Barzun이 '예술 징후Art Era'라 칭하는 것으로 시대와 너무 많은 것들을 예술의 관점에서 보고자 하는 징후이다.

의심할 여지없이 여기에는 교육 평가와 결부된 철학적 문제점들이 있다. 반복하자면, 교육 이론의 과제는 효과적인 개념화와 분석이다. 명백히, 평가와 관련된 모든 의미와 중요성이 수치화 될 수는 없다. 그러나 이것이 교육 비평이 예술 비평과 같은 선상에서 모델링되어야 된다는 것을 의미하지는 않는다. 19세기 장학사의 정수라 불릴 수 있는, Matthew Arnold는 직감적으로 이를 이해했다. Richard Hoggart가 지적했듯이, 학교에 대한 그의 보고는 문자 그대로의 뜻을 가졌고, 직관적이었으며, 군더더기 없었다. 그의 작문 재능은 그의 편지, 시, 그리고 문화 비평에 보존되어 있다.[36] 비록 이 분법의 용어들이 본질적으로 모순되는 것은 아닐지라도, 질적 평가라는 개념은 더 많은 연구 분석이 필요한 문제들을 제기한다.

필자가 이야기했던 문제들은 지속될 것이다. 그들 중 일부는 예술을 정의하려는 노력에서 발생하는 문제들을 다룬다는 점에서 확연히 철학적이다. 이러한 의문들은 가능한 한 혼란을 해소하기 위해 개념에 대한 심도 깊은 분석을 요구하는데, 도구적/비도구적 가치, 그리고 양적/질적 평가에 내재된 모호성이 그 예시이다. 여전히 사회적, 정치적 이슈와 구별되는 철학적인 질문들의 분리를 필요로 하는 다른 문제들이 존재한다. 이는 보다 평범한 의미의 비판적 추론과 사고로 철학하는 것을 수반하는데, 몇 가지의 문제들은 지속적인 반면, 어떤 문제들은 특정 기간에만 한정된 전형적인 것들이다. 특정한 경우에 문제의 이분법들은 붕괴될 수도 있고, Dewey식 방식으로 그 용어들은 새로운 공식으로 통합될 수도 있다. 다른 사례들에서는 이분법이 양립 불가능하다. 몇 가지 문제의 복잡성에 대해 고려해 보면서, 필자는 추가 작업에 대한 의제를 정하는 것 그 이상의 것을 하기 위해 미술교육 철학의 문제를 이분법적으로 논의를 이어왔다.

미주

1) Morris Weitz, "미학이론의 역할(The Role of Theory in Aesthetics)," in Joseph Margolis, 3rd ed. 『예술의 철학적 조망*Philosophy Looks at the Arts*』 (Philadelphia: Temple University Press, 1987).

2) 미술*art*개념의 논리와 교육*education*개념의 논리의 유사성에 대한 논의를 위하여 Israel Scheffler, 『교육의 언어*The Language of Education*』 (Springfield, Ill: Charles C. Thomas, 1961), p. 31. 참조

3) Anita Silvers의 "예술의 이야기는 시간의 시험의 이야기입니다(The Story of Art Is the Story of the Test of Time)," *Journal of Aesthetics and Art Criticism* 49, no. 3 (1991): 211-24.에서 유사한 관찰을 확인할 수 있다.

4) Monroe Beardsley와 Nelson Goodman의 미학이론은 예술의 기능을 특징으로 하는 반면, George와 Arthur Danto의 미학이론은 제도적이고 맥락적인 고려를 강조한다.

5) Stephen Davis, 『예술의 정의*Definitions of Art*』 (Ithaca: Cornell University Press, 1991). Cf. Ralph A. Smith, ed., 『미술교육에서 미학과 미술비평: 미술을 정의하고 설명하고 평가하는 문제들*Aesthetics and Criticism in Art Education: Problems in Defining, Explaining, and Evaluating Art*』 (Chicago: Rand McNally, 1966).

6) Howard Gardner, "더 효과적인 예술교육을 향해(Toward More Effective Arts Education)," *Journal of Aesthetic Education* 22, no. 1 (1988): 163-64.

7) Howard Gardner, 『미술교육과 인간발달*Art Education and Human Development*』 (Los Angeles: Getty Center for Education in the Arts, 1990).

8) Albert William Levi and Ralph A. Smith, 『미술교육: 비평적 필수요건*Art Education: A Critical Necessity*』, (Urbana; University of Illinois Press, 1991). 이 책은 게티센터에서 발행한 『미술교육에서 학문: 맥락과 이해 *Disciplines in Art Education: Contexts of Understanding*』 5권의 시리즈 책 중 첫 번째 Volumn 으로 발행된 책이다.

9) Alexander Sesonske, ed., 『예술은 무엇인가?*What Is Art?*』, (New York: Oxford University Press, 1965).에서의 introduction 내용 참조

10) 예를 들면, Elliot W. Eisner, 『예술적 안목을 교육하기*Educating Artistic Vision*』 (New York: Macmillan, 1972); Edmund B. Feldman, 『예술을 통한 인간됨

Becoming Human Through Art』 (Englewood Cliffs, N.J.: Prentice Hall, 1970); Laura Chapman, 『미술교육 접근*Approaches to Art Education*』, (New York: Harcourt Brace Jovanovich, 1982); and Ralph A. Smith, 『예술의 감각: 심미적 교육 연구*The Sense of Art: A Study in Aesthetic Education*』 (New York: Routledge, 1989).

11) 예를 들면, John Michael, "스튜디오 경험: 미술교육의 심장(Studio Experience: The Heart of Art Education)," *Art Education* 33, no. 2 (1980): 15-19; and Larry Schultz, "미술교육의 스튜디오 교육과정(A Studio Curriculum for Art Education)", *Art Education* 33, no 6 (1980): 10-15. 참조

12) Monroe C. Beardsley, 『미학: 미술비평 철학의 문제*Aesthetics: Problems in the Philosophy of Criticism*』, 2nd ed. (Indianapolis: Hackett, 1981), 573-76. 참조

13) 예술, 교육, 미국인 패널(Arts, Education, and Americans Panel), 『우리의 감각을 불러오기: 미국학교에서 미술의 장소*Coming to Our Senses: The Place of Art in American Schools*』 (New York: McGraw – 1977).

14) Samuel Lipman, "NEA: 돌아봄과 내다봄(The NEA: Looking Back and Looking Ahead)" *The New Criterion* 71, no. 1 (1988): 6-13.

15) NEA(National Endowment for the Arts), 『문명화를 향해: 예술교육보고서 *Towards Civilization: A Report on Arts Education*』 (Washington: D.C.: National Endowment for the Arts, 1988).

16) Ralph A. Smith, ed., 『학문 중심 미술교육: 기원, 의미, 전개*Discipline – Based Art Education: Origins, Meaning, Development*』 (Urbana: University of Illinois Press, 1989).

17) Stuart Hampshire, "사적인 즐거움과 공적인 추구(Private Pleasures and the Public Purse)" *Times Literary Supplement*, 13 May 1977, 579. Cf. Ralph A. Smith, 『미술교육에서 수월성: 아이디어와 처방*Excellence in Art Education: Ideas and Initiatives*』 (Reston, Va: National Art Education Association, 1981), chap. 4.

18) Arthur Danto, 『일반적 장소의 변형*The Transfiguration of the Commonplace*』 (Cambridge: Harvard University Press, 1981)로부터 구절을 가져옴

19) Harold Osborne, "평가와 기대치(Assessment and Stature)" *British Journal of Aesthetics* 24, no. 1 (1984): 3-13.

20) Diane Ravitch, "교육과정에서 다문화주의(Multiculturalism in the Curriculum)" *Network News and Views* 9 (March 1990): 1-11; "다문화주의 (Multiculturalism: E Pluribus Plures)" *The American Scholar* 59 (Summer

1990): 337-54; "다문화주의(Multiculturalism: An Exchange 60)" (1991): 272-76.

21) Arthur Schlesinger Jr., 『미국의 분열: 다문화사회에 대한 성찰*The Disuniting of America: Reflections on a Multicultural Society*』 (Knoxville, Tenn: Whittle Books, 1991).

22) Mary Ann Raywid, "교육정책을 위한 기초로서 다원주의(Pluralism as a Basis for Educational Policy)," in 『교육정책*Educational Policy*』, ed. J. F. Weaver (Danville, Ill: Interstate, 1975), 87-89.

23) John Wilson, "미술, 문화, 그리고 정체성(Art, Culture, and Identity)" *Journal of Aesthetic Educa tion* 18, no. 2 (1984): 89-97.

24) Jacques Barzun, 『미술의 활용과 남용*The Use and Abuse of Art*』 (Princeton: Princeton University Press, 1974).

25) Ihab Hassan, 『포스트모던 변화*The Postmodern Turn*』 (Columbus: Ohio State University Press, 1987).

26) Jacques Maquet, "영원한 근대성: 심미적이고 상징적 형태(Perennial Modernity: Forms as Aesthetic and Symbolic)" *Journal of Aesthetic Education* 24, no. 4 (1990): 47-58.

27) Roger Fowler, ed., 『근대 비평 용어 사전*A Dictionary of Modern Critical Terms*』, rev. ed. (New York: Routledge and Kegan Paul, 1987), p. 151.

28) Hilton Kramer, 『아방가르드시대*The Age of the Avant－Garde*』 (New York: Farrar, Straus and Giroux, 1973).

29) Charles Jencks, 『포스트모더니즘: 미술과 건축에서 신고전주의*Post－modern－ism: The New Classicism in Art and Architecture*』 (New York: Rizzoli, 1987).

30) M. J. Wilsmore, "교육에서 합리주의를 해체하는 것에 반대하며(Against Deconstructing Rationality in Education)" Journal of Aesthetic Education 25, no. 4 (1991): 99-113.

31) Theodore Sizer, 『호레이스의 타협: 미국 고등학교의 딜레마*Horace's Compromise: The Dilemma of the American High School*』 (Boston: Houghton Mifflin, 1984).

32) Sarah Lawrence Lightfoot, 『좋은 고등학교: 인물과 문화의 초상화*The Good High School: Portraits of Character and Culture*』 (New York: Basic Books, 1983).

33) Monroe C. Beardsley, "심미적 이론과 교육 이론(Aesthetic Theory and

Educational Theory)" in Ralph A. Smith, ed. 『심미적 개념들과 교육Aesthetic Concepts and Education』 (Urbana: University of Illinois Press, 1970), 3-20.

34) Ayers Bagley, ed., 『행동 훈련으로서 교사 교육Teacher Education as Actor Training』. the Society of Professors of Education에서 기고한 학술 발표문으로 이루어진 저서 University of Minnesota College of Education, 1974.

35) Ralph A. Smith, ed., 『심미적 개념들과 교육Aesthetic Concepts and Education』 (Urbana: University of Illinois Press, 1970).

36) Richard Hoggart, 『영국인의 기질An English Temper』 (New York: Oxford University Press, 1982), p. 87.

제2부

예술계와 미술교육

제5장

개념과 개념학습, 그리고 미술교육

교육적 사고의 순환적 특성은 개념을 가르치는 데 있어서 현재 속에서 새롭게 강조되는 지점들을 파악하게 해준다. 현시점에서 교육의 흐름을 관찰해 온 사람들은 아마도 현 시대의 특성과 1960년대 초 Jerome Bruner의 작은 저서인 『교육의 과정*The Process of Education*』이 교육자들에게 인지발달에 대해 생각하게 하고 기본적인 원칙과 개념을 가르치도록 만들었던 그 짧은 시기 사이의 유사점을 알아차렸을 것이다.[1] 그 시기를 선명하게 기억하는 필자는 이제 막 미술사를 가르치기 시작했을 때였고, 미술사의 기본 개념과 사상을 가르친다는 것이 무엇을 의미하는지 묻는 것에 자극을 받았었다. 그래서 미술사 철학에 몰두하게 되었고 미술사가 역사학자들의 작업 과정과 방법론 원리의 함수라는 것을 금세 알게 되었다. 당시 Walter Abell이 미술사의 비판적 전통과 각 전통, 예술과 관련된 인과적 요소들에 대해 논의한 것은 설명의 개념을 일반적인 철학적 선입견으로 이해하고자 했을 때 겪었던 문제를 명확히 알게 하는 데 많은 도움이 되었다.[2] 그러나 1960년대 중반에 이르렀을 당시에는 교육적 풍토가 바뀌었다. 소위 말하는 정서적, 개방적, 비공식적 또는 대안적 교육은 학습에 대한 인지적 접근 방식을 향상시켰다. 물론, 인지 과정에 대한 논의가 학습과 관련된 책과 저널에서 독점적인 추세는 아니었다. 수레바퀴가 계속 돌아가듯이 인지적 접근은 이제는 정책 입안자와 교육자를 선점하는 기초교육으로 인지되고 있다. 현재 기본에 대한 강조는 1960년대 초 주로 책임과 질서정연한 구조를 지지하는 외부의 요구를 반영한다. 그러나 오늘날 우리에게 기본은 읽기, 쓰기, 수학에 관련된 특정한 기초 기술만큼 학문의 기본 개념과 구조를 가지고 있지 않다. 최소한의 역량에 대한 강조는 왜 일찍이 수월성이라는 수사학적 용어가 장려되지 않았는지를 설명해준다. 기초교육위원회조차 기초를 부르짖는 운동에 완전히 만족하는 것은 아니라는 소리도 나온다. 그럼에도 불구하고, 모든 것을 고려할 때, 아마도 오늘날 개념학습에 대한 인식은 한동안 저항해왔던 것에 비하면 만연하게 퍼져있다.

개념의 개념

예술교육에서 개념의 역할을 다루기 위해서는 개념이라는 용어가 무엇을 의미하는지 분명히 밝혀야 한다. 안타깝게도 일반적으로 받아들여진 정의는 없다. Morris Weitz는 그의 저서 『열린 마음*The Opening Mind*』에서 개념은 "보편적, 정의, 선천적 생각, 이미지, 생각, 개념, 의미, 술어와 관계, 추상적 사물, 추상화된 항목, 추출된 공통 특징, 중립적 실체, 그리고 습관, 기술 또는 정신적 능력"으로 해석되었다.[3] 그는 **개념concept**의 개념은 사실 개념의 한 계열이라고 결론짓는다. 이러한 상황은 예술교육에서 개념학습에 대한 아이디어를 즐기는 사람에 의해 주의 깊은 관심을 갖게도 하지만 대체로 어느 정도 관용을 허용하기도 한다. 예를 들어, 그 개념에 대한 정의 전체를 적용할 필요는 없고, 자신의 목적과 관련된 개념들을 골라서 사용할 필요가 있다.

따라서 개념 학습과 관련된 것으로서 Weitz가 언급한 마지막 세 가지 의미, 즉 습관, 기술, 정신 능력과 같은 것들은 개인이 개념을 습득하고 사용하는 방법에 대한 관심에 의해 영향을 받아 선택된 개념들이다. 더욱이, 개념의 적절한 사용은 교육학적으로 중요한 포인트로서 그 개념을 배운 사람이 얻는 최고의 학습 결과의 증거로 간주될 수 있다. 개념을 갖는 것에 관한 한, P. L. Heath는 다음과 같이 설명한다.

개념 "x"를 갖는 것은 (일부 예외와 함께) (a) 단어 'x'의 의미를 아는 것이고, (b) 제시된 x를 선택하거나 인식할 수 있거나 (x가 아닌 등을 구별하는) 또는 (x의 이미지나 아이디어를 갖는) 생각할 수 있는 것이라고 쓴다. (c) 이제 x의 성질을 파악하여 x의 성질(범용, 에센스 등)을 자신의 것으로 만든다.[4]

"추려낼 수 있다" 또는 "파악하거나 체포할 수 있다"는 것은 기술로 해석될 수 있는 능력이다. 그리고 기술은 어떤 능력 그리고 선천적으로 타고난 재능과는 대조적으로, 가르침에 의해 교정되고 발전될 수 있다. 이 모든 것은 개념concept에 대한 교육학적으로 향상될 수 있는 개념의 개발이라고 할 수 있으며, 기술이라는 측면에서 정의할 수 있는 개념들이어야 한다는 것이다.

개념들이 어떻게 이해될 수 있는가에 대한 방법에 대한 제안들이 많다. 여기서 우리가 우려하는 질문은, 개념을 갖는다는 것, 사용되는 개념들, 그리고 기술로서의 개념들에 대한 인식이 예술교육에서 어느 위치에 있는가 하는 것이다.

미술교육에서 개념들

예술교육에서 개념이 중요한 역할을 한다는 주장은 그 분야에 대한 비전을 갖지 않고는 뒷받침하기 어렵다. 나는 미술교육의 가장 중요한 목적으로서 학생들에게 예술과 문화에 대한 성찰적 경험을 쌓기 위한 노력을 꾸준히 염두에 두고 있다. 즉, 예술과 심미적 교육의 바람직한 결과는 개념과 심미적 지각의 관계에 관한 질문을 촉발하는 훈련된 지각 능력이다. 예를 들어, 심미적 상황에서 개념은 어떤 기능을 하는가?

심미적 상황에서 개념들이 구별되는 명확한 방식으로 기능한다는 것은 지속적으로 인지해오고 있지만, 그것들은 또 다른 경험으로 들어가도록 하는 점에서 훨씬 더 많은 방식으로 기능할 수 있을 것이다. 그것들은 인식을 가능하게 하는 필터를 구성한다. 사람들이 지각할 수 있는 것은 대체로 그들이 가지고 있는 개념, 즉 종종 **지각 질량apperceptive mass**이라고 불리는 것을 구성하는 과거의 경험으로부터 증류되는 것에 의해 달려 있다. 심미적 경험이 가능한 풍부해지기 위해서는, 개인의 일반적인 지식 배경에 심미적 맥락의 특정한 개념이 포함되어야 한다. 예술작품의 개념이 하나의 실례가 될 것이다. 학생들이 예술작품에 대한 어떤 개념을 가지고 있지 않는 한, 예술작품에 대한 그들의 반응이 그러한 개념을 가진 학생만큼 적절할 것 같지는 않다. John Wilson이 지적한 바와 같이 개념을 갖는다는 것은 "학생은 매달려야 할 어떤 것을 가지고 있으며, 예술 작품에 대한 개념을 가지고 있으며, 이전에 접하지 못했던 것들과 비교해서 어떤 것을 더 알아야 하는지를 안다는 것이다."[5]

여기서 우리는 하나의 개념을 가진다는 것은 개념을 사용할 수 있는 능력을 갖춘다는 것임을 다시 한번 발견할 수 있다. 그러므로 만약 우리가 Heath가 제공한 이러한 공식에 **예술작품work of art**이라는 표현을 삽입한다면, 우리는 학생이 예술작품work of art이 암시하는 개념을 가진다는 것은 이 단어의 의미를 알고, 반드시 예술의 "보편적" 또는 "진정성"이 아니더라도 적어도 관련성이 있는 속성, 즉 예술작품을 구성하는 요소, 복합, 관계, 속성, 그리고 의미들과 같은 것들을 안다는 것과 등가 관계임을 알 수 있다.

이를 위해서는 학생들은 예술작품의 다양한 특성을 가리키는 개념을 배웠어야 한다. 그리고 학생들이 예술작품의 다양한 특성을 지각하는 방법뿐만 아니라 그것들을 묘사, 분석, 해석, 특성화하고 평가하는 방법을 안다면, 이러한 활동과 관련된 중요한 개념들도 습득해야 할 것이다. 다수의 미적, 비판적 개념을 보유하고 이를 적절히 사용하는 방법을 아는 것은 지각적/비판적 기술을 보유하는 것으로 적합한 성과를 나타낸다. 거기다가 무엇이 명백해야 하는지 추가하게 된다. 실력은 실적으로 실현되기 때문에, 학생의 심미적 진보를 평가하고자 하는 교사는 단지 심미적 개념에 대한 정의를 묻는 것은 잘못된 방향으로 몰고 가는 것이라는 점을 알 수 있다.

요약하자면, 예술교육의 주요 목표는 성찰적 경험의 능력을 갖추는 것이다. 필자는 이것이 예술 작품의 심미적 감상 능력이라고 알고 있다. 모든 복잡성에 대한 심미적 인식은 심미적 개념과 비판적 개념에 의해 유도되고 의존적이기 때문에, 경험의 개발은 심미적/비판적 기술을 가르치는 것을 포함한다.

개념이 심미적 상황에 진입하는 방식(인식을 위한 배경과 지침으로서)에 있어 일반적이고 평범하지 않은 것이 아무것도 없을지라도, 심미적 경험 내에서 이들의 기능은 명확하다. 이 기능은 심미적 경험을 지배하는 흥미의 결과이다. 일반적인 경험에서 개념과 인식은 성격상 일부 실용주의적이거나 지적 관심사를 방해한다. John Dewey는 미적 경험과 비(非)미적 경험의 차이를 잔여물의 개념으로 표시했다. 인지적 경험은 지식과 개념의 형태로 잔여물을 남긴다. 그것은 현재의 경험이나 미래의 경험에 즉각적으로 유용하게 사용된다. 대조적으로, 심미적 경험은 덜 미래 지향적이다. 그것은 지금 여기에서 자체적으로 소모하고 그 상황에서 즉각적으로 즐길 수 있는 인식을 위해 추구된다.[6] 즐기는 감상적인 인식의 개념은 중요한데, 심미적 기술을 가진 사람들이 가질 수 있는 예술작품의 특성에 대한 세련되고 민감한 인식에 필요한 것이므로 매우 만족스러운 것으로 경험되기 때문이다. 이러한 만족을 흔히 심미적 가치aesthetic value의 경험 또는 경험에서 실현된 **심미적 가치aesthetic value**라고 한다. 이것은 우리가 일반적인 상황에서의 개념의 기능과 심미적인 상황에서의 개념의 기능 간의 차이를 이해하는 데 도움이 될 것이다. 일반적 상황에서 개념은 지적 또는 실제적인 목적에 도움이 되며, 심미적 상황에서는 개념이 가치 경험에 도움이 된다.

이 차이는 예술과 심미적 교육에 대한 중요한 본질이라고 할 수 있다. 예술교육에 대해 다른 입장을 가진 사람이라면 다른 측면을 강조할 수 있다. 예를 들어, 예술에 대해 인지적 주장이 자주 제기되기도 하는데, 그 믿음은 예술이 학생들에게 그들 자신과 그들이 살고 있는 세계에 대한 독특한 지식과 이해를 제공할 수 있다는 것이다. 미술교육에서 개념의 중요성을 주장하는 필자가 위와 같은 접근법을 추천하지 않는 것이 놀라워 보일 수도 있다는 것을 인정한다. 이유는 필자는 단지 예술작품에 인지적 지위를 부여하는 것과 관련된 인식론적 문제에 기초하지 않기 때문이다. 비록 예술작품들이 어떤 의미에서는 지식을 전달할 수 있다는 것을 기꺼이 인정할지라도, 사람들은 여전히 예술 특유의 속성을 식별하지 못했을 것이다. 예술작품 등 심미적으로 가치가 있는 작품들의 독특한 특징은 세심하고 능숙한 관심을 보상하고 삶의 가치 중 높은 순위를 차지하는 특별한 만족감을 제공한다는 점이다. 이것이 다른 어떤 기능이나 예술가의 의도와 상관없이 예술이 가장 잘하는 것이고, 예술이 가장 잘할 수 있는 것이며, 이는 미술교육의 주된 관심사가 되어야 한다.

필자가 강조하는 요점을 많은 사람들이 강조해왔는데 영국 철학자 D. W. Hamlyn가 쓴 저서 『경험과 이해의 성장*Experience and the Growth of Understanding*』에서 찾을 수 있을 것이다. Hamlyn는 논의 말미에 인지 발달에 대한 그의 분석이 신선한 지식과 이해는 특정한 방법에서만 얻을 수 있다고 주장하는 것으로 잘못 해석될 수 있다고 말한다. 그는 반대 사례로 이해, 지식, 방법들을 포함할 수는 있지만 대상을 그런 방식으로만 **이해하**

는understanding 것을 목표로 하지 않는 심미적 감상을 언급한다. 그것은 이전에는 알아채지 못했던 것들을 볼 수 있게 되는 것을 의미한다. 이것은 종종 올바른 관점을 취하거나, 사물의 올바른 특징에 주의를 기울이거나, 올바른 개념으로 무언가를 보는 것으로 이루어질 수 있다. Hamlyn은 "어떤 것을 특정한 방식으로 보는 능력은 일종의 기술이고, … 따라서 학습을 통해 습득될 수 있다."[7]고 결론짓는다.

어떤 방법으로 습득한 건지에 관해서는 심미적 개념, 심미적/비판적 기술, 심미적 감상, 그리고 심미적 만족 사이의 관계를 제시하면서 설명될 수 있다. 필자는 이제 심미적, 비판적 개념을 어떻게 학습할 수 있고, 궁극적으로 어떻게 가르칠 수 있는지에 대한 문제로 넘어가려고 한다.

의미 있는 학습: 개념 획득 이론

의미 있는 학습의 개념은 원래 David Ausubel의 『교육적 심리학: 인지적 관점Educational Psychology: A Cognitive View』[8]에서 제시되었다. 이 책은 소위 정서적 교육이 지배하던 1960년대 말에 출판되었기에 당시에는 주목받지 못했지만, 필자의 관심을 끌었던 내용이 포함된 저서이다. 특히 동기 부여에 대한 Ausubel의 분별 있는 발언과 교육자들이 사용해온 본질적으로 애매한 용어인 '영향력 있는affective'을 제거하기 위해서 무엇을 할 수 있는지에 대한 그의 권고가 필자의 관심을 끌었다. 이후 나는 또한 Joseph D. Novak's 『교육이론A Theory of Education』에 끌렸다. Novark은 이 책에서 Thomas Kuhn과 Stephen Toulmin의 최근 과학 인식론과 철학, Ausubel의 의미 있는 학습 이론과의 연관성을 논한다.[9]

『과학혁명의 구조The Structure of Scientific Revolutions』에서 Kuhn은 패러다임, 패러다임 전환, 정상과 혁명과학, 그리고 관련된 주제에 대한 토론을 다룬다.[10] 인간의 이해에서 Toulmin은 진화적 모델로부터 인간 이해의 이론을 도출한다.11) 그 모델은 검사를 통해 인간 이해의 진화를 설명하려는 시도이다. 단지 지식인 집단 내에서 사상의 역사적 성장 그리고 그들의 특징적인 개념과 절차들뿐만 아니라 개념과 절차가 바뀌는 방법들 그리고 그러한 변화에 영향을 미치는 다양한 요소들에 대해서 Novark이 Thomas Kuhn과 Stephen Toulmin으로부터 받아들인 것은 집단 지적 활동을 지도하고 통제하는 패러다임, 그것들이 어떻게 생겨나고 진화하고 그리고 이후에 점차 혹은 갑자기 새로운 패러다임으로 대체되는 방식이었다. Novark은 과학적 연구를 이끄는 과학적 패러다임과 Ausubel의 의미 있는 학습 이론에 기술된 개인의 개념적 프레임워크의 진화 및 변화 사이의 유사점을 발견했다. 사실 그 이론은 Novark의 책의 주요 고려사항이 되었다. Ausubel, Novak, and Hanesian등이 공동 집필한 Ausubel의 『교육심리학*Educational Psychology*』 제2판에서 강조된 내용과 사용된 언어에 약간의 변화를 가미하여 간략하게 요약하였다.12)

Ausubel에 이어 Novark의 이론은 **개념적 토대conceptual framework**, **인지 구조cognitive structure** 또는 **개념적 위계conceptual hierarchy**라고 불리는 이론적 구성으로 이루어진다. 구성물이기 때문에 이러한 프레임워크는 개념 습득을 이해하고 안내할 수 있는 휴리스틱 장치보다 뇌 생리학과 관련되는 것은 없다. 그러나 그것은 특정한 행동주의 전제를 반대하게 만드는 이론들에서 관찰할 수 없는 내부 과정에 대한 가정을 제공한다. Novark의 관점에서, 개인은 감각 경험에 대한 개인적 표현이라고 할 수 있는 계층적으로 정렬된 개념으로 구성된 인지 구조를 가지고 있다고 가정한다. 그러한 프레임워크에 대한 정확한 이미지를 얻는 것은 어렵지만, 그럼에도 불구하고 어떻게 그것이 발전하는지, 어떻게 개념이 획득되는지, 언제 그 기원을 찾을 수 있는지 묻는 것은 가능하다.

한 개인의 인지적 토대는 새로운 정보가 인지 구조 안에서 이미 존재하는 개념과 관련되어지는 동안 의미 있는 학습 과정을 가짐으로써 성장한다고 한다. 다시 말해서, 새로운 정보는 의미를 가진 학습을 할 때 동화된다. Ausubel의 두 번째 출판물에서는 **학습의 동화**assimilation of learning에 대한 측면을 더 선호하고 있다. 동화는 새로운 항목이 인지 구조 내에서 관련 개념으로 순서가 매겨지거나 그에 따라 통합될 때 발생하므로, 그 개념을 **통합개념**subsuming concept 또는 **통합체**subsumer라고 한다. 통합체는 새로운 항목을 동화시킬 수 있는 능력을 가진 사람의 인지 프레임워크에서 개념이다. 그것들은 교육자에게 매력적으로 만들어 주어야 하는 인지 구조의 진화적 성격의 한 측면인 누적 성장과 확장에 대한 프레임워크의 잠재력을 나타낸다.

그러나 단순히 개념을 수집하는 것만으로는 진화가 일어나지 않는다. 동화는 새로운 것과 오래된 것 사이에서 상호 수정이 일어나는 상호작용 과정이다. 새로운 개념이 통합체에 의해 동화되었을 때, 통합체는 그 자체로 약간의 변화를 겪는다. 예를 들어, 그것은 세부사항과 특수성의 측면에서 더 차별화될 수 있다. 다시 말해서, 통합체는 여전히 정보의 추가적인 동화를 위한 능력을 향상시킨다. 새로운 지식의 획득과 동시에, 조정 및 재배치는 저장된 정보 내에서 발생한다. 개념 구조의 지속적인 개선은 두 가지 주목할 만한 효과를 가지고 있다. 첫째, 새로운 것에 의한 오래된 것의 미묘한 변화 때문에, 의미 있게 학습된 항목들은 그들이 학습된 형태에서 정확히 회수되는 경우가 거의 없다. 둘째, 점진적인 차별화를 통해, 새로운 연결고리가 통합체들 사이에 자주 구축된다. 이전에 학습한 개념은 더 크고 포괄적인 개념의 요소로 인식될 수 있으므로 새로운 효과를 얻을 수 있다. 이미 알려진 항목 간의 새로운 연결을 인식하는 것만큼 새로운 정보의 동화에 의존하지 않는 이러한 종류의 학습을 **상위 학습**superordinate learning(새로운 학습 내용이 인지 구조 내의 관련 내용보다 상위의 내용일 때 일어나는 학습을 말한다.)이라고 한다.

많은 세세한 부분들이 있지만, 중요한 점은 의미 있는 학습이나 동화 학습을 통해 학생들은 새로운 정보를 습득할 뿐만 아니라 개념 프레임워크를 동시에 개발함으로 인해 추가적인 학습 능력도 증진할 수 있다는 것이다. 이것은 새로운 정보가 자의적이고 무관한 방식으로 인지 구조에 저장되는 경향이 있는 암기 학습과 대조된다. 그러나 암기로 학습한 항목은 크게 프레임워크의 진화에 기여하지 않으며, 확실한 고정 장치가 부족하면 금방 잊혀지는 경향이 있다.

하지만 의미 있는 학습에 동화되는 개념들의 뿌리는 무엇일까? 그 개념들은 학습자가 개념 형성을 통해 스스로 일반화시키는 것이며 초기 아동기의 학습 스타일(비록 그것에 한정되는 것은 아니지만)로 어린 아이가 가설을 테스트하고 특정 사례에서 개념들을 일반화하는 방식이다. 비록 고도의 자의식을 가지고 있거나 경직된 감각을 가진 사람에게는 일어나지 않는다고 하더라도 말이다. 어린 시절의 초기 일반적인 개념 형성에 있어서, Novak과 Ausubel은 조사와 발견 방법을 통해 기초적인 아이디어와 개념들을 학습하는 것을 강조하는데, 이는 Bruner를 따르는 경향이 있었던 1960년대의 교육과정 이론가들과 다른 점이다. 이와는 대조적으로, 의미 있는 학습 이론은 발견 방법의 배타적 사용에 내재된 시간의 잠재적 낭비성을 지적한다. 단순히 학생들이 스스로 개념을 발견한다고 해서 의미가 있는 학습이 되는 것은 아니다. '의미를 가진다는 것Meaningfulness'이란 새로운 개념이 인지 구조에 얼마나 단단히 고정되고 동화되었을 때 그것을 촉진하는 데 도움이 되는 차별화 및 상위 학습에 의해 달려 있다. 중요한 것은 의미 있는 학습 이론은 아이들은 학령기 동안 반응 학습을 시작하기 위해서 수많은 통합체 subsumer를 소유하게 된다고 가정한다는 것이다.

'수용 학습Reception learning'은 의미 있는 학습과 개념 동화의 또 다른 명칭이다. 그러나 학습자의 참여와 관심이 필수적이기 때문에 소극적인 것이 있다고 말할 수는 없다. 더욱이 교사들은 개인의 인지적 프레임워크가 단순하게 개념이 붙어있도록 하는 가벼운 암기노트나 자석과 같이 확 잡아당기는 무엇을 재공하는 것이 아니라는 사실에 어려움을 겪는다. 이러한 상황은 교사들에게 적어도 세 가지 개별 과제를 내포하고 있다. 첫째, 의미 있는 학습은 학습자의 인지 구조 내에서 연관된 통합체가 존재하는 경우에만 이루어지기 때문에, 교사들은 학습자가 이미 보유하고 있는 통합체가 무엇인지 확인하기 위해 특별한 노력을 기울여야 한다. 둘째로, 새로운 정보는 생각 없이 또는 무작위로 제시될 때 의미 있게 학습될 가능성이 거의 없기 때문에, 교사들은 학습을 용이하게 할 수 있도록 그것을 조직해야 한다. 의미 있는 학습 이론의 용어에서, 교사들은 사전 기획자를 통해 새로운 정보와 오래된 정보 사이의 인지적 다리를 건설하려고 시도해야 한다. 이러한 조직자는 학문이나 주제에 대한 보다 일반적이고 포괄적인 개념이며 보다 상세한 이해를 위한 가교 역할을 한다. 따라서 교사는 학생의 인지 구조에 이미 존재하는 통합체에게 적합하면서 효과적인 사전 조직자가 될 것을 약속하는 과목이나 학과의 개념을 식별해야 한다. 교사들을 위한 세 번째 과제는 학생들이 그들이 이미 알고 있는 것 사이의 새로운 연결과 관계를 인식하도록 돕는 상위적 학습을 촉진하는 것으로 구성된다. 의미 있는 학습 이론을 예술교육의 실천에 성공적으로 적용하는 것은 물론 잘 훈련을 받은 숙련된 교사들에 의해 좌우될 수 있지만, 동화 학습의 적용은 그것에 추가적으로 더 많은 노력을 기울일 가치가 있는 장점을 제공한다.

이론의 장점

개념 획득 이론은 과목의 구조(선진화 조직자 및 일반에서 저차원의 개념의 계층)와 학생의 인지 구조(그들의 진화하는 인지 체계)에 모두 공정하게 작용하기 때문에 관심을 받을 만하다. 그러나 구조에 중점을 두는 것이 자칫 이론이 허용하는 맥락적 다양성과 유연성의 감상을 모호하게 해서는 안 된다. 비록 능동적인 수용 학습을 강조하지만, 이론은 한계 내에서 그리고 부적절

한 맥락에서 다른 학습 및 교육 스타일과 호환된다. 유아기에 형성된 개념
은 유치원과 저학년에서 구성적 학습 활동이 이루어진 이후에도 지속적으
로 학습에 영향을 미친다는 점이다. 개념들이 구조적으로 세워진 토대 위에
서 학생들이 자료를 조작하는 동안 몇 가지 기본적인 미학적이고 비판적인
개념들이 일반화되고 추상화될 수 있다. 이러한 통합체의 작은 저장고가 없
다면, 나중에 미학적이고 비판적인 개념의 사용에 대한 공식적인 교육을 시
작하는 것은 불가능하지는 않더라도 매우 어려울 것이다. 따라서 자유, 자
발성, 발견은 상위적 학습에 한몫을 한다. 비록 선생님들이 학생들에게 이
미 자신의 인지 구조에 있는 하위 요소들 간에 연결고리를 확실히 할 수 있
도록 그것들을 짚어줌으로써 도움을 줄 수 있지만, 대부분의 상위적 학습은
아마도 갑작스런 통찰의 형태로 일어날 것이다.

　의미 있는 학습 이론은 학습된 것이 어떻게 사용되는지 이해하는 데 문
제가 생기면 이를 대처하게 할 수 있는 추가적인 이점을 가지고 있다. 사람
들이 학교에서 배운 지식과 기술을 잊어버리거나 사용하지 않는 한 시간 낭
비라는 것이 대중들이 생각하는 형식적인 학교교육에 대한 의견이다. 이러
한 불평들은 의미 있는 학습에 의미 있는 망각을 더함으로써 반박될 수 있
다. 의미 있는 학습은 다시 상기될 것이며, 망각을 막는 꽤 좋은 울타리이
다. 그러나 한 번 의미 있게 학습한 항목도 무한정 검색이 된다고 할 수 없
다. 그러나 그들이 기억을 잃었을지는 모르지만 완전히 지워지지는 않은 채
학습된 항목은 추가 동화를 위한 용량을 확장함으로써 통합체를 의미 있게
수정하고 저장된 정보의 특성도 약간 변경한다는 점을 상기해보자. 이러한
수정은 매우 영구적인 것으로 보인다. 특정 개념이 프레임워크의 하단에서
탈락하더라도, 그것이 가져오는 데 도움이 된 차별성은 여전히 남아 있다.
더 쉽게 설명하자면, 동화 학습에서 새로운 정보의 획득은 더 많은 학습을
위한 인지 구조의 용량을 확장하기 때문에, 확장된 용량은 특정 항목을 잊
은 후에도 지속되는 경향이 있다. 따라서 한때는 심미적 개념을 의미 있게

배웠지만 더 이상 많은 개념을 기억할 수 없었던 사람은 애초에 그러한 개념을 전혀 배우지 않았던 사람과 같은 위치에 있지 않다. 마찬가지로, 우리는 학생들이 예술과 심미적 교육을 받는 동안 그들이 연습했던 방식, 즉 심미적 개념을 이용한 비판적 기술과 담론의 체계적인 적용을 통해 정확하게 예술과 관련된 삶을 살 것이라고 기대하지 않는다. 우리가 기대하는 것은 학생들이 심미적 감상을 통해 본질적으로 삶에 충만감을 가질 수 있는 토대로서 차별화된 인지 구조를 습득할 것이라는 것이다.

의미 있는 학습 이론의 또 다른 장점은 이 학습자들이 스스로 연구하도록 하게 하는 통합 매트릭스로서 예술교육을 통해 그런 능력을 기르게 한다는 점이다. 포괄적인 학습 이론에 기초할 때, 연구는 별개의 관련 없는 문제를 탐구하는 것을 중단하고, 대신 학습 이론을 실행 가능한 수업 접근법으로 변환하기 위해 알아야 할 것을 검토하게 된다.

연구를 위한 제안

의미 있는 학습 이론이 자연과 사회 과학을 가르치는 문제를 염두에 두고 공식화됐다는 점을 우리는 상기해야 하지만 Novak은 인문학 교육의 측면에도 적합하다고 생각한다. 그럼에도 불구하고 우리는 그 모델이 예술과 심미적 교육에 얼마나 적합한지 조사하기 전까지는 이 믿음에 대해 회의적일 수 있다. 학생들이 이미 갖고 있는 개념들(통합체subsumers)과 이를 위한 방법론을 확인해야 하는 중요한 문제도 존재한다. 다양한 학생으로 이루어진 집단에 적용하기에 적합한 신뢰할 수 있는 일반화는 더 환영받을 수 있으며, 최근 심미적 발달에 관한 연구들이 몇 가지 해답을 제공하고 있을 수도 있다. 그러한 연구들은 특정 연령에 아이들이 상당히 기본적인 심미적 개념을 소유하지 않는 경향이 있거나 적절히 사용할 수 없다고 말하는 것으로 해석될 수 있다.[13] 동화 이론의 관점에서, 비판적이고 심미적 개념의 공식적인 가르침은 아마도 적절한 수의 연관된 통합체subsumer들과 관련된 하위 개념들이 학습자의 인지 구조에서 활용 가능하게 될 때까지는 계속되어야 한다는 것을 암시한다.

심미적 개념의 숙달에도 많은 노력이 필요할 것이다. 특히 이해해야 할 것은 개별적인 예술 형태에 특유한 것들, 예술을 가로지르는 것들, 그리고 사전 조직자로서 가장 유용하게 기여할 수 있는 것들이다. 또한 중요한 것은 찾는 숙달의 정도를 결정하는 것이다. 따라서 연구 문제는 심미적 발달의 다른 단계에 적합한 개념을 결정하는 데 국한되지 않는다. 연구원들은 또한 다양한 단계에서 합리적으로 기대할 수 있는 숙달의 수준을 명심해야 한다. 더욱이, 숙달의 정도의 개념은 진화하는 인지 구조의 개념과 일치한다. 예를 들어, 심미적 개념의 비교적 조잡하고 융통성 없는 사용은 잘 구별되지 않은 인지 프레임워크를 시사한다.

마지막으로, 가능한 연구 프로젝트에 대한 단서는 미술사와 미술 비평에서도 찾을 수 있다. 우리는 전통적인 관찰 개념을 가진 사람들, 즉 인지 구조에 저장된 심미적이고 비판적인 개념을 가진 사람들은 예술에서 새로운 현상을 인식하는 데 어려움을 덜 겪는다는 것을 안다.[14] 학생들에게 새롭고 다른 스타일을 도입하는 문제에 직면하면, 우리는 이것이 어떻게 이루어질 수 있는지 물어볼 수 있다. 이와 관련하여 우리는 대중의 취향과 감상력의 변화를 이끌어내는 데 도움을 준 작가들을 연구하는 데 도움이 될 것이다. Heinrich Woefflin은 르네상스와 바로크 양식의 차이점을 우리에게 어떻게 느끼도록 했으며, Roger Fry, Meyer Schapiro, Harold Rosenberg, Sidney Greenberg, Leo Steinberg는 현대 미술과 포스트모던 미술의 특징을 어떻게 우리에게 가르쳤는가를 살펴보는 것이 바로 하나의 예일 수 있겠다.

인지 구조와 개념 형성에 대한 일부 기술적 이해가 예술교육에서 의미 있는 학습을 개발하는 데 있어 극복할 수 없는 어려움을 제공해서는 안 된다. 확실히 그것으로부터 두려워할 것은 없으며, 특정한 정의하에서 예술교육의 전통적인 목적과 상당히 양립할 수 있으며 호환될 수 있다. 게다가, 미술교육의 텍스트들이 개념학습의 개념을 당연하게 여기기 때문에, 개념학습의 개념은 정말로 새로운 것이 아니다.[15] 예술교육 연구를 위한 주제로서 개념학습을 추천하는 이유는 그 분야의 사고와 연구를 통합하는 데 도움이 될 수 있는 이론이기 때문이며, 또한 이론의 변형을 꾀할 수도 있다고 제안하고자 한 목적이었다.

미주

1) Jerome Bruner, 『교육의 과정*The Process of Education*』 (Cambridge: Harvard University Press, 1960).

2) 예를 들면, Ralph A. Smith, ed., 『미술교육에서 미학과 미술비평: 미술의 기술, 설명, 평가의 문제*Aesthetics and Criticism in Art Education: Problems in Describing, Explaining, and Evaluating Art*』 (Chicago: Rand McNally, 1966), 이 저서의 Part 3. 부분 참조

3) Morris Weitz, 『개방적 사고*The Opening Mind*』 (Chicago: University of Chicago Press, 1977), 25.

4) P. L. Heath, "Concept," in the 『철학 백과사전*Encyclopedia of Philosophy*』, vol. 11, ed. Paul Edwards (New York: Macmillan, 1967), 177.

5) John Wilson, "Education and Aesthetic Appreciation: A Review," *Oxford Review of Education* 3 (1977): 202.

6) John Dewey, 『경험으로서의 예술*Art as Experience*』 (New York: Minton, Balch, 1934), 55.

7) David W. Hamlyn, 『경험과 이해의 성장*Experience and the Growth of Understanding*』 (London: Routledge and Kegan Paul, 1978), 122.

8) David P. Ausubel, 『교육심리학: 인지적 관점*Educational Psychology: A Cognitive View*』 (New York: Holt, Rinehart & Winston, 1968).

9) Joseph D. Novak, 『교육이론*A Theory of Education*』 (Ithaca: Cornell University Press, 1977).

10) Thomas H. Kuhn. 『과학혁명의 구조*The Structure of Scientific Revolutions*』 (Chicago: University of Chicago Press, 1962).

11) Stephen Toulmin, 『인간이해*Human Understanding*』, vol. 1, (Princeton: Princeton University Press, 1972).

12) David P. Ausubel, Joseph D. Novak, and Helen Hanesian, 『교육심리학: 인지적 관점*Educational Psychology: A Cognitive View*』, 2nd ed. (New York: Holt, Rinehart and Winston, 1978).

13) Michael Parsons, Marilyn Johnston, and Robert Durham, "Developmental Stages in Children's Aesthetic Responses," *Journal of Aesthetic Education* 12, no. 1 (1978): 83-104. 참조

14) 새로운 관찰 방법으로 은유의 사용에 대한 제안들은 다음 문헌에서 참조. Hugh
G. Petrie "Do You See What I See? The Epistemology of Interdisciplinary
Inquiry," *Journal of Aesthetic Education* 10, no. 1 (1978): 30-43.
15) 필자의 저서 Ralph A. Smith, ed., 『*Aesthetics and Problems of Education*』
(Urbana: University of Illinois Press, 1971)에서 교육과정에 대해 쓴 내용 참조

제6장

예술계와 심미적 기술: 연구개발을 위한 맥락

심미적 교육에서 연구 개발을 위한 의제를 설정하기 위해서는 추진하고 자 하는 중요한 연구 계획에 대한 개념을 질문하는 데 모든 노력을 기울여 야 한다. 따라서 여기서는 (1) 교육적으로 말하는 것이 충분히 논지를 입증 할 수 있고, (2) 심미적 교수법을 더 큰 맥락으로 설명할 수 있는 심미적 교 육의 방향을 제시한다. 그 맥락은 한 국가의 문화적 생활을 의미하는데, 동 시대적인 심미적 담론을 빌리자면, 예술계라는 용어로 대체할 수 있다.[1] 이 프로젝트는 예술계와 교육 양쪽의 현재 현실을 주의 깊게 살펴보는 것을 포 함한다.

예술계 및 정책에서 고려할 사항

추상적인 면과 구체적인 면의 두 가지 측면에서 예술계를 생각해 보는 것은 유용할 것이다. 추상적으로 예술 세계는 정확히 말하면 심미적 가치의 영역 중 하나이다. 미적 영역은 본질적으로 가치가 있고 가치의 계층에서 높은 순위를 차지한다는 논증되지 않은 가정하에 진행되며, 미적 영역을 모든 교육적, 사회적 병폐의 만병통치약으로 선전하는 지나친 열망을 경계해야 한다.

구체적으로, 예술계는 사회의 한 분야로 식별될 수 있다. 이와 같이 그것은 많은 요소들을 가지고 있는데, 그중 일부는 그것의 영역 내에서 명확하게 확립되어 있는 반면, 다른 것들은 그것의 유연한 경계를 따라 솟아오른다. 이러한 구성 요소는 예술가, 예술품, 관객(또는 예술 대중) 및 미적 보조물이라고 불리는 것으로 편리하게 분류할 수 있다.[2] 마지막 항목만 설명하자면, 미적 보조는 문화 시설, 문화 단지 또는 문화 서비스 분야로 다양하게 알려진 자원 봉사자를 포함한 인력이다. 이것은 다시 모든 기관, 부서, 의회, 위원회, 재단들로 구성되어 있다. 그리고 어떤 식으로든 예술에 봉사하는 박물관, 갤러리, 연극, 오페라, 발레 회사, 음악원, 예술 학원, 예술 대학, 그리고 다른 많은 기관들로 구성되어 있다.

이런 기관들이 일반적인 정책에 의해 지시될 수 있는지 여부, 그리고 우리들이 소유한 것들과 같은 사회에서 실행되는 국가적으로 활용되는 지침이 심지어 바람직한지에 대한 질문들은 논의하지 않을 것이다. 그러나 예술계에 대한 전반적인 정책은 없지만, 그 안에는 프로그램, 목적의 진술, 목적의 선언, 다양한 기관의 지시 등에 반영되는 정책들이 충분히 있다. 이 거대한 복합체의 비판적인 관찰자들은 그러한 정책이 종종 개별적으로, 서로 다른 목적으로 잘못 생각되고 일반적으로 이론이 없다고 결론지었다.[3]

현재 구성되고 있는 예술계에서 행해지고 있는 것에 대해 철학적 정당성을 형성하려고 하는 것은 헛된 일일 것이다. 그러나 원칙적으로 정책을 형성하는 데 주로 책임이 있는 예술계 사람들 사이에 최소한의 합의를 이루는 것이 가능해야 한다. 이 협정은 행동의 독립성을 잃지 않고, 이미 행해지지 않은 것에 대해 어느 누구도 범하지 않기 때문에 상상할 수 있으며, 일반적으로는 훌륭한 영향을 미치지만, 가장 중요한 것은, 예술계에 대한 개념적인 핸들링을 제공할 것이기 때문이다. 이것은 다음과 같이 언급될 수 있다. 예술계의 모든 구성원들은, 그들이 가진 다양한 방식으로, 궁극적으로, 심미적 가치의 보존과 증진에 기여하고, 따라서 사회의 심미적 행복의 증진에 기여한다. 소개된 이 용어 중 일부는 부가적인 설명이 필요하다.

심미적 가치aesthetic value라는 용어에 관한 설명으로 출발하는 것은 심미적 가치가 예술계 어디에나 존재한다거나 일반적으로 퍼져있다는 막연한 인상을 남기지 않기 위해서이다. 이 용어를 사용함으로써 얻을 수 있는 것은 심미적 가치가 무엇인지, 예술계의 각 요소(예술가, 미술가, 관객, 심미적 보조가)가 그것과 어떤 관련이 있는지 확실히 파악하는 것이다. 예술가들은 물론 예술작품이 심미적 가치의 주요한 장소이기 때문에 심미적 가치 자체로 그 기초를 만든다. 그러나 심미적 가치는 오직 인간의 경험에서 실현되어질 수 있는 잠재적인 것으로서 예술작품에 속한다는 것을 이해해야 한다. 그렇다면, 심미적 가치는 사물의 속성으로서 그리고 감상하는 대상의 경험의 속성으로 가장 잘 이해될 수 있다. 이러한 심미적 가치에 대한 관점은 다음에 언급되는 세 가지의 관점들이 미치는 파급적인 영향을 설명하지 않고는 이해하기 어렵다. (1) 실제적인 관점에서, 그것은 금고와 개인 소장품에 갇혀 있는 예술품들과 서투른 공연들이 실현되지 않은 가치 잠재력을 많이 나타내기 때문에, 심미적 웰빙을 관리하는 방법에 대한 숙고에 도움이 될 수 있다.4) (2) 이론적 관점에서, 잠재적이고 실제적인 것으로서 심미적 가치를 인식하는 것은 모두 미적 가치에 대한 능력 정의를 단순화된 버전으로 적합하도록 할 수 있으며,5) 이는 하나의 대상에 대한 미적 가치는 주목할 수 있는 상당한 규모의 미적 경험을 형성하고 유지하는 능력에 의해 평가되기 때문이다. (3) 사회적 관점에서, 위에서와 같이 정의되는 미적 가치는 **심미적 웰빙**aesthetic well-being을 가치 있는 정책 목표로서 설명하고 정당화한다. 즉, 사회는 구성원들의 경험의 질을 향상시키는 것 이상의 정당한 정책 목표를 가질 수 없다. 만약 한 명의 통찰자의 경험과 사회 구성원들이 높은 수준의 심미적 가치를 경험할 수 있도록 하는 수많은 경우 속에서 심미적 가치가 실현된다면, 심미적 웰빙의 일반적인 상태는 이미 퍼져있음을 의미한다.[6] 결과적으로 '**심미적 웰빙aesthetic well-being**'을 경험의 질로 설명할 수 있는 정책 목표라고 할 수 있다.

필요한 과제는 예술계의 구성원들이 유지하는 심미적 가치와 또한 심미적 웰빙과의 관계를 조사하는 것이다. 예술가와 예술품이 고려될 수 있다. 그것들은 심미적 웰빙을 위한 근본적인 조건을 제공하지만, 그 이상은 아니다. 크고 복잡한 사회에서 예술가들은 보통 예술작품과 대중을 하나로 모으기 위해 다른 사람들에게 의존해야 한다. 심미적 기회, 즉 심미적 경험을 위한 기회로 만드는 것은 문화 서비스 분야에 달려 있다. 이것은 어렵고, 심미적 가치에 기여하기 때문에, 예술계의 번창과 심지어 번창하는 사업의 형태를 빌리면, 모든 광란의 마케팅, 관리, 수집, 전시 활동 전반에 걸쳐 문화계 구성원들이 살아가는 데 필요한 존엄성을 유지할 수 있도록 하는 가치 있는 목표이기도 하다.

우리는 심미적 행복을 위한 조건과 기회에 대해 이야기해 왔다. 그것의 현실은 어떤가? 예술가, 예술품, 그리고 미적 보조품이 논의될 수 있다. 청중에게 남는 것은 무엇인가? 이론적으로는 이미 지적했듯이 예술작품을 관람하는 관객들은 경험에서 심미적 가치를 실현한다. 그러나 실제로, 문화 행사에서 관찰되는 수많은 사람들의 만족스러운 통계적 증가에도 불구하고 이러한 일이 실제 얼마나 많은 부분 일어나고 있는지 의문스럽다. 처음에 주장된 지금 여기의 실제 현실 상황을 주의 깊게 살펴보는 것은 예술 대중들의 현황이 포함된다. 이 작업이 완료되면 몇 가지 불안한 현상이 나타날 수 있다. 사람들은 예술을 열망하고 그것으로부터 뭔가 특별한 것을 기대하는 것은 명백하다. 그러나 예술 대중들은 종종 어리둥절하고, 혼란스러우며, 비판적이지 않으며, 거의 격분하지 않는다. 따라서 예술 대중은 예술이라는 이름으로 행해지는 거의 모든 것, 또는 그 문제에 대해서 예술적이지 않은 반예술anti-art이라는 이름으로 받아들이는 것이 이상하지 않을 정도로 유순한 것으로 특징지어질 수 있다. 이것은 심미적 현상에 대처하는 능력, 미적 판단에 대한 능력, 그리고 예술이 무엇인지 혹은 되어야 하는 것에 대한 무관심을 말한다. 간단하게 말해서 오늘날 우리가 발견하는 것은 예술에 대한 많은 관객들일 뿐 통찰력 있는discerning 대중은 아니다. 그러나 그러한 대중들에게 만족스러운 수준의 심미적 행복을 가져다 줄 필요가 있다. 우리는 셰익스피어를 훌륭하게 만드는 데 셰익스피어의 청중들이 도움이 되었음을 그래서 청중들이 그를 훌륭하게 하는 데 기여했음을 기억한다.

이제 두 가지가 명확해져야 한다. 첫째, 예술적 객체의 심미적 가치 역량은 그것을 실현하는 수용자의 능력과 일치해야 한다. 심미적 웰빙은 많은 사람들을 예술작품의 출현으로 이끌어 들이는 것으로는 보장되지 않는다. 만약 사람들이 그 경험에 대한 준비가 제대로 되어 있지 않다면, 그들은 그 경험으로부터 이익을 거의 얻지 못할 것이다. 이것은 두 번째, 즉 예술을 위한 분별 있는 대중을 준비하는 것이 공립학교의 심미적 교육을 위한 과제라는 것을 시사한다. 예술계의 다른 부문 자체가 그것에 정말로 적합한 것은 없다. (예를 들어, 박물관이나 예술 위원회는 분별 있는 시민으로 성장하도록 교육 활동을 하고 있기는 하지만 그것만으로 그들이 원하는 영향을 얻기에는 그 대상이 소수들에 불과하다.)

요컨대 예술계 전체는 물론 각 회원기관들에서 만족할 만한 수준의 심미적 웰빙을 가져다주는 역할에서 궁극적인 사회적 정당성을 얻는다는 주장이 나왔다. 그들은 또한 확고한 심미적 교육 프로그램에 기득권을 가지고 있다. 그러나 심미적 웰빙에 대한 그들의 기여는 분별 있는 대중의 협력에 달려 있기 때문에, 누가 미적, 문화적 정책을 입안하든, 또는 어떤 문화 기관을 위해서든, 그러한 모든 정책 입안자들은 심미적 교육에 대한 인식을 가지고 지원을 계획하는 것이 좋을 것이다. 위의 내용이 받아들여진다면, 심미적 교육을 위한 강력한 사회적 정책 실현이 일어나게 된다.

심미적 교육과 이론적 고려사항

어떤 종류의 교육이든지 사회적 요구가 항상 훌륭한 교육적 정당성으로 자연스럽게 해석되는 것은 아니다. 공립학교가 학생들을 좋은 시민으로 성장하도록 해야 하고 사회에 나가서 잘 살 수 있도록 준비시키는 곳이어야 한다는 데 일반적으로 동의하고 있지만, 그러한 의무의 세부 사항은 논쟁 중에 있다. (지금과 같은 사회에서의 시민권, 또는 학생들이 성인이 되었을 때의 시민권? 결함이 있는 사회 혹은 더 나은 사회에서? 후자라면, 누구의 청사진에 따라?) 많은 사려 깊은 교육자들은 사회가 특정한 유형의 사람들을 필요로 한다는 것이 밝혀질 때마다 학교는 자동적으로 그런 인재를 배출해야 할 의무가 있다는 생각에 저항한다. 이 교육자들은 학교의 첫 번째 관심사는 항상 개인의 필요에 달려있어야 하며, 그 사람을 현존하는 어떤 구조에 맞추는 것에만 국한해서는 안 된다고 주장한다. 다행히도, 이러한 어려움은 여기에서는 이제 일어나지 않는다. 왜냐하면, 현재 심미적 교육에 대한 논의들은 사회적 그리고 개인적 이득 면에서 서로 조화를 이루고 있기 때문이다. 사실, 사회는 예술계를 위해 식견이 있는 대중을 필요로 하고, 그것을 심미적 교육으로부터 얻는다. 그러나 통찰력 있는 대중은 심미적 영역인 가치 영역에 참여할 수 있는 개인들로 구성된다. 이것은 통찰력 있는 예술 대중들의 구성원들이 개인에게 가장 필요로 하는 것 중 하나인 가치 경험을 통해 삶을 풍요롭게 하는 방법을 배울 수 있었다는 것을 의미한다.

심미적 감상과 기술

심미적 교육에 대한 기술 접근 방식의 장점을 더 직접적으로 논하기 전에, 그것들이 실천되기 어려운 원인이 무엇인지를 확인하는 것이 좋을 것이다.

무엇보다도, 예술과 심미적 경험의 본질에 대한 많은 강한 신념들은 기술의 개념을 수용하기 다소 어려울 수 있다. 예를 들어, 심미적 상황에 기술을 삽입하는 것은 즉각성, 자발성, 즐거움을 박탈함으로써 심미적 경험을 크게 변화시킬 것이라는 우려가 있을 수 있다. 그러나 이것은 오해로 이어질 것이다. 왜냐하면 그것은 결코 심미적 경험을 훈련과 같은 기술의 연습으로 만들려는 의도가 아니었기 때문이다. 심미적 경험은 다시 말하지만 가치 있는 경험이며, 가치는 결국 가치를 부여함으로써 보장된다. 즉, 주제의 한 부분에 가치를 부여하고 즐기는 것으로 얻어진다. 심미적 만족은 기술을 전제 presupposes로 한다는 점에서 직접적이고 쉽게 접근할 수 있는 감각적 쾌락과는 다르다는 것이 주장되기도 하였다. 심미적 만족은 전혀 교육받지 않은 사람들에게는 척도를 가늠할 수 없다. 따라서 반응의 즉시성immediacy은 떨어질 수 있지만, 심미적 대상을 능숙하게 탐색하는 과정에서 요구되는 지연은 보다 심층적이고 정보에 입각한 반응을 얻을 수 있으며, 보다 강력하게 만족스러운 결과를 얻을 수 있다.

둘째로, 예술이나 과학을 완전하게 숙달하기 어려운 사람들에게 '단순한 mere' 기술을 형편없는 성취로 폄하하는 경향에 대해 숙고해 보아야 한다.[7] 사실상 전문가가 수행하는 것들에는 손재주, 암기, 반복보다 더 많은 것을 요구하는 전문적인 정신력과 지각력이 풍부하게 들어있을 것이다. 심미적 감상 기술은 일단 그것들의 본성을 더 잘 이해하게 되면 이러한 전문성을 가진 정신력과 지각력들 중 하나로 분류될 것이다.

그러나 심미적 감상을 특정한 기술에 포함시키는 것으로 간주하는 것이 과연 어떤 '교육적인educational' 이점이 있는가?

1. Harold Osborne은 기술을 "규칙을 따르는 종류의 수행을 위한 배양된 능력"으로 정의한다. 그러나 그는 기술이 온전하게 특정될 수 없는 잠재된 지식에 어느 정도 의존하며 실무자들이 의식하거나 명시적으로 할 수 있는 것보다 더 많은 규칙을 따르게 할 수 있다는 점을 신중

하게 지적한다.[8] 따라서 하나의 기술에는 훈련을 통해 발생할 수 있는 것보다 더 많은 것들이 존재한다고 여겨질 수 있다. 그것은 기계로 해야 하는 것과는 다른 직접 자르고 건조해서 만든 표면들에 생긴 오류처럼 어떤 기술이 강조되는 것을 비난하는 사람들을 약화시킬 수 있는 근거가 된다. 왜냐하면, 가르침을 통해 전달될 수 있는 것보다 더 많은 기술이 있을 수 있다는 것이 인정될 수 있다. 그럼에도 불구하고, 기술의 기본은 원칙적으로 가르쳐질 수 있고, 이것은 지켜야 할 규칙들이 있기 때문에 심미적 대상과의 감상적 만남과 관련된 작업이 일련의 규칙, 단계 및 절차와 유사한 것으로 분석될 수 있다면, 기술의 개념은 심미적 감상에 잘못 적용되지 않을 것이며 교육 가능성에 대한 희망이 잘못되지 않을 것이다. 게다가, 심미적 대상을 탐구하는 과정에서 그들의 지각 능력의 배치에 대한 학생과 교사의 구두 설명은 확실히 특정한 종류의 수행으로 적합할 수 있다. 요약하자면, 심미적 감상에 대한 기술 접근법의 유일한 장점은 체계적인 교육이 가능하다는 전제하에 발휘된다.

2. 심미적 감상의 기술을 가르칠 수 있을 뿐만 아니라, 위에 언급한 수용 학습에 대한 요건 중 첫 번째 요건, 즉 교실 활동과 전체적인 목표 사이의 명확한 연관성을 충족하는 방법에 의해 가르칠 수 있다고 믿을 만한 타당한 이유도 있다. 이 논의의 마지막 부분에는 이를 뒷받침할 연구에 대한 몇 가지 제안이 포함되어 있기 때문에, 이 주장은 지금 당장은 확대해서 설명하지 않으려 한다.

3. 심미적 교육에 대한 기술적 접근은 교사의 신뢰도 향상으로 이어질 수 있다. 자신을 어떤 기본적인 기술을 가르치는 일에 종사하고 있다고 인식하는 교육자들은 만질 수 없고 손에 잡히지 않은 것들을 추구하는 교

육자들보다 일반적으로 "학생들을 더 민감하게 진정으로 대하며 인간적으로 만들거나" 혹은 "학생들에게 아름다움에 대한 감각을 심어주는" 것으로 그들이 무엇을 하고 있고, 어디로 가고 있으며, 학생들이 어떻게 나아가고 있는지에 대해 더 잘 알고 있다.

4. 심미적 감상의 기술은 실질적으로 손상되지 않은 감각을 갖춘 모든 사람들에게 가르칠 수 있어야 하기 때문에 더 많은 사람들에게 도달할 수 있는 기술이라는 점도 고려할 가치가 있다. 이것은 모든 학생들이 같은 수준의 기술에 도달하게 될 것이라고 말하는 것이 아니라, 그들 중 더 많은 학생들이 주로 창조적인 공연 예술 분야의 인재를 육성하는 프로그램에 참여할 때보다 감상적인 기술을 지향하는 프로그램에서 만족과 영구적인 이익을 얻을 것이라는 것을 깨달을 필요가 있다. 다르게 말하면, 심미적 교육에 대한 기술적 접근은 학생들의 성인 생활에 더 많은 영향을 미칠 수 있도록 보장할 수 있고, 따라서 더 많은 개인들에게 형식적 교육을 더 효과적으로 만들 것이다. 창작자나 공연자로 예술계에 입문할 만큼 예술적 재능이 있는 사람은 드물지만, 눈에 띌 정도의 많은 사람들이 예술 대중으로 함께할 수 있다. 그러나 궁극적인 도달점은 이후의 성찰을 통해서 검증되어야 할 필요가 있다.

5. 심미적 기술의 개념은 심미적 교육의 허용 가능한 방법에 대해서 앞에서 언급한 두 번째 요구사항을 명확히 하는 데에도 도움이 된다. 심미적 교육은 교육적으로 그 목표에 도달하기 위한 수단을 의심해야 한다고 언급했었다. 이것은 학생들에게 진정한 가치 선택을 불가능하게는 아니더라도 어렵게 만들 수 있는 모든 교육 방법들을 언급하기 위한 의도였다. 훈련(혹은 조건화)과 세뇌가 쉽게 떠오르지만, 예술에 대한 끊임없는 선전뿐만 아니라 전제와 권고에 대해서도 의문을 품는다. 이 모든 것은 사람들이

진정한 심미적 경험에 대한 욕망으로부터가 아니라, 그래야 한다고 느끼기 때문에 쉽게 문화 행사에 참석하도록 하는 효과를 가질 수 있다. 이러한 것들이 심각한 문제로 인식되는지 여부는 교사들이 그들의 권위를 어떻게 해석하느냐에 달려 있다. 그러나 진지하게 혹은 하찮던 간에 이러한 어려움은 기술적 접근으로는 발생할 수 없다. 비록 훈련(혹은 조건화)은 극복하기 어렵거나, 없애기 어려운 습관, 지우기 어려운 성질들이지만, 기술은 단순히 소홀하게 등한시해 오던 것을 사라지게는 할 수 있다. 그리고 이것은 개인이 자유롭게 할 수 있어야 하는 선택이다. (대부분의 사람들이 따라올 수 없는 것에 대해 일생에 한 번 이상 연습해보는 선택이기도 하다.) 심미적 교육은 학생들이 심미적 영역과 심미적 기술에 대한 지식을 보여줄 수 있을 때 학생들을 위해 해야 할 모든 노력을 기울여 왔을 것이다. 다시 말해서, 학생들이 심미적 가치를 어디서 찾아야 하는지 그리고 그것을 실현하는 방법도 알고 있을 것이다. 나중에 성인으로 살아가면서 심미적 추구에 시간을 투자하든 말든 그것은 엄밀히 말해 개인의 결정이다. 변화는 이루어진다. 하지만 심미적 경험을 선호하는 결정은 내려질 것이다. 학생들에게 심미적 감상의 기술을 부여하는 프로그램은 단지 예술 대중을 위한 새로운 구성원을 모집하는 것을 기대할 수 있는데, 그것은 단지 예술과 예술 사이의 가장 큰 장벽인 부적절함, 무능함, 또는 예술에 대한 당혹스러운 무지를 제거하는 데 도움을 주기 때문이다.

교육정책의 기본적 문제는 심미적 교육이 학생 개인의 필요성 측면에서 정당화될 수 있느냐, 또는 그 목적이 무엇이어야 하느냐에 대한 것만이 아니다. 무엇을 가르쳐야 하고 어떤 방법과 절차에 의해 가르쳐야 하는지에 대한 문제도 있다. 허용 가능한 심미적 교육 방법이 충족시켜야 하는 요건은 두 가지, 어쩌면 세 가지가 있다. (1) 심미적 교육은 예상 결과와 명백하게 관련되어야 한다. (이것은 말할 필요도 없지만 분명히 그럴 수 있다. 왜냐하면 심미적 교육 프로그램의 일반적인 성격을 알고 있듯이, 활동과 결과 사이의 연관성은 종종 모호하기 때문이다.) (2) 교육적으로 의심이 가는 도구들에 의존해서는 안 된다. 가치 교육에서 이것은 학생들에게 선택의 자유와 비판적 탐구심을 빼앗는 경향이 있는 어떤 것을 의미한다. 따라서 그들의 가치 선호가 진정성이 없는 것으로 전락시킬 수 있다. (3) 교사의 전문성을 망신시키고 세금을 내는 대중들을 격분시키는 일을 피해야 한다. 이것은 언급할 필요가 없는 또 다른 항목이지만, '**심미적 교육**aesthetic **education**'의 루브릭rubric 속에서 제안되고 실행되는 많은 무소불위의 모순들을 고려해 볼 때 그런 일은 피해야 할 중요한 일이다.

그렇다고 한다면 어떻게 가르쳐야 하는가? 단서는 심미적 가치 상황 자체에 있다. 그 상황은 전개되는 과정에서 예술작품과 잘 준비된 수용체, 또는 다르게 말하면, 심미적 가치 능력을 가진 개체와 그것을 실현할 역량을 가진 개인도 포함된다. 그것은 단지 개인의 역량에 어느 정도 특이점을 부여한다. 먼저, 예술작품에 접근하는 방법, 예술작품에 어떤 관점을 취해야 하는지, 어떤 관심을 표명해야 하는지, 그리고 어떤 다른 종류의 관심을 보류하거나 억제해야 하는지를 아는 것으로 구성되어 있다. 더 중요한 것은, 그것은 심미적 가치를 탐구할 대상과 무시할 대상, 그리고 이 모든 것을 어떻게 그리고 어떤 순서로 해야 하는지를 아는 것을 암시한다. 심미적 상황에서는, 비록 냉정하고 사색적인 마음가짐이기는 하지만, 개인들은 지각적으로 매우 적극적이며, 그들은 감상 '행위act'(이해하고 격려하는)에 참여한다. 개인은 대상에 대한 중요한 비판적/지각적인 작업을 수행한다. 즉, '기술skill'을 연습한다. 따라서 심미적 교육의 적절한 방법은 '심미적 감상의 기초 기술을 가르치는 것teaching basic skills of aesthetic appreciation'이라고 이제 제안될 수 있다.

6. 심미적 감상의 기술적 접근이 가지는 마지막 장점은 예술에 대한 문화적이고 교육적으로 해로운 생각들에 대한 해독제로서의 역할을 할 수 있다

는 점이다. 예를 들어, 비(非)판단주의nonjudgmentalism라고 알려진 심미적 판단으로부터 후퇴하는 것이다. 그것의 기원, 다양한 표현, 그리고 그것을 뒷받침하는 심미적 이론의 유형은 이 논의의 범위를 벗어난다. 그러나 심미적 교육에 대한 비판단주의의 성과가 일상적 행위만큼이나 그것의 목적 자체가 무시되어서는 안 된다.

비판단주의는 심미적 판단의 기초가 되는 어떤 절대적인 기준도 사실 존재할 수 없고 심지어 아주 좋은 기준도 있을 수 없다는 제안을 받아들인다. 심미적 판단은 합리적으로 방어될 수 없기 때문에 순전히 개인적이고 주관적인 선호나 호감의 표현이라는 의미에서 자의적으로 받아들여진다. 따라서 예술에 대한 책임 있는 비판(즉, 비판단적 비판)은 기술하되 평가해서는 안 된다. 만약 사람들이 판단을 내리기를 고집한다면, 그들은 반드시 이해해야만 하고, 다른 사람들에게 분명히 해야 한다. 그들은 작품이 얼마나 좋은지 혹은 빈약한지를 추정하는 것이 아니라, 그들이 얼마나 그것을 좋아하거나 싫어하는지를 세상에 말하고 있는 것이다. 다시 말해서, 그들은 예술적인 대상에 대한 것이 아니라, 그들 자신과 그들의 감정에 대해 진술을 하고 있을 것이다.

이러한 전망은 심미적 교육을 실천하는 교사들에게 딜레마를 안겨준다. 예를 들어, 어떤 종류의 예술품이 학생들에게 전시되어야 하는가? 심미적으로 우월한 것으로 확실히 정립될 수 있는 것이 없다면, 고급 예술과 대중 예술의 구별은 순전히 속물근성적인 생각이다. 예술작품이 다른 유물이나 자연물보다 더 낫다고 말할 수 있을까? 교사의 전시작품의 대상 선정은 교사의 취향을 반영하지 않을 수 없기 때문에 학생들에게 교사의 선호를 강요하려는 시도를 의미하지 않는가?

이런 사고방식과 질문들은 심미적 교육자들에게 선택을 강요한다. 쉬운 대안은 판단에서 물러서는 것이다. 그러나 그렇게 되면 심미적 교육은 개인에게 분별력을 교육함으로써 심미적 웰빙을 증진하고자 하는 어떤 가식적인 행위를 포기해야 할 것이다(이를 테면, 열등한 사람에게 선을 분리시키는 능력을 포함해서). 심미적 평가 사례를 변론하기 어려운 경우 하나의 대안이 될 수 있는 것은 무엇을 위해 심미적 기술을 가르쳐야 하는지를 상기함으로써 좀 다루기 쉽게 보이도록 할 수 있다. 즉, 대상이 가진 심미적 가치의 경험을 실현하는 것은 하나의 능력을 소유하는possess 것이다. 심미적 가치는 감각적 측면에서 대상의 지각적 속성과 그것들의 배열에 의존해서 객관적인 것이지, 주체의 변덕이나 감정의 산물이 아니다. 더욱이, 가치는 기술을 사용하는 비판적/지각적 수행에서 실현되기 때문에, 경험하는 주체는 원칙적으로 그들의 가치 결정과 그것에 도달하는 방법적 기술을 가진 다른 사람들에게 전달할 수 있어야 한다.[9] 적절한 기술을 가진 사람들(심미적 담론뿐만 아니라 인식도)이 그러한 문제에 대해 실질적인 합의에 도달하고, 같은 것을 좋아하는 것 이상의 가치를 만드는 방식으로 전달하는 것은 상당히 가능한 일이다. 그러므로 대상이 가진 잠재적 가치는 결코 순수하게 사적인 것이며 공유될 수 없다는 생각에 의해 비난받지 않는 경험에서 실현된다. 요컨대, 교사들은 사적이고 주관적이며 난해하며 따라서 방어할 수 없는 선호에 지나지 않는 가치관를 부가시킴으로써 학생들을 타락시키고 있다고 두려워할 이유가 없다.

만약 그들이 원한다면, 교사들은 기술을 가르치는 데 필요한 것을 언급함으로써 고전이나 걸작의 선택을 정당화할 수 있을 것이다. 기술은 안내된 연습에 의해 가르쳐지지만, 또한 시범의 목적으로 교사에 의한 수행을 통해서도 가르쳐진다. 이러한 시범의 목표 중 하나는 학생들이 기술을 완벽하게 구사할 수 있기를 바랄 수 있는 수준으로 모든 기술을 익히는 것이다. 그러나 높은 수준의 심미적 기술을 입증하려면 그 기술의 모든 범위를 실행에 옮기는 심미적 대상이 필요하다. 그러한 대상은 아마도 예술계의 걸작일 것이고, 복잡하고, 다층적이고, 미묘하며, 수용자의 기술에 대한 커다란 도전으로 인정받는 고전일 것이다.[10]

미주

1) Arthur Danto, "The Artworld," *Journal of Philosophy* 61, no. 19 (1964): 571-84. The discussion borrows from that part of Danto's analysis where he speaks of the artworld as part of the ambience of response to art. Such a sense implies a knowledge of art's history and theory and ex‒ tensive aesthetic experience. This sense of an artworld fits well with some uses made by educational theorists of Michael Polanyi's work. 이 논의는 예술에 대한 반응의 분위기의 일부로서 예술 세계에 대해 말하는 Danto의 분석의 한 부분에서 차용되었다. 그러한 감각은 예술의 역사와 이론에 대한 지식과 광범위한 심미적 경험을 암시한다. 예술 세계에 대한 이러한 감각은 Michael Polanyi의 저서에서 교육 이론가들이 말하는 일부 용도와도 잘 맞는 것이다. 예를 들면, 교육철학학술대회에서 발표된 다음 글을 참조할 수 있다. Harry S. Broudy, "On 'Knowing With,'" in 『교육철학*Philosophy of Education*』, ed. Harold B. Dunkel (Edwardsville, Ill.: Philosophy of Education Society, 1970). 즉, 예술 세계에 대한 감각을 "알고 있다"고 말할 수 있다. 또는, Polanyi 가 말했듯이, 예술 세계의 감각은 예술작품의 초점적 의미와 관련된 부속물로 구성된다. Michael Polanyi and Harry Prosch, 『의미*Meaning*』 (Chicago: University of Chicago Press, 1975).

2) 그 용어는 다른 개념들과 함께 다음 문헌에서 가져온 것이다. Monroe C. Beardsley, "Aesthetic Welfare, Aesthetic Justice, and Educational Policy," *Journal of Aesthetic Education* 7, no. 4 (1973): 49-61. 이 토론의 목적을 위해, 그의 분석은 요약되었고, 어떤 경우에는 용어가 수정되었다.

3) 이 판단은 너무 독단적으로 보일 수 있지만, 그것에 대한 설득력 있는 방어가 Jacques Barzun의 저서 『*The Use and Abuse of Art*』 (Princeton: Princeton University Press, 1975)에서 자세히 설명되어 있다. 이것은 워싱턴 내셔널 갤러리에서 1973년 순수예술에 대한 A. W. Mellon Lectures에 발표된 내용이다.

4) Beardsley, "Aesthetic Welfare, Aesthetic Justice, and Educational Policy," 52.

5) Beardsley, "The Aesthetic Point of View," in 『교육, 종교, 그리고 예술에 대한 관점들*Perspectives in Education, Religion, and the Arts*』, ed. H. E. Kiefer and M. K. Munitz (Albany: State University of New York Press,

1970), 219-37.

6) 즉, 사회 내에서 미적 행복의 상태는 주어진 순간에 경험하는 심미적 경험의 빈도와 그 규모에 따라 향상된다.

7) 예를 들면, 기술 학습에 대한 토론은 통제된 실험실에서 신체적 움직임에 대한 연구에 몰두해서 펴낸 다음 저서에서 자세하게 설명되어 있다. R. M. W. Travers, ed., 『교수연구의 두 번째 안내서Second Handbook of Research of Teaching』 (Chicago: Rand McNally, 1973)

8) 기술로서의 감상에 대한 논의는 상당 부분 Harold Osborne의 저서 『감상의 예술The Art of Appreciation』 (New York: Oxford University Press, 1970)에서 가져온 것들이다.

9) 『감상의 예술The Art of Appreciation』에서, Osborne writes: "When the ca—pacity for appreciating works of art is brought under the heading of con—noisseurship . . . as a category of skill, this is tantamount to denying that it is merely an expression of personal preference, a matter of individual likes and dislikes. . . . For that is a cognitive skill, purporting to ap—prehend and discriminate qualities residing in the object of attention, qualities which can be recognized and tested by others who have the skill" 오스본은 다음과 같이 기술하고 있다. "예술작품을 감상할 수 있는 능력이 기술의 범주로서 감정의 표제 아래에 있을 때, 이것은 단지 개인적 선호의 표현, 개인의 호불호의 문제라는 것을 부인하는 것과 같다. 관심의 대상에 존재하는 평등, 기술을 가진 다른 사람이 인정하고 테스트할 수 있는 자질이다."(p. 15).

10) 비평적 시각 개념과 비판적 논쟁에 대한 논의를 위해서 참조한 문헌은 Monroe C. Beardsley's 『Aesthetics: Problems in the Philosophy of Criticism』 (New York: Harcourt, Brace and World, 1958), 168-77, 454-89.

제7장

학교에서의 심미적 비평 교수

지금은 학교에서 비평을 가르치는 문제를 검토할 시기로는 적합하지 않지만 심미적 측면에서 논의를 할 필요가 있다. 즉흥적인 자극과 호전적인 반지성주의를 불러일으키는 컬트들의 출현은 비판적 분석의 가치를 상당히 떨어뜨리는 결과를 가져왔다. 사실, 우리는 거의 모든 종류의 지적 진실성과 직업적 판단에 대해 비웃음을 던지는 문화적 경향에 빠져 있는 것 같다.[1] 특히 심미적 영역에서 권위에 대한 반란이 극심하고, 책임감을 가진 예술 비평의 실천은 분명히 성찰적 판단에 얽매여 있기 때문에 학교에서 가르칠 수 있는 예술 비평의 개념을 제시하기에 앞서 개방된 사회에서의 비평의 목적이 무엇인지를 먼저 파악해야 할 것이다.

비평의 목적과 본질

개방된 사회에서 비평의 궁극적인 목적은 인본적 가치의 촉진을 추구하며 삶에 대한 비평을 위한 것이다. 확실히, 이런 목적은 영속적으로 숭배되어야 할 중요한 것이지만, 시대적 상황은 그것을 중언부언하게 만든다. 이런 영속적으로 중요한 목표를 세울 수 있는 다른 방법은 한 사회에서의 사고와 감정의 질을 통제하기 위한 측정치를 제공하는 데 있어 비평은 중요한 역할을 해왔다고 말하는 것이다. 우리가 여전히 과학 및 기술 영역에서 비평의 기능을 존중한다는 것은 권위에 대한 일반적인 반항에서 예외적인 일이다. 우리는 나쁜 이론과 나쁜 공학을 원하지 않으며, 특히 우리는 최소한의 건강치보다 더 나은 수준의 건강을 유지하기를 고집하며, 그 안전을 담당하는 일을 아마추어들에게 맡기지 않는다. 그러나 비평의 이런 기능은 심미적 영역에서는 거부된다. 자, 거의 모든 것이 다 잘되어 가는데, 그게 뭐가 잘못됐냐고 물을 수도 있다. 고도로 전문화된 사회에서, 사람들이 자신들의 생각과 의견을 자유롭게 표현할 수 있는 인간 활동 영역이 적어도 하나는 있어야 되지 않는가?

이런 질문들을 초점도 없이 제기하려는 것은 아니며, 이를 고압적으로 제압하려는 의도도 전혀 없다. 다만, 나는 심미적 견해는 항상 일관되게 유지되는 것은 아니라는 것을 인정해야 한다고 생각한다. 사람들은 예술은 개인적인 취향의 문제라거나 대개가 한 가지 맥락에서 아름다움은 보는 이의 눈에 달려 있으며, 다른 한편으로 영화는 과도한 폭력과 성을 명백히 개탄하는 것이라고 주장하는 것을 듣는 것은 드문 일이 아니다. 그렇다면, 기준은 종종 표현되는 것이며, 모든 것이 개인적인 의견의 문제인 것은 아니다. 게다가, 심미적 기준으로 이루어지는 수많은 판단들을 미루어보건대, (심미적 가치를 예시적으로 보여주는) 순수 미술 작품이 어떤 중요한 방식으로 삶의 질의 특성을 가진다는 신념을 함축한다. 그리고 예술이 사실 생생하고 설득력 있는 이미지를 표현하는 인간의 열망의 훌륭한 본보기라는 비판적 견해에 대한 감동적인 주장도 존재한다.

비평의 궁극적인 목적이 인문적 가치의 진일보속에서의 삶에 대한 비판이라면, 청소년들이 방과 후 행동으로 옮겨갈 수 있는 개념과 기술로 교육

이론을 무장하는 방식으로 비평의 목표를 세우는 것은 중요한 과제가 된다. 물론 높은 수준의 전문적인 비평적 성과를 기대하는 것은 아니다. 그것은 결국 전문적인 비평가의 일생일대의 목표일 뿐이다. 문제는 준전문적 역량이라고 할 수 있는 지적인 해석적 관점을 달성할 수 있는 수준의 성과여야 한다.2) 나는 두 가지 기본적 활동, 즉 탐구적인 심미적 비평exploratory aesthetic criticism과 논쟁적인 심미적 비평argumentative aesthetic criticism이 바로 여기에서 심미적 교육의 하나의 적절한 성과로서 일종의 비평적 수행으로 발전시킬 수 있는 활동이라고 생각한다.

탐구적인 비평은 심미적 경험을 지속하는 데 도움이 되는 하나의 수단이다. 대조적으로, 심미적 논쟁은 주어진 비평을 대신하여 행해지는 중요한 의사소통이다. 즉, 예술작품을 심미적으로 경험하는 것과 그것의 장점(또는 단점)에 대한 평가 모두를 제공하므로 이 두 가지 유형의 비평은 각각 독특한 기능을 수행한다.

탐구적인 심미적 비평

이러한 비평은 예술작품의 심미적 가치를 실현하는 데 도움이 되는 기술과 절차를 말한다. 주된 과제는 대상의 심미적 측면을 가능한 한 완전하게 확인하는 것이다. 공로를 인정하거나 평결을 내리는 의미에서 판단은 가능한 한 의견으로 채워지도록 하기 위해 일시적으로 정지된다. 예술작품은 즉시 파악될 수 없는 복잡성으로 인해 반복적이고 지속적인 관람이 요구된다. 사람들은 다양한 요소들을 조사하고 스캔해야 하고, 그것들의 밀도와 드라마틱한 성격을 감지해야 하며, 한편의 빛과 맥락적으로 그 측면을 바라보아야 하며, 그다음에 다른 것들로 그리고 기타의 것들을 할 수 있어야 한다. 그러한 탐구 활동은 비판적 습관에 의해 대상이 더 빨리 이해하기 쉽게 감지된 후보다는 오히려 심미적 학습의 초기 단계에서 훨씬 더 의식적으로 실천될 수 있는 것이다.

비평 활동이 몇 가지 일반적인 원칙에 의해 체계화되고 안내될 수 있지만, 인내심을 가지고 따르면 예술작품에서 볼 수 있는 모든 것이 실제로 경험되리라고 보장하는 확고하고 빠른 비평적 규칙은 없다는 것을 염두에 두어야 한다. 그러나 보조로서 비평은 상당한 도움이 되며, 대상에 대해 보다 직접적인 측면을 상대적으로 바로 알게 된다는 의미에서 서술description, 서술에서 지적된 감각적 요소의 상호관계에 주의 깊게 관심을 기울이는 면에서 분석analysis, 한 작품의 심미적 속성에 대한 독특한 본성을 표시하는 특성화characterization, 그리고 전체적인 의미를 구성하려는 노력인 해석interpretation, 이 네 가지가 서로 겹쳐지는 단계들로 나눌 수 있다.

탐구적인 심미적 비평은 확실한 평가를 의미하지 않는다. 비록 단도직입적으로 설명해도 비판적 의미가 완전히 없는 것은 아니지만, 주의를 끌기 위해 무엇이 중요한지 몇 가지 중요한 결정을 내려야 한다. 그럼에도 불구하고, 강한 평가나 비판적 평결의 근거가 될 수 있는 작품의 속성에 대한 비교적 중립적이고 객관적인 설명을 달성하기 위한 노력과 이미 판단을 형성하고 그것을 소통하고 방어하기 위해 염려하는 심미적 논쟁 사이에는 중요한 차이가 있다.

서술Description

예술작품의 본질을 가능한 한 완전하게 식별하기 위한 노력에서, 그것의 주요 요소들을 식별하고 이름을 짓는 것은 도움이 된다. 예술에서는 작은 것이 큰 차이를 만들 수 있다는 것을 기억하는 것이 좋지만, 철저한 재고는 요구되지 않는다. 이러한 식별 및 명명에는 주제의 요소뿐만 아니라 객체의 주요 영역 또는 공식적인 분할도 포함되어야 한다. 대표적이고 형식적인 측면에 주목하면 주제와 형식이 일관성이 있는지 또는 충돌하는지, 전체적인 의미 해석과 가치 평가에 영향을 미칠 수 있는 관계를 나중에 분석 및 특성화할 수 있다.

작품을 효과적으로 보기 위해 미리 알아야 할 것을 명시하기는 어렵지만, 진지한 작품의 경우 미술사와 미학이론에 대한 지식이 중요하게 작용할 것이라고 추정할 수 있다. 이런 점을 훌륭하게 안내하는 저자 Kenneth Clark는 『그림을 바라보기Looking at Pictures』에서 "만약 내가 반응하는 것을 계속하려면 자신을 강화해야 한다. 그리고 역사적인 비평의 가치는 감각들이 두 번째 반응을 일으킬 시간을 갖는 동안 주의를 고정시켜 준다는 것이다."[3]라고 썼다. Clark가 이 책을 Roger Fry에게 헌정했는데 그도 심미적 이론의 효용성을 증언한 건 마찬가지이다. 다른 관점에서, Clark가 호소하는 것은 Arthur Danto가 예술 세계의 감각이라고 부르는 것인데, 예술의 우주에 대한 광범위한 지식이다.[4]

이 단계에서 서술적 지식은 조사 과정에만 구속되는 경향이 있기 때문에 종종 폄하된다. 나는 이 혐의가 항상 근거가 있다고는 생각하지 않지만, 의심할 바 없이 그것은 예술을 이해하고 비판하는 것과 관련된 지식의 종류에 대한 혼동을 입증한다. 문자 그대로의 설명으로 멈추는 가르침은 분명히 예술 작품에서 특별히 중요한 것을 나타내기에는 부족하다. 그러나 이것은 여기서 제안하고자 하는 바가 아니다. 서술은 더 독특한 심미적 영역으로 이어지는 출발 단계에 불과하다.

분석 및 특성화Analysis and Characterization

분석의 활동에는 서술에서 지적된 요소들이 다양한 형태와 패턴으로 스스로를 처리하는 방법을 훨씬 더 면밀하게 파악하는 것이 포함된다. 형식 분석은 상당히 복잡하고 까다로울 수 있지만, 복잡한 예술적 인공물의 경우에는 피할 수 없다.[5] 일정 연령이나 학년 수준에서 어느 정도 해야 하는지는 교육학과 관련된 문제이다. 의심할 여지없이 초등학년 단계에서는 분석을 전형적으로 나타내는 방식에 대해 너무 의식하지 않도록 조심스럽게 사용되어야 한다.[6] 그러나 능숙하게 분석을 활용한다면 어린 학생들조차도 시놉틱 비전으로 이끌 수 있다.

중요하게 생각해야 할 점은 요소나 관계의 극적인 특성에 주목하지 않고는 분석이 오래 진행될 수 없다는 점이다. 관계는 항상 특정한 종류의 관계이다. 요소들이 조화롭게 충돌하거나 융합되고, 상호 또는 불확실한 일치로 나타나고, 끌어당기거나 밀어내기도 한다. 따라서 분석에는 요소와 관계의 특성이 포함된다. 그리고 여기서 중요한 용어가 사용되는 방식을 설명할 수만 있다면, 특성화라는 용어의 도입으로 우리는 중요한 언어의 문제를 발견할 수 있다. "X는 거슬리는 요소이다." 또는 "X는 조화를 이루는 요소이다."라는 문장을 생각해 본다면, 그러한 언어는 X가 좋고 나쁘다는 가치 판단을 의미할 수 있다. 왜냐하면, 요소들이 서로 모호하거나 조화를 이루기 때문이다. 또는 그러한 진술은 단순히 규범적인 서술이 아닐 수도 있다. 다시 말해서, 비판적인 진술은 때때로 서술과 평가가 될 수 있다. 그러나 이러한 언어 사용은 서술과 평가를 구별하는 것이 일반적인 관행이라는 점을 주지해야 한다. 이제 용어를 특성화하는 단어들을 정리해 보자.

비교적 논쟁의 여지가 없는 서술적 용어들(예를 들어, "정물에는 파이프, 카드놀이, 꽃병이 들어 있다" 또는 "영화는 색깔로 되어 있고 낭만적인 사랑에 관한 것")을 제외하고, 예술작품의 성격을 나타내기 위해 심미적인 상황에서 사용되는 용어들과 미적이지 않은 맥락에서 사용되는 용어들이 있다. 서로 사각형이고, 등거리이거나, 수평선 쪽으로 모여 있다고 말하는 것과, 그것들이 강하고, 힘 있고, 적대적으로 작용하거나, 자유롭게 떠다니는 불안의 분위기에서 이리저리 던져진다는 것은 전혀 별개의 요소들로 사용되는 서술적 용어들이다. 특정 요소가 강제적이든 적대적이든 간에 합법적으로 논쟁할 수 있으며, 동일한 요소일지라도 하나 이상의 특성화가 허용될 수 있다. 그러나 예술 작품이 근본적으로 모호하지 않는 한, 그 만연된 작품성에 대해 서술함에 있어서 말하자면 투박하면서도 서정적일 수 있을 것 같지는 않다. 사람을 판단할 때처럼, 사물의 질에 대해서도 우리는 오해할 수도 있다. 작가가 1930년 후반의 몬드리안의 구성 작품으로부터 "정밀 악기의 섬세함, 방사능의 민감성, 디젤 엔진의 힘을 가진 수학적 조화가 풍겨나온다."[7]고 말한 것일 뿐이다.

용어를 특징짓는 두 번째 특성은 앞에서 때때로 평가적인 수입이라고 불렀던 것이다. "X는 우아하거나 실망스럽다"는 것은 X가 우아하거나 실망했기 때문에 좋거나 나쁘다는 가치 판단을 전달할 수 있다. 그러나 단순히 개체의 품질에 대한 비규범적인 설명을 주장할 수도 있다. 비판적 발언의 의미가 의심스러울 때 할 수 있는 일은 여러 가지가 있다. 예를 들어, 보다 면밀한 상황 분석에 참여하거나 아티스트가 무엇을 의도했는지에 대해 대화할 수 있는지 물어볼 수 있다. 그리고 그들이 그렇다고 해서 항상 도움이 되는 것은 아니다.

그러한 용어에 대한 또 다른 요점은 비판적인 대화에 광범위하게 사용된다는 것이다. 인간의 자질이 무생물적인 것에 기인한다는 것은 가끔 이상하게 생각되지만, 사실 매우 자연스러운 관행이다. 그래서 그런 관행들이 없으면 홀로 잘 지내려고 노력하는 것은 정말 쓸모없는 담론일 것이다.[8] 하나의 감각적 모드에서 감각적 감흥의 변위는 공감각이라고 불린다. 그것은 예술작품이 인간의 경험의 해온 것을 표현하는 것으로 보이고 느낄 수 있다는 것을 암시한다.[9] 수많은 예들 속에서 그것을 의심할 만한 타당한 이유는 보이지 않는다.

해석Interpretation

분석 및 특성화 단계는 전체적인 의미의 해석으로, 비평가가 수집할 수 있는 모든 관련 지식, 경험 및 감수성을 요구함으로써 도달한 일종의 요약적 판단을 나타낸다. 전체적인 해석은 작품에서 파악된 다양한 지엽적 의미에 달려 있지만, 해석은 단순히 올바른 의미를 얻기 위해 그것들을 추가하는 것이 아니다. 미적 산술법에 체계는 없다. 예를 들어 Meyer Schapiro가 세잔의 「카드 플레이어Card Players」를 "파토스(정념) 없는 순수한 명상에 잠긴 수도사의 이미지"로 해석한 것은 지엽적인 해석에서 비롯된다. 예를 들면, 그 주된 인물들에서 풍기는 "의도적으로 위험을 감수하나 불안함이 없는" 분위기, "몰입적인 태도의 진중함", "밀도감 있는 집중력", "점진적인 안정감과 이탈적 행위"들에 대한 매우 미세한 부분들에 대한 반응적 해석 같은 것들이다.10) 해석은 단순히 부가적인 과정이 아니다. 오히려 지역적 의미는 큰 의미와 일치하거나 잘 어울리며, 이는 심미적 해석에서 작용하는 논리에 대한 예리한 느낌이라기보다는 고도로 함양된 심미적 적합성에 대한 감각이다.11)

간단히 말해서, 동일한 작품에 대해서 서로 논리적으로 비교되는 해석들 간에 다양성이 있을 수 있다. 논리적으로 비교할 수 없는 해석들의 경우에는 문제의 소지가 발생한다. 세잔의 「카드 플레이어Card Players」는 '패소 없는 순수한 명상에 잠긴 수도사의 이미지'와 '혼돈 없는 격동'을 동시에 의미한다고 해석할 수 없다. 한 가지 의미는 틀려야만 한다. 왜냐하면 결정적이지 않거나 형태가 없기 때문이다. 그러나 새로운 경험들로 인해 훨씬 더 나은 해석을 낳을 가능성은 열려 있어야 한다.

해석은 보통 예술 작품의 의미를 전달한다. 의미는 또한 작품의 소재, 형태 및 주제와 구별되는 작품의 내용content으로 해석될 수 있다.12) 내용content은 소재, 주제 및 형식의 상호 작용에서 나타난다. 미켈란젤로의 조각품 포로Captive 혹은 들라크루아의 천사와 함께하는 「야곱 레슬링Jacob Wrestling with the Angel」과 같은 작품 주제에서 주제와 소재는 원초적인 투쟁의 극적인 이미지로 변형되었다.

논쟁적인 심미적 비평

지금까지 탐색적 비평(설명, 분석, 특성화, 해석)은 학습자가 가능한 한 대상을 완전히 지각하는 데 사용할 수 있는 일련의 기법으로 제안되어 왔다. 사물을 주의 깊게 설명하고 분석하며, 그 가치나 선함에 대한 평가도 포함하여 비평하고 있지만, 적어도 이 과정에 한 번은 자세한 탐색적 설명이 내포되어야 한다. 다시 말해서, 탐구적인 비평의 언어는 전형적이고 규범적이다. 앞에서 지적한 바와 같이, 우리는 설명, 분석 및 특성화와 동시에, 그 작품을 찬미하고 평가한다.[13] 그럼에도 불구하고, 대상을 시각화하거나 미적으로 의미 있게 만들기 위해 해석과 평가를 뒷받침하는 비평과는 다른 차원의 노력이 요구된다.

그런 비평을 실행하는 것은 심미적 논쟁이며, 여기서 규정하는 바와 같이 대상에 대한 비판적 평가가 이미 이루어졌다고 가정한다. 만약 평가를 정당화하라고 한다면, 책임 있는 비평가는 그것에 찬성하여 논쟁할 수 있어야 한다. 이것은 이미 알려진 것을 다시 설명하고, 분석하고, 그 밖의 것들에 대해 논쟁할 수 있다. 이런 시도는 하나의 대상에 대한 해석과 판단으로 많은 사람들은 합리적으로 보고, 듣고, 또는 받아들인다고 설득하는 것이다. 이것은 언어적인 비평과 함께 비언어적인 비평 기법으로 무장되어야 가능할 수 있다. 비평가들이 사용할 수 있는 자원은 사실상 무한하다. 말로 이루어지는 비평을 통해 비평가는 동일한 영역을 흥미로운 변이로 다시 탐색할 수 있다. 즉, 비심미적인nonaesthetic 특징과 심미적aesthetic 특징들이 어떻게 연결되어 있는지를 다시 한번 검토할 수 있고, 직유와 은유로 생동감을 줄 수 있으며, 비교하고 대조하며, 반복하고 변화시킨다. 비언어적인 기법을 통해서도 설득의 효과적인 도구가 될 수 있는 신체적인 몸짓과 표정들의 레퍼토리에 대한 언급이 있을 수 있다.[14]

비평의 실천

Schapiro가 폴 세잔의 「생트 빅투와르산Mont Sainte-Victoire」 그림 중 하나를 묘사한 것은 심미적 비평의 범위를 잘 보여주는 예이다. 화가의 생활에서 이 산봉우리의 중요성에 대해 언급한 후 ─ 말하자면, Cézanne은 자신의 노력과 휴식에 대한 욕망을 외면화하는 데 도움을 주기 위해 반복적으로 그렸다고 한다. ─ Schapiro는 비평가들이 관습적으로 하는 방식으로 이 산봉우리를 같은 주제의 세잔의 다른 그림들과 비교하며 다음과 같이 말한다.

> 이 안정된 산은 세잔의 고뇌에 의해 형성되고, 봉우리 자체는 비록 더 고요하지만, 하늘의 흔들리는 나뭇가지와 같은 불안한 형태로 가로놓여 있다. 만연한 열정은 두 사람의 반복되는 대사를 뒤흔든다. 심지어 구름다리 경사면, 계곡의 수평선도 색채와 마찬가지로 뉴욕의 그림보다 더 깨져 있다. 그림 그리기와 붓놀림은 내내 더 충동적이다. 그러나 먼 풍경은 어느 정도 전경세계의 변형을 해결한다. 산의 경사면은 관찰자의 위치에 분할되고 긴장되고 불안정한 이중성, 즉 단단한 수직 나무와 그 가늘고 유연한 사지, 마주칠 수 없는 인접한 나무에서 나오는 거대한 몸짓의 대화, 화면의 아래쪽 가장자리에 계곡에서 벌어지는 움직임 등 균형을 이루고 있다.

그리고 그는 계속해서 다음과 같이 말한다.

> 이 거대한 안절부절못하는 움직임에서 벗어나 끝없이 펼쳐지며 솟아오르고 정착하는 견고한 세계가 나타나는 동안, 모든 것이 점점 변하는 것처럼 보이는 것은 경이로운 일이다. 큰 깊이는 뚜렷한 구성 계획 없이 복잡하게 장착되고 연동되는 넓은 층으로 구축된다. 우리에게 이 층들은 점점 더 대각선으로 변한다. 전경에서 갈라지는 선들은 산의 형태에 대한 모호한 반영처럼 보인다. 이

대각선들은 봉우리로 이어지는 원근법이 아니라, 다른 시각에서 보듯이, 산비탈
이 시작되는 쪽으로 우리를 인도하여 나무에 매달린 가지로 연결된다.

그는 다음과 같이 결론짓는다.

화면의 광활한 드라마의 면모를 보여주는 것은 가장자리와 중심, 대칭과 불균
형으로 이루어진 움직임의 대조이다. 그러나 이 그림을 멋진 묘미로 만드는 것
은 심도 깊은 조화이다.[15]

'여기 뭐가 있죠?'에 대한 질문에 응하는 방식으로서 심미적 평가와 논쟁
의 한 예를 Schapiro는 설명한다.[16] Schapiro는 그림의 속성을 탐구했고,
그 우수성의 정도를 추정했으며, 독자들이 그림의 심미적 가치를 깨닫기 위
해 사용할 수 있는 설명을 제시했다. 그것은 매우 평가적이고 설득력이 있
다는 점에서 심미적 논쟁이다. 그 이야기는 독자들로 하여금 주목할 만한
심미적 가치의 분야로 초대한다. 좀 더 구체적으로, Schapiro가 말하는 비
평적 설명의 내용은 어떤 것인지 살펴보자.
첫째, 산봉우리, 구름다리가 있는 전경, 집, 눈에 띄는 나무, 오른쪽으로
펼쳐진 계곡 등 단지 대표적인 요소만을 지적한 설명은 세잔의 그림에서 예
술작품으로서 가장 볼 만한 것이 무엇인지 분명히 부각시키지 못할 것이다.
매우 특별한 자질과 관계를 나타내고 특징지어지기 전까지는 우리는 그림
의 감각적인 요소가 흥미롭게 처분되는 방식을 인식하기 시작하거나, 그러
한 기질로 인해 그림의 생생한 자질을 보기 시작한다. 따라서 Schapiro는
표면 설계와 심층 설계가 유기적으로 결합되는 다양한 방법을 나타낸다. 예
를 들어, 그는 먼 배경이 어떻게 전경 활동의 긴장과 이중성을 해결하는 특
성을 가지게 되는지 설명한다. 그는 "하늘의 흔들리는 나뭇가지처럼 안절부
절못하는 모습으로 가득찬" 산봉우리, 양옆에 반복되는 선들에 배어있는

"열정스러움", 그리고 비록 감동스럽지는 않지만 "위대한 몸짓을 하는 잎사귀들의 대화"로 나뭇가지들을 볼 수 있도록 시청자들을 초대한다. 그리고 그는 형식적인 유사점과 대조적 특성이 조화를 이루게 하는 "현장감 있는 광활한 드라마를 제공한다."고 요약한다.

Schapiro의 비평적 진술을 주의 깊게 살펴보면, 작품의 미적 특성에 대한 평가적 진술이 형식적 통일성, 복잡성, 극적 강도에 대한 진술로 뒷받침될 수 있다는 믿음에 기초한다는 것을 알 수 있다.[17] Schapiro의 세잔에 대한 평가에는 어떤 전제가 있는 것 같다. 유기적 통일성, 복잡성, 극적 강도와 같은 특정한 미적 기준을 그리는 것, 또는 약간 다른 용어로 표현하자면, Schapiro가 강조하는 자질은 그러한 중요한 기준의 특별한 구현이다. 그리고 어떤 이론가들(예를 들어, Beardsley)은 통일성, 복잡성, 강렬함의 기준이 비록 반드시 규칙처럼 엄격한 방식으로 적용되는 것은 아니지만, 사실 비평가들의 사이에서는 상당히 많이 이용된다고 믿는다.

대상의 배치에 적용된 기준을 발견하는 데 관심이 있는 경우 비평가의 서술에서 반드시 식별되어야 하는 것은 평가되거나 평가된 대상(또는 그 안에 포함된 부분)일 뿐만 아니라 어떤 것이 좋거나 훌륭하다고 말하는 이유(또는 그것들의 반대)이다. 비평가가 호소하는 규범이나 기준은 명시된 사유에 포함되거나 암시될 수 있다. 예를 들어, 비평가들은 "X는 촘촘하게 구조된 형태 때문에 좋다"(이 경우, 통일성이 기준) 또는 "X는 디테일이 다양해서 좋다"(복잡성이 기준) 또는 "X는 섬세하고 우아해서 좋다"(강렬함이 기준)라고 말할 수 있다. 이런 비평가의 서술은 등급, 이유 및 기준을 포함하는 전반적인 평가에 더 자주 일어난다. 예를 들어, "비록 느슨하게 구성되어 있지만, X는 정교하게 표현된 디테일이 풍부하여 우아함과 섬세함을 느끼게 해주기 때문에 좋다"라고 판단될 수 있다. 여기서 우리는 작품을 찬양하는 이유가 통일성, 복잡성, 그리고 강렬함이라는 것을 알 수 있다. 또는 Schapiro가 세잔의 「생트 빅투와르산Mont Sainte-Victoire」의 미적 공간에 대해 말할 수 있었듯이 "구성적인 계획은 없는 것처럼 보이지만, 그것의 관계적 요소가 복잡하게 결합되고 맞물려 있는 것으로 보여질 때 엄청난 중요성을 지닌다." 다시 한번, 비평가들이 호소하는 독특한 미적 기준의 삼위일체성을 가진다. 그것은 통일성(예: "X는 잘 조직되어 있고, 공식적으로 완벽하며, 구조와 스타일의 내적 논리를 가지고 있다"), 복잡성(예: "X는 미묘하고, 상상력이 풍부하며, 대비가 풍부하다"), 강도(예: "X는 생생하고, 힘차고, 활력이 풍부하다", 또는 "X는 부드럽다"와 같은 경향이 있다. 섬세하고 아이러니하다.)[18)이다.

비평적 평가의 주요 구성 요소를 분류하는 것은 교육학적으로 유용하다.[19] 완전한 평가에서 (1) 평가 대상 또는 가치 객체, (2) 가치 항을 갖는 가치 객체의 등급, (3) 그 대상이 가치를 가지는 이유 및 (4) 그 이유에 의해 명시적으로 언급되거나 함축된 기준. 이유 (3)과 기준 (4)의 제시에 따라 비판적 판단 (2)는 그 타당성을 갖게 된다.

Schapiro의 세잔에 대한 설명을 다시 한번 생각해 보면, 가치의 대상(1)은 분명히 「생트 빅투와르산Mont Sainte-Victoire」 그림이다. 일반 등급 또는 가치 용어, 즉 '훌륭한good' 또는 '위대한great'과 같은 용어를 Schapiro는 사용하지 않지만, 한 지점에서 경이로운 용어를 사용한다. 적어도 부분적으로는 그 그림이 신기한 이유, 즉 (3)은 "화면의 광활한 드라마"와 관련이 있다. "막막한 화면"은 어떤 결정적인 이유가 있을까? 물론 우리가 절대 확신할 수는 없지만, 그것은 강렬함이라는 미적 기준을 암시하는 것처럼 보이며, 따라서 우리는 (4)에 "강렬함"을 기준으로 둘 수 있다. Schapiro가 "엄청난 강렬함으로 인해 경치가 놀랍다"라고 말했다면, Schapiro가 호소하는 미적 기준은 그가 진술한 이유에 의해 암시되는 것이 아니라 그 안에 담겨 있었을 것이다.

물론, 하나의 중요한 기준만으로 평가를 뒷받침하는 것은 항상 충분하지는 않으며, 최종 판결은 일반적으로 뚜렷한 미적 기준뿐만 아니라 인지적이고 도덕적인 기준으로 측정될 수 있다. 이렇게 여러 기준들로 평가되는 장점과 단점을 신중하게 평가하는 것을 의미할 것이다. 학교에서 공부할 작품을 선택할 때, 미적, 인지적, 도덕적 이유로 가치 있는 작품을 선택하는 것이 좋을 것이다.

비평적 역량을 개발하는 데 있어서 창조적 활동의 역할에 대해서는 언급하지 않았다. 그런 활동이 차지할 위치는 존재한다. 미술작품의 심미적 가치는 미술을 만든 경험이 있다면 더 효과적으로 실현할 가능성이 높다. 유년기와 초등학교 시기에는 사물의 모양, 소리, 촉각, 그리고 확실히 어떤 "약간의 정보들"에 대해 이런 느낌을 받을 때라고 생각한다. 아동의 지적 발달에 대해 우리가 배우고 있는 것은 이 제안과 일치하는 것 같다. 청소년들의 경우에 이러한 인식 능력과 개념을 형성하는 시기는 초기 몇 년 동안이며, 이후 그들은 더 정교하게 다듬고 더 공식적으로 이해하게 될 것이다.[20] 중등(7–12학년) 학령기와 그 후 몇 년은 저자가 지금까지 논의해온 심미적 교육을 이행하기에 이상적인 시기이다. 아마도 심미적 비평의 행위에서 암묵적으로 기능할 지식과 기술을 개발하기 위한 시기라고 부를지도 모른다.

미주

1) 신좌파 시위의 특정 스타일의 반지성주의와 반전문성은 Paul Goodman과 Robert Brustein의 저서 『신좌파를 넘어: 대립과 비판*Beyond the New Left: Confrontation and Criticism*』, ed. Irving Howe (New York: McCall, 1970) 에서 논의되었다. Monroe C. Beardsley는 또한 다음 문헌에서 새로운 사이키델 릭 임프레사리오*psychedelic impresarios*에 대해 좋은 논평을 했다 "Aesthetic Experience Regained," *Journal of Aesthetics and Art Criticism* 28, no. 1 (1969): 10-11. 또한 Daniel Bell의 논문 "The Cultural Contradictions of Capitalism," *Public Interest* 21 (Fall 1970)은 "자본주의, 문화, 교육"에 대한 주제에 몰두해서 a special double issue of the *Journal of Aesthetic Education* (January/April 1972)에 재판된 글이다.

2) 인간 경험의 중요한 영역에 대한 해석적 관점을 구축하는 일반 교육의 개념은 Harry S. Broudy, B. Othanel Smith와 Joe R. Burnett의 저서 『미국 중등교육 에서의 민주주의와 수월성*Democracy and Excellence in American Secondary Education*』 (Chicago: Rand McNally, 1964), chaps. 3, 4.

3) Kenneth Clark, 『*Looking at Pictures*』 (New York: Holt, Rinehart and Winston, 1960), 16-17.

4) Arthur Danto, "The Artworld," *Journal of Philosophy* 61, no. 19 (1964): 571-84.

5) 형태에 대한 고전적 분석은 DeWitt H. Parker의 저서 『미술 분석*The Analysis of Art*』 (New Haven: Yale University Press, 1926)에서 chap. 2. 부분에서 찾 을 수 있다. 또한 D. W. Gotshalk, 『미술과 사회적 질서*Art and the Social Order*』, 2nd ed. (New York: Dover, 1962)에서의 chap. 5에 실려있다. Monroe C. Beardsley, 『미학: 비평 철학에서의 문제*Aesthetics: Problems in the Philosophy of Criticism*』 (New York: Harcourt, Brace, 1958)의 chaps. 4, 5에서 발견되며, Thomas Munro의 저서 『예술의 형식과 스타일*Form and Style in the Arts*』 (Cleveland: Press of Case Western Reserve University, 1970)에도 실려 있다.

6) Charles L. Stevenson, "On the 'Analysis' of a Work of Art," *Philosophical Review* 67, no. 1 (1958): 44-45.

7) Charmion Wiegand, "The Meaning of Mondrian," *Journal of Aesthetics and Art Criticism* 2, no. 8 (1943): 70.

8) Frank Sibley, "Aesthetic Concepts," *Philosophical Review*, 68, no. 4 (1959): 421-50; "Aesthetic and Nonaesthetic," *Philosophical Review*, 74, no. 2 (1965): 135-59. 이 논문들은 심미적 판단과 비평 활동에 대한 어떤 시스템적 논의 모두를 포함한다.

9) E. H. Gombrich, "Visual Metaphors of Value in Art," in『미술교육에서의 미학과 미술비평*Aesthetics and Criticism in Art Education*』, ed. Ralph A. Smith (Chicago: Rand McNally, 1966), 174-75. Carroll Pratt, 『음악의 의미 *The Meaning of Music*』 (New York: McGraw-Hill, 1931), 150-215.

10) Meyer Schapiro, 『폴 세잔*Paul Cézanne*』 (New York: Harry N. Abrams, 1952), 88.

11) 거시적 의미와 미시적 의미들 간의 관계를 논의하기 위해서는 Monroe C. Beardsley의 저서 『비평의 가능성*The Possibility of Criticism*』 (Detroit: Wayne State University Press, 1970), 44-61를 참조

12) Virgil C. Aldrich, 『미술 철학*Philosophy of Art*』 (Englewood Cliffs, N.J.: Prentice-Hall, 1963), chap. 2.에서 Aldrich는 예술에서의 의미에 대한 질문은 "예술 작품에서 우리가 찾아야 할 것은 무엇인가?"로 가장 잘 표현된다고 제안한다(92).

13) Aldrich는 "사실, 묘사, 해석, 평가는 예술에 대한 라이브 토크에 섞여 있으며, 그것들을 구별하는 섬세한 직업이 있다. 그러나 예술 철학을 위해서는 살아있는 언어의 실제 논리적 차이를 고려하여 몇 가지 유용한 구별을 하는 것이 가능하다. 그래서 우리는 밑에 설명, 다음 단계인 접지 해석, 그리고 위에 있는 평가를 내려보자."라고 말한다. (ibid., 88-89).

14) Sibley, "심미적 개념Aesthetic Concepts."

15) Schapiro, 『세잔*Cézanne*』, 74.

16) 그것은 미학적 탐구적 비평의 구두 보고서라고도 할 수 있다. 그러나 이 보고서는 매우 평가적이고 설득력이 있어 Schapiro가 지적한 방식으로 그림을 보기 위한 주장으로 해석될 수 있다. 이것은 다소 특별한 주장의 사용이지만 필자가 허용할 수 있다고 생각하는 주장이다. Schapiro의 설명을 문제 삼은 또 다른 비평가는 그림에 대한 자신의 설명을 제공함으로써 합리적으로 그것을 할 것이다. 이것이 비평가들이 서로 논쟁하는 방식이다. 심미적 논쟁에서 설득의 역할에 대한 교훈적인 글을 사용한다. Brian S. Crittenden, "Persuasion: Aesthetic Argument and the Language of Teaching," in 『*Aesthetic Concepts and Education*』, ed. Ralph A. Smith (Urbana: University of Illinois Press, 1970), 227-62.

17) Beardsley, 『미학*Aesthetics*』, chap. 10; and "The Classification of Critical

Reasons," *Journal of Aesthetic Education* 2, no. 2 (1968): 55-63.

18) Beardsley, 『미학*Aesthetics*』, 462.

19) 비판적 평가의 구성요소를 설정할 때, Othanel Smith와 그의 동료들이 사용한 수업 평가를 도표로 작성하는 방법을 기억하며, 그는 다음 연구에 참가했다. 『교수전략 연구*A Study of the Strategies of Teaching*』 (Urbana: Bureau of Educational Research, University of Illinois, 1967), 163.

20) Ralph A. Smith, "Psychology and Aesthetic Education," *Studies in Art Education* 11, no. 3 (1970): 20-30, Charles W. Rusch, "On Understanding Awareness," *Journal of Aesthetic Education* 4, no. 4 (1970): 57-79.

제8장

미술교육을 위한 수월성 교육과정

컬럼비아 대학교의 Teachers College에서 개최되었던 예술교육과정 심포지엄은 예술과 심미적 교육에 대해 논하는 자리여서 특별한 즐거움을 가져다 준 자리로 기억된다. 이 심포지엄이 열린 시기는 필자가 학교로 다시 들어온 직후로 그동안 고민했던 예술과 교육의 양쪽 연구에 자극을 받는 계기가 되었다. 1950년대 초와 이후 10년이라는 기간은 일명 큰 변혁이 일어나지 않은 시기로 나에게는 맨해튼의 예술계를 한눈에 볼 수 있는 웨스트 120번가를 빈번하게 여행하면서 예술에 대한 관심을 가지게 되었던 때였다. 금요일 오후에는 늘 화랑과 박물관을 방문하기 위한 시간을 가졌고, 웨스트 79번가에 있는 로젠버그Rosenberg의 방문은 일상 있는 일이었으며, 그와 만나면 시내에 있는 시드니 제니스Sidney Janis와 베티 파슨즈Betty Parsons 갤러리를 빠지지 않고 갔었다. 그 미술관은 펜실베이니아 서부의 한 음산한 계곡에 위치했던 곳으로 가장 흥미로운 장소로 기억된다. 주말에는 매트the Met, 프릭the Frick, 신구겐하임the new Guggenheim, 그리고 클로이스터the Cloisters 갤러리들에 예약해서 방문했었다.

1950년대의 10년 동안의 시기가 강한 기억으로 새겨진 합당한 이유가 있다. 1950년대는 모더니즘이 활발했던 시기로, 뉴욕이 국제 미술계의 중심이 되던 시기였음을 기억해보자. 특히 그 10년이 지나면서 모든 곳에서 문화연구가 확대되고 새로운 전성기를 맞이하고 있었다. 콜롬비아에서 Meyer Schapiro는 로마네스크 미술과 후기 인상주의 미술에 대한 그만의 인식으로 대학원생들을 흥분시켰고, Howard Davis는 북부와 이탈리아 르네상스 회화의 우수성을 학부생들의 감상 수업에 사용했으며, Lionel Trilling은 이데올로기의 추상성에 대항하는 문학의 능력을 발휘하고 있었다. 건너편에서, 아직 Teachers College의 총장은 아니었지만 미국교육의 탁월한 역사가였던 Lawrence A. Cremin은 Arnold식 용어로 미국교육에 대한 해석을 삶의 낙으로 삼고 있었다. 이는 가장 우려되는 모든 문제들, 다시 말해서 우리가 안고 있는 모든 문제들에 대한 지식을 해석하고 인간화하려는 노력이었다. Richard Hofstadter가 『아메리칸 라이프의 반지성주의 *Anti-intellectualism in American Life*』에서 설명한 것은 민주주의 사회에서 결코 쉬운 일이 아닐 것이다. 뿐만 아니라, 지난 10년 동안 『지성의 집*The House of Intellect*』에서 Jacques Barzun은 현대 사회가 평범한 교육의 수혜자가 아니라 최고의 교육을 받은 사람들의 반지성주의에 점점 더 관심을 가져야 한다고 경고했다.

1950년대라는 시기가 지금 보기에는 보수적인 꼬리표를 달고 있는 것처럼 보이겠지만, 지적인 문화적 호기심이 있는 대도시의 젊은이에게는 감당하기 어려울 정도의 과도한 열정을 제공한 시기였다. 만약 그 10년이 조용했다고 생각한다면, 그것은 뒤이어 들려오는 시끄럽고 떠들썩한 10년과 비교해서 상대적으로 그렇게 느껴졌을 것이다. 1950년대가 필자의 생각에 끼친 영향은 그 이후의 몇몇 사건들과 징조들을 필자가 차분하게 바라만 볼 수 없었던 요인들을 통해 잘 알 수 있다. 이념적 사고의 부활, 지적 수준에 대한 공격에 저항하지 못하는 고등교육의 실패, 그리고 포스트모던의 문화적 가치에 대한 평탄화 징후들을 보면, 1950년대를 조용할 뿐만 아니라 어쩌면 더 건강한 시대로 보이게 한다.[1]

나로 하여금 1950년대를 순수하고 단순하게 보이도록 한 것은 Arnold식 용어 때문이라는 것을 확실히 깨달을 수 있었던 것은 Matthew Arnold와 함께 하는 어떤 믿음 때문이었다. 그는 민주주의 사회를 위한 유일한 이상은 수월성에 있으며, 가능한 최고의 자아를 추구하는 것이라는 믿음과 이런 이상을 당연하게 여기는 사람들은 진정한 평등의 사도들이라고 할 수 있다는 믿음을 가지고 있다. 남성 혐오적인 엘리트주의적 이상은 별도로 하더라도, 여기서 강조하는 것은 보편적 교육과 학교 교육을 통해 얻을 수 있는 성취를 이전에는 소수의 특권으로 여겼지만, 이제는 다수에게 기대할 수 있다는 믿음이다.

Arnold가 19세기에 주장했던 민주주의의 이상과 수월성에 대한 이야기는 최근 몇 년 동안 들어왔던 이야기일 수 있다. 수월성과 보편성에 대한 헌신이 그것이다. 이것은 우리가 교육적 사고에서 거의 드물게 일어나는 Arnold의 시대를 경험하고 있다는 것을 의미한다. 그리고 이 깨달음으로 인해 필자는 미국미술교육협회를 대표하여 수월성 교육운동에 대한 집필을 요청받아 '민주주의와 예술교육'이라는 주제로 글을 썼다. 이때 쓴 글로『미술교육에서 수월성: 아이디어와 전략*Excellence in Art Education: Ideas and Initiative*』이라는 제목의 책이 나왔다.[2] 예체능 교육과정이 전환되는 시기에 심미적 교육을 미래의 관점에서 바라보았는데, 이 내용들이 당시에 쉽게 받아들여진 것은 아니었다. 이에 대한 문제를 보다 효과적으로 인식할 수 있도록 몇 가지 제안을 짚어보겠다.

그 저서에서 수월성Excellence에 대한 첫 번째 명제는 미술교육에서 영재성을 겨냥하여 유치원부터 12학년까지 일반교육과 교양교육에 대한 공약이었다. 교육은 비전문가에 적합한 학습으로 구성될 때 일반교육의 성격을 지니며, 학생들이 대략적으로 동일한 개념과 기술을 배우고, 확실히 개인적인 이익을 추구할 수 있는 기회를 가지고 유사한 과제를 수행하도록 할 때 교양교육적인 성격을 가진다. 그 저서에서의 수월성Excellence은 1차 년도 연구에서 진행된 일반교육의 토대 위에서 2차 년도에서 강조하지만, 그 질적 측면에 대한 우려가 있으며 전체 커리큘럼이 영향을 미치지 않는 한 2차 년도에서 제기한 수월성에 대한 약속은 무의미하다. 질에 대한 우려는 사실 교실 현장수업에서부터 교장실의 행정적 업무에 이르기까지 학교 전체 환경에서 검토되어야 한다. 그렇다면 미술교육의 수월성에 대해 이야기하는 것은 뛰어난 예술작품의 자질과 의미, 그리고 그들이 감당할 수 있는 가치 있는 경험뿐만 아니라 일반적으로 성취 태도에 대한 것을 의미한다. 그러한 태도는 고전적인 시기인 고대로 거슬러 올라가는 길고 숭고한 역사를 가지고 있다. 저명한 고전학자 Moses Hadas는 『그리스 이상과 그 생존*The Greek Ideal and Its Survival*』에서 다음과 같이 썼다. "세계가 그리스사람들을 존경해 온 것은 현저하게 높은 수준의 독창성과 업적 때문이며, 이 높은 수준들의 업적물은 개인들의 성취의 중요성에 대한 깊은 확신을 전제하고 있다. 수월성의 목표, 달성 수단, 그리고 (매우 중요한) 승인 여부는 모두 인간의 판단에 의해 결정된다."3)

수월성Excellence에 대한 공약은 일반교육과 교양교육적인 임무를 모두 수행해야 하는 것을 의미한다는 점이다. 필자는 수월성Excellence에 대한 저서에서 예술이 독특한 목적, 개념, 그리고 기술로 특징지어지는 영역으로서, 그 자체로 하나의 과목으로서 연구되고 학습되어야 할 자격이 있다고 주장한다. 예술은 고대부터 사상과 행동에 영향을 미치는 힘으로 언급되어 왔고 그것을 통제하려는 전체주의 사회들의 결정에서 특히 그 효력이 증명된 인류의 최고 업적 중 하나이며, 그것은 그 자체로 교육과정에서의 시간과 공간을 내어줄 가치가 있음을 강조한다.

이러한 견해는 Mortimer Adler의 『파이데이아 프로그램*The Paideia Program*』, John Goodlad의 『학교라는 장소*A Place Called School*』, Ernest

Boyer의 『고등학교High School』, Theodore Sizer의 『호레이스의 타협 Horace's Compromise』 등 최근에 발표된 다수의 보고서, 연구 및 성명서에 나온 내용과 일치할 뿐만 아니라 교육 문헌들과도 상당히 일치한다.4) 이 문헌들에서 중요한 것은 예술이 교육과정의 기본 과목이 되어야 한다고 주장한다는 것이다.

그러나 예술은 일반교육 프로그램에서 과목으로 편성되어야 한다는 것이 무엇을 의미하는지 더 자세히 설명하지 않고 수월성에 전념해야 한다고 말하는 것으로는 그 중요성에 대한 가치가 전달되지 않을 것이다. 수월성 Excellence에 대한 저서에서 예술교육의 일반적인 목표는 예술의 탁월성을 인정하는 기질의 개발이라고 제안한다. 예술의 탁월성은 인간의 인식과 경험의 범위를 강화하고 확대하기 위해 최선을 다하는 예술 작품의 역량과 예술의 고유한 자질을 모두 가정하는 것에서 파생되는 것이다. 따라서 그 저서에 감각의 탁월성의 대한 본질을 하나의 장으로 구성하여 제시하였다.5) 예술의 본질적인 가치들에 관한 한, 예술작품은 직접적인 인식과 상상력을 자극하는 것뿐만 아니라 고도의 심미적 만족과 인본주의적인 통찰력을 가질 수 있는 잠재력이 있다고 주장할 수 있다. Kenneth Clark가 그의 저서에서 말하는 최고의 구성력, 느낌의 강렬함, 뛰어난 디자인, 비타협적인 예술적 진실성, 상상력의 힘, 시각의 독창성, 그리고 인간 가치의 심오한 감각에 의해 예술작품은 그러한 잠재력을 가지고 있다. 그는 조토의 「죽은 그리스도에 대한 개탄Lamentation over the Dead Christ」, 라파엘의 「아테네 학당School of Athens」, 루벤스의 「십자가의 죽음Descent from the Cross」, 렘브란트의 「야간 경찰Night Watch」, 쿠르베의 「오르낭의 장례식Funeral at Ornans」, 피카소의 「게르니카Guernica」 등의 작품들을 언급하지만, 서구적인 작품뿐만 아니라 비서구적인 작품들 모두 언급될 수 있다.6)

수월성Excellence에 대한 두 번째 명제는 예술의 탁월성을 감상하는 것은 학생들이 예술을 인식하고, 역사적으로 이해하고, 그것을 심미적으로 감상하고, 창조하고, 비판적으로 생각하는 것을 배우는 수많은 맥락에서의 학습을 의미한다는 점이다.[7] 그러한 맥락은, 무엇보다도, 정보의 직접 전달과 심미적이고 비평적인 기술의 코칭이 포함된 다양한 교육 방법을 제시한다. 이러한 다양한 맥락에 대한 아이디어와 개념은 미술교육의 지식의 구조를 구성하는 토대가 된다. 그러나 계획 없이 무심코 그 맥락들이 들어가선 안 된다. 수월성 교육과정은 순차적 학습을 전제한다. 그러한 커리큘럼은 일반적으로 심미적 학습이 도입 단위, 역사 단위, 감상 단위, 스튜디오 및 공연 단위, 세미나 단위, 그리고 실현 가능할 경우 문화 서비스 단위(예: 6년에 걸쳐 11개 단위, 즉 7~12등급)로 구성된 일련의 연구에 따라 이루어진다고 제안한다. 만약 현재 중등 수준에서 가르치고 있는 모든 예술이 재편성되고 수월성교육과정의 일부가 될 수 있다면, 그러한 추천은 처음에 보이는 것처럼 유토피아적이지는 않을 것이다. 그것은 역시 참신하지도 않다. 그것은 지난 20년 동안 출판된 많은 중등교육 철학의 재료이다.

수월성Excellence에 대한 저서에서 중요하게 주장한 것은 순차적 학습이다. 왜냐하면 예술 작품을 접하고 경험할 때 생각하고 느끼는 예술 감각을 체계적으로 쌓아야 하기 때문이다.[8] 그러한 감각은 무엇보다도 예술에 대한 예비적인 사고를 통해 발전된다. 그 후 미술의 역사적 연구, 선택된 고전과 걸작의 깊이 있는 감상, 예술작품의 질과 힘에 대한 느낌을 다듬는 스튜디오와 공연 연습, 수수께끼 주제와 이슈에 대한 비판적 분석, 그리고 가능하다면 예술계의 실제의 어떤 것을 경험을 위해 문화 단체에서 일한다.[9] 이러한 일련의 연구를 거친 학생들은 자율성과 독립적인 판단력으로 예술을 접하고 그들의 학습과 경험에 상응하는 수준에서 예술의 독특한 가치를 경험할 수 있다.

수월성Excellence에 대한 저서에는 순차적 학습에 대한 한 가지 예가 제시된다. Clark는 명작의 특징을 설명할 때, 예술적 위대함의 모든 점들 중 두 가지가 특히 중요하다고 강조한다. 그는 "단 하나의 아이디어를 형성하는 기억과 감정의 조화, 그리고 전통적인 형태를 재현하는 힘을 말한다. 그래서 그들은 예술가 자신이 살아온 시대를 표현하고 그것과의 관계를 유지하게 된다."10) Clark가 강조하는 것은 예술적 천재성이 혁신뿐만 아니라 연속성에 부여하는 중요성이다. 즉, 새로운 매력적인 이미지를 창조하는 과정에서 옛 요소들이 어떻게 변화되어 왔는지 보지 않으면 걸작을 제대로 엮을 수 없다. 이것은 그림이나 조각 작품만큼이나 좋은 영화나 건축 작품에서도 마찬가지이다. 다시 말해서, 예술을 맥락 속에서 순차적으로 공부하는 것은 예술작품을 경험하는 데 필요한 세 가지 주요한 속성들 – 역사적 인식, 심미적 감상, 비판적 판단을 강화하는데 도움이 된다. 창의적이고 수행적인 활동은 이러한 기질을 다듬고 강화하는 데 도움이 된다. 그러므로 우리는 수월성 교육과정의 성공적인 완성이 학생들로 하여금 그들의 문화적 전통을 자랑스러워하고, 심미적 소통의 특별한 성격을 이해하고, 심미적 가치를 비판적으로 성찰할 수 있게 한다고 말할 수 있다.11)

수월성Excellence 교육과정의 목적과 목표가 이해되면, 커리큘럼 평가가 이루어진다. 평가는 적절한 목표가 설정되었는지, 올바른 방향으로, 적절한 순서에 따라 움직이고 있는지 여부, 그리고 적절하게 배분되어 개발되고 있다는 증거가 있는지 여부에 초점을 맞출 것이다. 간단히 말해서, 수월성 Excellence에 대한 저서에서 무엇이, 언제, 어떻게, 얼마나 잘 개발되는지에 대한 문제를 다룬다.

또한 수월성Excellence에 대한 저서에서 학교라는 기관 주로 공립학교가 젊은이들이 심미적 학습을 추구하는 가장 우수한 기관으로 보고 있다는 점도 분명히 해야 한다. 물론 다른 문화 기관과의 접촉점이 있을 수 있다. 가장 명백하게 박물관과의 접촉점이 요구된다. 수월성 교육과정은 가능한 경우 문화 서비스 부서의 잠재적 가치를 추천한다. 그러나 정책적인 관점에서 볼 때, 비전통적인 교육기관에 과도한 투자가 있어서는 안 된다. 궁극적으로, 예술교육의 경우는 학교의 지식 있는 예술 선생님들에 의해 이루어질 것이다.

수월성Excellence의 세 번째 명제는 미술 교사가 되기 위한 준비에 있어, 인문학 분야에서의 실질적인 작업에 특히 역사, 철학, 그리고 예술에 대한 비판적인 연구에 더 많은 시간을 할애해야 한다는 것이다. 예술교육에 대한 현재의 이 저서를 대표하는 예술에 대한 학문적 관심을 심각하게 받아들이면서, 수월성Excellence 저서는 우리가 새로운 학문적 책임들을 다루기 위해 예술 중등 교사를 적절히 준비하고 있는지 그리고 그렇지 않다면, 우리가 새로운 패턴을 설계할 필요가 있는지에 대해 토론하기 위해 문제를 제기한다. 예를 들어, 예술 중등교사의 훈련은 영어, 역사, 수학, 외국어과의 패턴을 채택해야 하는가? 이 교과목에 장래성을 갖추기 위한 교사들은 사범대학이 아니라 인문과학대학과 문과대학에서 교과목을 숙달할 수 있는 전문성을 획득한다. 또한 인문학과 기타 교양과목의 학습을 교육대학과 조정하는 역할을 하는 학교나 대학에 새로 디자인된 미술교육 단위가 만들어지지 않을까? 물론, 교육대학들은 교육이론에 관한 일을 계속 제공할 것이며, 필자는 사범대학의 해체를 추천하는 것은 아니다.

그러나 만약 우리가 예술과 예술교육의 수월성에 대해 이야기하고, 역사적, 감상적, 그리고 비평적 목표의 중요성을 설명하며, 실제로 예술에 대한 연구를 더 학문적으로 구성하려 한다면, 그래서 근본적으로 다른 교육 개념들을 중등 수준에서 생각하고 있다면, 교사들은 다른 분위기 속에서 준비해야 함을 인지해야 한다. 그러나 예술교육 전공학과가 자체적으로 변모할 수도 있고 중등학교들과 그리고 인문학부 전공학과들과 함께 협업 관계를 발전시킬 수 있다면, 새로운 설정과 실행 방식은 필요 없을 것이다. 교양대학이 추가적인 책임을 지는 것을 원하지도 않는다. 그러나 타 분야의 교육에서 그러한 책임을 받아들였다.

중등교육 수준에서 인문학 개념으로 더 나아가고자 하는 미술교육 방향과 새로운 환경에서 교사를 준비시키자는 제안은 수월성Excellence과는 대조적 측면 중 하나일 수 있다. 그러나 그 제안은 추가적인 중요한 논의를 열려는 의도이다. 이러한 제안을 하는 데 있어 중요한 고려 사항은 궁극적으로 교사가 되기 위한 준비의 새로운 패턴이 학교에서의 예술에 대한 학습을 향상시킬 것인지와 자격을 갖춘 젊은이들을 그 분야에 종사하도록 할 수 있는지 여부이다.

그러나 수월성Excellence에 의해 제기된 또 다른 문제는 미술 교육자들이 John Goodlad가 학교에 대한 연구에서 관찰했던 문제를 무시할 수 있느냐 하는 것이다. 오늘날 학교에는 수많은 좋은 프로그램과 예술 교사들이 있다는 점을 감안할 때, ─ 아마도 록펠러 형제 기금Rockefeller Brothers Fund과 일부는 게티 센터the Getty Center ─ 우리는 문화적 대상으로서 예술에 대한 연구를 한 대가로 예술을 단순하게 "연주, 연마, 공연"이라고 특징지었던 예술교육의 전반적인 혼란 상태를 간과해서는 안 된다.[12] 학생들이 예술 수업을 즐긴다고 보고하는 동안, 그들은 또한 그러한 수업이 쉽고 중요하지 않다고 생각한다. 예술교육학회 학술대회와 학술지에 자주 논문을 발표하고 환영받는 학자로서 Goodlad의 견해는 신뢰를 저버리기에는 수많은 문제를 지적하고 있다. 그래서 수월성Excellence의 저서에서 나는 Goodlad가 묘사한 혼란스러운 점을 주목할 것을 제기했다. 우리가 간과할 수 없는 한 가지 사실은 오늘날 많은 젊은이들이 교육보다 다른 전문 분야를 더 매력적으로 생각하고 있다는 것이다. 여기에는 예술교육이 포함된다. 예술교육 분야의 존립이 변화에 달려 있다고 말하는 것은 의심의 여지없이 현 상황에 너무 불길한 해석을 하는 것은 맞지만, 우리는 문제가 없는 척 그냥 넘겨서는 안 된다.

수월성Excellence의 네 번째 명제는 수월성에 대한 헌신은 전통과 현대 문화의 주장을 모두 동등하게 인정해야 한다는 것을 의미한다는 점이다. 예술작품을 생각하고 체험하는 예술적 감각의 형식적, 체계적, 순차적 구축이 중요하다고 강조해 왔다. 예술작품과의 지적인 만남은 수많은 물건들로 이루어진 풍부한 인식 덩어리들을 전제로 이루어지지만, 무엇보다도 예술과 예술사에 대한 감각이다. 이것 자체가 예술사에 대한 감각을 개발하는 것을 강화하는 것처럼 보일 것이다. 심지어 역사를 자의적으로 거부하는 예술가들도 그들이 어떤 반응을 보이는지에 대한 강한 감각으로 역사를 거부한다. 그러나 그런 예술가들은 비교적 드물다. 어떤 사람들은 우리에게 전통 예술은 아이디어, 영감, 그리고 모델을 위해 끊임없이 되돌아옴으로써 중요하다고 말한다. 우리는 19세기의 세잔을 떠올리며 17세기의 푸생, 20세기의 피카소를 떠올리며 적어도 고전적인 것이 아니더라도 사실상 이전의 모든 시대를 회상한다. 네오리얼리즘과 네오표현주의 같은 경향은 과거를 재해석한 것이다. 그럼에도 불구하고 우리는 과거에 대한 연구는 관련이 없어 젊은이들에게 문화유산의 가장 훌륭한 업적들을 알게 할 필요가 없다고 주장하는 책들을 계속 읽고 있다. 아마도 Clark 자신도 인정한 것이기에, 전통적인 예술은 신성하든 세속적이든 간에 집단의 가치를 치하하기 위한 목적으로 사회의 지배적인 집단들에 의해 크게 위임된 것이었을지도 모른다.13) 그러나 그것은 전통적인 예술 작품들이 무관하다고 여겨지는 것은 이런 주장들에 의해서만이 아니다. 서로 다른 믿음과 가치관에 반향을 일으킨 것으로 알려진 노동자 계급 문화 구성원들과 민족 집단들을 접근할 수 없도록 한다는 의견에 따른 것이다. 간단하게 말해서, 수월성 추구는 민주적 가치의 증진과 맞지 않는다는 견해가 간간이 표출된다. 현재의 교육에서의 수월성 운동은 소수 집단을 탄압하고 학생 창의성을 근절하기 위한 과장된 전략이라고 비난하기조차 한다. 그러한 혐의는 수월성을 추구하는 것이 부도덕하다는 것을 암시한다. 문화유산을 연구하는 대신에 사람들은 그들이 원하는 종류의 문화적 혜택을 제공받아야 한다는 것을 암시한다.14)

그러나 Clark가 지적한 바와 같이, 우리가 간과한 것은 많은 예술이 창조된 환경에도 불구하고, 종종 다수의 사람들이 엄청나게 즐겼다는 점을 오히려 기록들이 명백히 보여준다는 것이다. 예를 들어, 14세기 초 시에나 주민들이 두치오의 위대한 제단인 「마에스타Maestà」의 완성에 어떻게 기뻐했는지, 그리고 그 행사가 어떻게 도시 거리를 통해 큰 축제와 행렬로 장식되었는지 등을 읽을 수 있다.[15] 대다수의 시민적 자부심이 표출되는 현대 작품들에서 그 예를 들 수 있다. 과거에서 그런 기록들을 찾아보자면, 이탈리아 남부의 레지오 디 칼라브리아 주민들이 마을 앞바다에서 이른바 '리아스의 전사Reggio di Calabria'라는 새로운 고전적 인물을 발견한 데 대한 반응을 참고할 수 있다. 이 인물들이 단지 삼류 혹은 사류의 조각가에 불과했다면, 그것들에 대한 관심이 덜했을 것이고, 아마도 리아스의 전사Reggio di Calabria가 우승하면서 피렌체와 영구적인 전시 경쟁은 일어나지 않았을 것이다. 다시 말해서, 높은 문화적 성취는 어떤 도시, 국가, 또는 문명에 대한 지속적인 자부심이다.[16] 또한 Hannah Arendt가 인간의 조건에 대한 연구에서 예술에 대해 말한 것을 떠올려보자. 예술 작품은 그들이 창조된 시기와 시대, 한때 의도했던 기능 모두를 훌륭하게 초월한다.[17]

예술이 가진 시간과 목적을 초월하는 힘에 대한 하나의 예를 들자면, 수월성Excellence에 대한 저서에서 인용된 Nelson Edmonson의 사례이다. 그는 왜 불가지론자인 그가 형식적인 자질뿐만 아니라 많은 전통적인 종교 예술의 표현적 의미도 이해할 수 있었는지를 물었다. 「마리아와 그리스도 아이Mary and the Christ Child」로 불린 비잔틴의 상징인 「블라디미르 하나님의 어머니Vladimir Mother of God」를 예로 들면서 그는 아이들이 신자들을 위해 행하는 역할을 주지해서 보라고 한다. 그것들은 은혜를 받고자 하는 목표와 신의 예언적 비전의 충족과 관련이 있다. 그러나 Edmonson은 종교적 의미와 기능이 어떻든지 간에, 그에게 이 아이콘은 "인류가 하나의 강력한 이미지에 초점을 맞추고, 그에 따라 사랑에 의해 완화되는 고통에 대해서 공통적으로 일어나는 인간적 조건인 공유의식을 불러일으킬 수 있는 놀라운 창조적 능력을 만들어 준다."고 언급한다. 그는 모든 신앙심을 가진 사람들이나 전혀 믿지 않는 사람들이건 간에 "더 큰 인간 드라마의 필수적인 요소가 되는 감각"을 경험할 수 있다고 말한다.[18] 이것은 예술작품들이 종교적 교리를 초월하고 그것들이 속한 시대를 초월하는 하나의 방법이다. 우리가 이러한 작품에 반응하는 것은 공유된 인간성에 대한 인식이다. 이 예는 과거와의 관련성을 명확하게 하고, 왜 고전 학자인 William Arrowsmith가 문화유산이 문자 그대로 그런 관련성에 의해 전율을 느끼게 하는지에 대해 언급했던 것들을 우리가 이해할 수 있도록 도와준다.

이러한 고려 사항들은 문화유산 속에 창조된 최고의 것들로 젊은이들을 교육시키려는 노력이 정치적으로 억압적이라는 믿음을 받아들이기 어렵게 한다. 용어들을 어떻게 선택해서 가르치는가가 바로 그 문제에 편견을 갖게 하는 경향이 있다. 우리가 강제성을 말하는 대신, 강제성과 불법성의 관련성을 통한 접근을 부여해보라고 해보자. 개인적 관심들을 억압하는 것을 두려워하는 대신, 젊은이들이 문화의 본성들에서 자유롭게 해방시키는 것을 강조해보자. 그리고 지배적인 힘의 행사를 비난하는 대신에, 젊은이들에게 이해와 감상의 문제들을 선택하라고 해보자. 정치적 억압의 언어는 왜곡된 속성을 가지고 있다. 인간 인식의 폭을 넓힐 수 있는 능력을 가진 젊은이들이 경험을 강화하기 위해서뿐만 아니라 인간 깨달음의 지평을 확대하기 위해서 파악하고 도달해야 할 것은 권위주의도 아니고 남성적인 엘리트주의도 아니다. 반대로, 그것은 지금까지 소수의 특권이었던 교육의 방식을 대다수가 누리도록 기대하는 것이다.

사람들에게 그들이 원하는 종류의 문화가 제공되어야 한다는 믿음은, 사람들, 특히 젊은이들이, 대개 그들의 흥미와 취향에 대해 불확실하기 때문에, 그들이 그들 스스로 지적인 문화적 결정을 내리기 전에 즐기고 감탄할 수 있는 범위의 것을 알아야 한다고 지적함으로써 반박될 수 있다. 확실히 최고의 취미를 기를 기회가 주어진다면, 그런 것들에 등을 돌릴 이유가 없을 것이기에 그들에게 스스로 원하는 문화를 결정하라고 하는 것은 주제넘은 일이다. 이외에도 반박할 수 있는 증거가 너무 많다. Marva Collins에게는 확실하게 시카고의 소수민족 아이들을 위한 학교가 사람에 대한 존중과 전통적으로 최고가 되는 것 모두를 양립할 수 있다는 사실이 명백하게 납득

되지 않는다. 심지어 Collins는 사람들을 그들이 좋아하거나 좋아해야 할 것을 이미 알고 있는 것처럼 대하는 것은 그들을 인간 이하로 대우하는 것이라고도 말해왔다.[19]

지면이 허락된다면 Robert Penn Warren의 1974년 제퍼슨 강의, 『민주주의와 시Democracy and Poetry』를 요약하는 것이 가치가 있을 것이다. 이 나라 최초의 시인이었던 Warren은 민주주의와 시의 가치, 그리고 그가 일반적으로 의미하는 시는 정말로 양립할 수 있다고 말한다. 그는 뛰어난 예술작품은 조직화된 자아에 대한 필수적인 긍정과 이미지뿐만 아니라 "우리를 우리 자신에게 되돌려주는 경험의 신선함과 즉각성을 제공하는 영원한 경험의 가능성"으로서 가치가 있다고 쓰고 있다.[20]

뛰어난 예술이 가치 있는 경험의 영속적인 가능성으로서 갖는 독특한 힘은 이러한 발언들을 끝내는 데 적합한 내용이다. 수월성Excellence에 대한 저서에서 말하는 모든 것은 민주주의가 평범한 사람을 소중하게 여기지만, Ortegay Gasset가 주장했던 평범한 사람들의 마음이라고 부르는 것을 소중하게 여기지 않는다는 것을 깨닫는 것이다. 이는 평범함을 그 자체로 아는 것만이 아니라 가능한 범위에서 평범성을 강요할 권리를 선언하는 마음이다.[21] Matthew Arnold는 대중 민주주의의 도래로 많은 사람들의 자유와 에너지가 원래의 자아가 가진 것보다 더 이상적인 봉사로 전개되지 않는다면, 즉 가능한 최고의 자아의 봉사에 사용되지 않는 한, 보통의 자아의 봉사에 사용되지 않는 민주주의는 곧 소멸될 것이라는 것을 깨달았다.[22] 중요한 것은 초월의 가능성이며 비통용적인 것이 될 수 있는 가능성이다. 우리는 예술이 그런 초월을 가능하게 하는 가장 좋은 것 중 하나라고 말할지도 모른다. 예술은 평범함을 초월할 가능성을 영원히 상기시켜 주며 뛰어난 예술은 우리를 평범한 존재로부터 끊임없이 멀어지게 함으로써 우리 자신을 특별한 존재로 만들어준다. 예술교육도 이에 못지않게 평범함을 벗어나 초월적인 힘으로 가치 있는 경험의 영속적 가능성을 가지고 수행되어야 한다.

미주

1) 아마도 더 실질적이고 창의적일 것이다. 예시로 다음 문헌을 참조해보면 알 수
   있다. Allan Bloom의 토론 the 1950s and 1960s in 『The Closing of the
   American Mind』 (New York: Simon and Schuster, 1987), 313-35.
2) Ralph A. Smith, 『미술교육에서 수월성: 아이디어와 대책Excellence in Art
   Education: Ideas and Initiatives』, updated version (Reston, Va.: National
   Art Education Association, 1987). Excellence in Art Education을 위한 NAEA
   운영위원외에 의해 권고되어 시행된 첫 번째 출판물이며, 이 이 위원들은
   Randall S. Craig, Margaret DiBlasio, Arthur Efland, James U. Gray, W.
   Dwaine Greer, Grace Hampton, Marilyn Johnston, Clyde McGeary, Jean C.
   Rush, and Nancy MacGregor이 당연직 위원들로 구성되었다.
3) Moses Hadas, 『그리스의 이상과 생존The Greek Ideal and Its Survival』 (New
   York: Harper Colophon Books, 1966), 13.
4) 이 문헌의 토론을 위해서는 나의 저서를 5장 내용을 참조 『미술교육의 수월성
   Excellence in Art Education』, chap. 5.
5) Ibid, chap. 2.
6) Kenneth Clark, 『걸작이란 무엇인가?What Is a Masterpiece?』 (New York:
   Thames and Hudson, 1979).
7) Smith, 『미술교육에서 수월성Excellence in Art Education』, chap. 3.
8) 미술의 감각에 대한 자각은 다음 저서에 잘 설명되어있다. Arthur Danto, 『공공
   일반 장소의 변화The Transfiguration of the Commonplace』 (Cambridge,
   Mass.: Harvard University Press, 1981).
9) 서비스 단위에 대한 아이디어는 Boyer의 다음 보고서에서 가져온 내용들이다.
   Boyer, 『고등학교: 미국중등교육보고서High School: A Report on Secondary
   Education in America』 (New York: Harper and Row, 1983), chap. 12.
10) Clark, 『걸작이란 무엇인가?What Is a Masterpiece?』, 10-11.
11) 그런 목적은 Levi가 인문학교육을 위해 제안해왔던 것이다. Albert William Levi,
   『인문학의 오늘The Humanities Today』 (Bloomington: Indiana University
   Press, 1970). 또한 그의 논문 "Literature as a Humanity," Journal of
   Aesthetic Education 10, no. 2-4 (1976).를 참조하면 알 수 있다.
12) John Goodlad, 『학교로 불리는 장소A Place Called School』 (New York:

McGraw－Hill, 1984), 218-20.

13) Kenneth Clark, "Art and Society," in 『비전의 순간*Moments of Vision*』 (London: John Murray, 1981).

14) 이는 Herbert S. Gans의 『대중 문화와 고등 문화*Popular Culture and High Culture*』 (New York: Basic Books, 1974).에서 그의 지위를 말해준다.

15) 그런 축제에 대한 설명을 위해서 다음 문헌을 참조 John Canaday, 『화가의 삶 *Lives of the Painters*』 (New York: W. W. Norton, 1969), 1:15-16. 레지오 디 칼라브리아의 주민들이 문제의 고전적 인물들의 발견에 대한 반응에 관한 보고 서를 위하여 뉴욕 타임지 The Newyork Times, 12 July 1981. 참조.

16) 예를 들어, Stuart Hampshire가 "사적 쾌락과 공공의 재산(Private Pleasures and the Public Purse)," 다음 저서의 리뷰에 쓴 글에서 한 말을 참조. Janet Minahan's 『문화의 국유화*The Nationalization of Culture*』 (New York: New York University Press, 1977), in the Times Literary Supplement, 13 May 1977.

17) Hannah Arendt, 『인간 조건*The Human Condition*』 (Chicago: University of Chicago Press, 1958), 167.

18) Nelson Edmonson, "An Agnostic Response to Christian Art," Journal of Aesthetic Education 15, no. 4 (1981): 34.

19) Hampshire, "Private Pleasures and the Public Purse."

20) Robert Penn Warren, 『민주주의와 시*Democracy and Poetry*』 (Cambridge, Mass.: Harvard University Press, 1975), 72.

21) Ortega y Gasset, 『대중의 반란*The Revolt of the Masses*』 (New York: W. W. Norton, 1932), 18.

22) 최고의 자아에 대한 Arnold의 개념에 대한 토론을 위해 다음 문헌을 참조 G. H. Bantock, Studies in 『*the History of Educational Theory*』, vol. 2, 『정신과 대 중*The Minds and the Masses*, 1760-1980』 (Boston: George Allen & Unwin, 1984), chap. 9.

제3부

예술과 인문학

제9장

심미적 교육: 필연적 중요성

　심미적 교육은 삶의 질에 부정적인 영향을 미치는 지구상의 문제들이 증가하고 있음을 예감하고 있는 상황에서 더 중요한 필수불가결한 것이 되고 있다. 고도로 발전되고 있는 현대화는 모든 이점에도 불구하고, 인간의 가치를 잠식하고 있으며 그러한 가치를 지속적으로 추구하기 위해 필요한 대화를 단절시키고 있다.[1]

　이 저서에서 현대 문명의 병폐에 대해 거론하고자 하는 것은 아니지만, 이를 해결할 각오와 재능, 에너지를 갖추면 문명의 병폐를 극복할 수 있다고 주장하고자 한다. 문명의 쇠퇴는 자신감과 희망의 부족에서 비롯되며, 그것은 문명을 내부로부터 붕괴시키는 원인이 된다. 이 지점에서 인간의 정신은 절망과 무력감과 소외감에 정복당한다.[2] 문명의 불만족에 사로잡혀 있는 동안 예술과 심미적 교육은 인간의 가능성과 성취를 일깨우는 중요한 기능을 수행함으로써 인간으로 하여금 자신감과 희망을 회복하는 데 도움을 줄 수 있다고 생각한다. 저명한 미술사학자 Kenneth Clark가 말했듯이, "인류에 대해 절망하기 시작할 때 우리는 베즐레나 사르트르의 대성당을 상기하고, 라파엘의 「아테네 학당School of Athens」, 혹은 타치아노의 「천상과 세속의 사랑Sacred and Profane Love」을 떠올리며 다시 한번 무한한 인간성에 대한 자부심을 느낀다. 우리는 명작의 존재에 의해서 그리고 마치 수 세기 동안 그 작품들이 우리의 조상들에게 말해왔던 것처럼 우리에게 전달하는 뛰어난 업적들에 의해서 자신감을 회복해왔다."3) 우리는 반드시 서양 문명에서 기억에 남는 작품들을 교육적 예시로 사용하는 것만이 아니라, 모든 문명의 작품들을 추가적으로 다루어야 할 것이다.

뛰어난 예술작품이 제공하는 이 회복력을 어떻게 설명할 수 있을까? 이 질문에 대한 답으로 나는 또 다른 저명한 미술사학자의 말을 인용하고자 한다. E. H. Gombrich는 "미켈란젤로와 라파엘, 루벤스와 렘브란트, 반 고흐와 세잔은 단지 미술사적 연구나 수집가들의 투자나 지위를 부여하는 상징의 대상이 아니다"라고 한다. "그들은 사랑받고, 칭송받는 동시에 비판을 받기도 하는 매력과 혐오의 대상으로 우리가 속한 세상을 살아가는 데 힘을 주는 핵심적 존재들이다." 그리고 그는 계속해서 그들이 창조한 작품들이 "문화 영웅들, 우리의 세속적인 판테온의 신들, 유익하거나 악랄하거나 고요하거나 변덕스러운 면이 있지만, 그들이 없었다면 어두웠을 인간의 모든 면을 속속들이 들여다볼 수 있도록 마음의 모든 영역을 밝혀주고 있다. 그렇기 때문에 신들처럼 예술가들에게도 존경과 겸손을 가지고 접근해야 한다"고 말한다.4) Clark나 Gombrich와는 다른 차원이긴 하지만 철학적인 설득력을 가진 Arnold Hauser도 마찬가지로, "위대한 예술은 우리가 혼란스러운 상황에 더 성공적으로 대처하고, 더 나은 삶, 즉 더 설득력 있고, 더 적절한 의미를 가질 수 있게 해 준다."5)고 말한다. 위대한 예술 작품의 세계로 들어가려고 노력한 사람은 누구나 그러한 말의 진리를 알고 있다.6)

이 저서에서 나는 심미적 교육이 필연적으로 중요하게 요구되고 있다고 주장해왔다. 이런 주장을 하는 데는 네 가지 이유가 있다. 심미적 교육은 예술의 탁월성을 이해하는 데 필요한 자질을 함양할 뿐만 아니라, 심미적 안목을 기르기 위한 능력, 비판적으로 사고할 수 있는 능력, 문화적 대안을 기꺼이 접목할 수 있는 능력을 발현시킨다.[7] 탁월성, 심미적 안목, 비판적 사고, 대안 존중 등은 모두 인문학의 전통적인 목표이며, 인문학 학습의 오랜 이상을 본보기로 삼고 있다. 그러므로 내가 제시하는 심미적 교육의 해석은 인문학의 관점으로부터 비롯된 것이다.

예술의 탁월성

심미적 교육의 첫 번째 으뜸 가치인 예술적 탁월함에 대한 감상은 수많은 자질 계발을 전제로 한다. 엉터리 작업보다 예술적 기술과 장인정신을 중시하는 기질, 잘못된 생각보다는 디자인의 복잡성과 강인함을 선호하는 기질, 얕은 이해를 초월한 표현의 깊이를 선호하는 기질, 문자 그대로와 직설적인 것에 대한 주장과 대조적으로 암시와 모호함을 용인하는 기질, 그리고 엄격히 물질적인 경험보다 초월적이고 영적인 것을 선호하는 기질이 바로 그것이다. 이 모든 기질들이 의미하는 것은 최고의 예술 작품들이 가치 있는 삶의 부분인 속성들을 포함한다는 것이다. 예술의 탁월성에 대한 저서에서 통찰력 있는 일부 작가들이 예술적 탁월성의 기준으로 여기는 것들에 대해 상세하게 설명하고 있지만, 여기에서는 그 설명 중 몇 가지만 언급하고자 한다.[8]

Jacob Rosenberg는 과거와 현재의 예술에서 탁월함의 기준에 대한 그의 토론에서, 재현적이고 비재현적인 예술 모두 민감성, 명료성, 일관성, 선택성, 개념의 범위, 형식 관계의 풍부함, 강도, 표현성, 균형감, 그리고 매체에 대한 느낌과 같은 속성들을 드러낸다고 결론짓는다.[9] 아시아 미술의 저명한 학자인 Sherman E. Lee는 비서구 미술에서도 이와 유사한 속성들을 발견한다.[10] 게다가 그는 우리가 미켈란젤로와 세잔의 상대적 탁월성이 중국과 그리스 미술의 어떤 비교와도 무관하다고 일축하기조차 한다. 그러나 그는 서로 다른 역사적 시기의 작품일지라도 같은 종류의 작품들 간에 다소 탁월한 작품들을 구별하는 것이 가능하다고 생각한다. 예를 들어, 가장 좋은 예로 그리스 시대의 꽃병 그림이 18세기 후반과 19세기 초의 유사한 신고전주의 작품보다 우수하다고 판단하고, 르네상스 시대의 화가들의 그림이 19세기 모작화가들이 그린 기독교 그림들보다 우수하며, 13세기 송대 마원의 초기 그림이 1세기 후에 완성된 그림보다도 월등하다고 판단할 수 있는 것이다.

물론 공신력을 가진 단체들이 제시하는 특성들과 표현력에 대한 이야기가 다는 아니다. 대다수의 예술 작품들은 인간의 가치관에 대한 깊은 감각을 표현하기 때문에 그 매력에 주목하지 않을 수 없다. Clark가 지적한 바와 같이, 걸작들은 예술가들이 전통 사상과 양식을 재작업하여 그들 자신과 그들이 살았던 시대 모두를 표현하도록 하는 방법을 특징적으로 공개하는 동시에, 과거와 중요한 관계를 유지한다.11) 다른 저자들에 의해 사용된 것과 유사한 용어를 사용하면서, Clark 또한 나무랄 데 없는 기교, 최고의 구성력, 느낌의 강렬함, 뛰어난 디자인, 비타협적인 예술적 진실성, 비전의 독창성 그리고 인간 상태에 대한 이해에서 다시 한번 명인의 탁월함을 발견하고 이를 설명해준다.

그러한 탁월함이 가진 특성은 전통 예술과 현대 미술에서뿐만 아니라 새로운 미디어에서도 찾아볼 수 있다. 예를 들어, 미국 영화 비평가 Stanley Kauffmann은 좋은 영화의 성취는 그들의 창의력, 상상력, 극적인 내용, 기술적 능력, 그리고 특히 영화의 매체에 관련된 것, 대화와 특성, 문학을 영화적 가치, 심리적 복잡성과 영적인 힘에서 비롯된다고 쓰고 있다. 이탈리아 영화감독 Michelangelo Antonioni에 대해서 Kauffmann은 그의 영화 『정사L'avventura』에서 엄청난 재능을 드러냈다고 말했는데, 그의 재능이 가진 탁월함의 특성은 "우리의 변화하는 시대에 형식적이고 도덕적으로 반응하도록 만들면서도 전통의 가치를 버리지 않고 실현 가능한 것으로 만들어냈다는 점이다."12)

그러한 탁월함의 기준은 주로 서구와 동양 문명의 수준 높은 문화에서 전형적으로 드러나지만, 서아프리카, 오세아니아, 그리고 콜럼비아와 같이 아메리카의 출현 이전의 메소포타미아 문명의 전통적인 사회에서는 그런 기준이 명확하게 드러나지 않았다. 그러나 H. Gene Blocker는 예술 철학 연구에서 그런 예술에도 예술적 탁월함에 대한 판단을 적용할 수 있다고 생각한다.13) 그는 미의식과 예술적 탁월함에 대한 서구의 관념과 그가 연구한 사회의 예술 사이에는 충분한 유사성이 있다고 믿는다. 그러한 작품들 또한 독특한 감각을 가지고 있다고 주장한다. 그는 "이런 양식의 최고의 작품들은 연속성과 안정감을 나타내는 직접성, 존재감, 기념비성, 냉정한 냉담함 속에 확고히 담겼든 아니면 격렬한 공격성에 간신히 담겼든, 정신적 존재감이나 힘이 담겨 있으며 흥미를 끄는 것에서부터 공포스러움을 자아내는 것에 이르기까지 다양한 특징을 가지고 있다."14)는 것을 발견했다. 게다가, Harold Osborne는 그것들은 종종 의례적인 기능에서 그 효율성이 중복되기 때문에, 그러한 자질은 미적 의식의 존재 없이는 존재할 수 없다고 생각한다. 그는 더 나아가 그러한 사회는 대개가 더 능숙하고 표현력 있는 작품을 선호한다고 덧붙인다. 따라서 예술적 탁월함의 정도를 감지하는 것은 가능하며, 이러한 사회의 예술적 전통 안에서 혁신과 창의성을 논의하는 것이 타당함을 알 수 있다.

예술의 탁월함에 관하여 설명했던 학자들에 대해 간략하게나마 언급한 이유는 다음과 같은 제안을 하고자 했기 때문이다. 예술 작품 자체를 보는 것만이 아닌, 감상자들로 하여금 예술작품에 담긴 힘과 가치에 대한 생각을 확장시켜 줄 수 있는 방법은 해당 작품들에 대해서 깊이 있는 안목을 가진 작가들이 쓴 글을 읽는 것만큼 더 좋은 방법이 없다. 이는 감상자들이 작품이 지닌 힘과 즐거움에 대한 믿음을 새롭게 하는 데 유익하다는 점을 암시한다. 우리는 이들이 쓴 문헌들을 통해서 미적인 기준 이외에 비미적 기준,

즉 인지적이고 도덕적인 측면 또한 예술성을 평가하는 데 중요한 근거가 되고 있는 예술적 탁월함에 대한 판단을 뒷받침해 줄 수많은 이유들을 찾을 수 있음을 시사한다. 우리는 다음과 같은 이유로 예술작품의 가치를 인정한다고 말할 수 있다. 1) 완성된 작품에서 분명히 드러나는 예술적 기발함, 2) 심미적 경험이라고 불리는 독특한 관심 모드에서 유지할 수 있는 인식 능력, 3) 그 위상이 인간에 대해 상상적 모델을 내포하고 있기 때문이다.15) 위대한 예술작품에서 우리는 특징적으로 이러한 모든 특징들과 역량이 잘 녹여져 있음을 발견한다.

심미적 안목

지금까지 어려운 시대 예술작품이 수행할 수 있는 중요한 기능과 예술적 탁월함의 기준을 검토하고, 예술적 탁월함을 평가할 때 영향을 미치는 요소들에 대한 생각들을 살펴보았다. 하지만, 탁월함에 대한 경험의 특징, 그것의 독특한 특징들은 무엇인가? Walter Kaufmann에 따르면, 우리는 그러한 경험을 심미적 안목이라고 부를지도 모른다. 만약 최상의 예술 작품들이 미적 안목을 함양하도록 하는 데 중요한 기능을 한다고 한다면, 심미적 안목은 바로 두 가지의 차원에서 가치가 있다. 긍정적인 방식으로 자아를 형성하고, 인문학적 통찰력을 제공함으로써 구성적이면서도 계시적(고양적/확장적)인 힘을 발휘하도록 한다는 점이다. 예술작품은 가장 좋은 때에 자신을 긍정적인 방법으로 통합하고 형성할 뿐만 아니라 심미적 지혜라고 불리는 것을 제공할 수 있는 잠재력을 가지고 있다.16)

예술작품이 자아를 바람직한 방향으로 형성해가도록 한다는 생각은 고대 Plato부터 18세기 Friedrich von Schiller와 20세기 Herbert Read, John Dewey, 그리고 수많은 이론가들에 이르기까지의 서구적 사고방식의 사상계를 상기시킬 정도로 확고하게 자리 잡은 사고이다. 1795년에 출판된

Schiller의 저서 『인간의 미적 교육에 관한 연구*On the Aesthetic Education of Man in a Series of Letters*』는 심미적 안목의 구성적 가치를 예찬하는 내용으로 저명하다.[17] 시인 겸 극작가이자 철학자인 Schiller는 일 세기에 거쳐 민주적인 혁명을 겪는 시기에 이 저술을 출판했다. 그는 진정한 시민적, 정치적 자유는 오직 좋은 인격의 형성을 통해서만 이루어질 수 있으며, 사람들에게 정치적 헌법을 부여하기 전에 그들 자신 스스로를 건전하게 형성할 수 있도록 해야 한다고 믿었다. 그리고 그는 미적 교육이 정치와 개인의 자유를 위한 열쇠라고 믿었다. (심)미적 학습은 무력과 법의 지배 사이의 중간 상태를 차지하면서, 개인이 인격에 도달하는 수단으로 인정되었다.

그렇다면, 심미적 교육 자체가 어떻게 구성되었을까? Schiller는 인간 경험의 생생한 분출을 터트릴 수 있는 능력을 고양시키는 데 있어 명작 연구에 큰 믿음을 가지고 있었다. 특히 예술과 현실적 자아 모두의 독특한 본질을 이루는 것은 그들의 구조, 균형, 대칭, 조화, 그리고 진실성 같은 예술의 형태라는 점, 그리고 이것을 인정한다는 것은 심미 교육이 도덕 교육과 대조되는 것이 아니라 그 자체가 중요한 도덕적 기능을 가지고 있다는 점에서 믿음을 가지고 있었다.

심미적 교육은 Herbert Read의 글에서도 비슷한 기능을 수행하는 것으로 밝혀졌다. 읽기와 도덕 교육은 본질적으로 미적 규율을 통한 교육으로 이루어졌다. Schiller가 심미적 교육이 고귀한 인격에 기여하는 것에 대해 말한 반면, Read는 인간의 은총의 최종 결과로서 심미적 교육을 언급했다. 『로봇의 구원: 예술을 통한 교육과의 만남*The Redemption of the Robot: My Encounters with Education Through Art*』이라는 저술에서 그는 "우리는 모든 형태의 미적 활동을 교육에 우선시해야 한다. 아름다운 것을 만드는 과정에서 감정의 결정화가 미덕의 특성을 패턴화할 것이기 때문이다."[18]라고 썼다.

Dewey도 마찬가지로 외부세계에 대한 인식뿐만 아니라 성공적인 예술 작품이 인간의 의식을 유기적으로 통합하는 역할을 한다는 점을 인식했다.

그의 저서 『경험으로서의 예술*Art as Experience*』에서 지적한 바와 같이, 예술은 전통적인 구별 짓기와 고정관념적 사고를 없앨 뿐 아니라, 즉 미적이고 부분적으로 지적인 기능을 통합하여 심리적 스트레스, 갈등, 반항심을 더 위대하고, 풍요롭고, 더 조화로운 성격으로 변화되도록 해준다.[19)]

만약 심미적 안목이 긍정적인 방식으로 자아를 형성하도록 하는 잠재력을 가지고 있다면, 그것은 인문학적 이해를 얻는 수단이기도 하다. 이것이 현대 낭만주의 시대의 예술적 특징에 대한 계시적 이론의 요점이다. 그러한 경험을 통해 드러나는 것은 과학적 탐구의 당연한 주장이라기보다는 미적이거나 극적인 형태로 표현된 것들에 드러난 인간의 진실이다. 예를 들어, Albert William Levi는 지오토, 프라 안젤리코, 조반니 벨리니의 작품에서 우리는 종교적인 기념, 숭배, 영감의 본질에 대한 통찰력을 얻고, 푸생, 존 콘스타블, 반 고흐의 작품에서 우리는 경관의 초월적 가치에 접근할 수 있고, 모든 위대한 초상화 화가들은 한스 홀바인과 렘브란트 그리고 앵그르의 작품에서 우리는 인간성의 다양한 특징들을 이해하게 된다.[20)]

Schiller, Read, 그리고 Dewey의 영향은 심미 교육에 관한 현대 글에서 뚜렷이 나타난다. 현대 이론화 또한 정신에 대한 인지 연구의 영향을 많이 받는다. Nelson Goodman과 Howard Gardner의 글과 그들의 추종자들은 인식, 기억, 차별, 분석, 판단과 같은 정신적인 힘을 발휘하도록 요구하는 이해의 한 방법으로 예술을 강조한다.[21)] 비록 이런 종류의 이론이 예술작품의 이해에 있어서 중요한 역할을 인정하지만, 미적 시각의 특징인 식별할 수 있는 감정과 감정의 군집을 충분히 강조하지 않는다. 이와는 대조적으로, Beardsley는 그것의 감정적인 성격을 특징으로 하는 미학의 몇 가지 기준을 언급한다. 그는 어떤 존재의 대상에 의해 그리고 어떤 존재의 대상에 의해 지시되는 반응의 느낌, 이질적인 현상들을 조화롭게 만드는 데서 오는 쾌감의 느낌, 사물들이 적합하고 적절한 방법으로 저절로 해결된다는 느낌, 순간적인 도피감, 삶의 문제로부터의 해방감, 그리고 좌절감, 중요한 발견에 대한 느낌에 대해 말한다. 그리고 가장 중요한 것은, 전체성 또는 통합의 느낌이다.[22] 그러한 느낌의 별자리는 미적 시각을 복합적이고 이질적으로 만드는 것이다. 그것은 하나의 느낌으로 환원될 수 없고 오히려 여러 가지 느낌의 조합이기 때문에 복합적이다. 그리고 그것은 다른 유형의 경험과는 중복이 없지는 않지만 스스로를 분리시키는 경향이 있다는 점에서 모순적이다. 심미적 안목의 특성을 일반적인 인간 경험의 한 모델로 보는 것은 교육 및 커리큘럼 이론가들이 추진하는 바와 같이, 논리적으로 다음 단계로 넘어가기 위해 가르침, 학습 및 교육 평가를 위한 모델로 보는 것에 불과하다.[23]

비판적 사고

심미적 교육의 세 번째 이점은 비판적 기질의 개발이다. 나는 가치관을 논리적으로 성찰하려는 성향 이상의 것을 설명하고자 하는 것이 아니다. 그런 성향이 비판적 사고를 정의하는 것을 힘들게 하는 것은 아니지만, 나의 주장과 관련된 측면에서만 언급하고자 한다. 예술 작품은 관심을 지속시키는 가장 흥미로운 것들 중 하나이기 때문에, 우리는 끊임없이 그것들의 의미를 해석하고 장점을 평가하려고 노력하고 있다. 물론, 예술 작품들에 대한 사고들도 마찬가지다. D. N. Perkins는 무엇보다도, 예술작품이 어떻게 당혹스러울 수 있는지 지적해왔고, 똑똑한 사람들은 퍼즐을 풀듯이 그 당혹스러움의 수수께끼를 푸는 것을 즐긴다고 지적해왔다.[24] 예술작품의 가장 이해하기 어려운 측면은 해석하기 어려운 은유적인 개입이다. 따라서 예술을 이해하는 것은 예술의 본질, 의미, 가치에 대한 다소 명시적인 가정에 의존하는 상당한 양의 가상적 사고를 포함한다. 예술작품을 퍼즐로 해석하는 것은 미학을 가르치는 사례연구 접근들에서 흥미를 유발하는 요소들이다. 이 접근법은 미학 이론의 역사를 가르침으로써 원리를 도출할 수 있도록 하는 학습 대신에 선생님들이 수수께끼의 사례를 제시하고 나서 그것을 해결하는 과정에서 이론을 이끌어내도록 한다면 학습이 더 흥미롭고 생산적일 수 있다는 가정에 기반한 것이었다. 25) 미학을 가르치는 이런 방법은 또한 미적 교육을 위한 수업과 워크숍에서도 활용된다.26) 간단히 말해서, 예술 작품의 의미를 해석하거나 가치를 평가하는 것은 비판적인 추론을 포함한다. Jacques Barzun은 "비판적 판단, 감상, 스타일 분석, 취향에 대한 논쟁, 역사적 비교, 효율적인 교육 그 자체는 분명히 언어의 좋은 사용을 필요로 하고 적절한 사용 여부에 달려 있다"고 하면서 "예술 작품을 보다 예리하고 은밀하게, 의식적으로 보고 들을 수 있는 즐거움, 말로써 그런 즐거움을 표현하고, 기록하고 다른 사람들과 비슷한 생각들을 비교하는 데서 오는 즐거움"27)으로 설명했다. 예술작품은 추상적이거나 덧없는 실체보다 즉각적인 영향이 더 크며, 확인, 비교 및 대조에 더 접근하기 쉽기 때문에 해석하기 곤혹스럽고 모호한 성격 외에도 비판적 사고를 효과적으로 자극하는 특성을 가지고 있다. 더욱이, 예술 작품을 어느 정도의 크기로 스캔하는 과정에서 이루어지는 비판적 추론 역시 놀이로 작용하게 되는 다양한 감각적 양식으로 보충된다.28)

마지막으로, 예술작품은 인간의 다양한 관심사를 직접 접촉할 수 있도록 할 뿐만 아니라 학습한 것을 효과적으로 전달하는 기회를 제공하기 때문에 공부할 가치가 있다. 미술과 심미적 안목의 개념을 내재화해 온 사람들은 인간의 경험 자체를 세심하게 조작된 공연으로 상상하거나, 그 상황에서 요구되는 방식으로 다시 쓰여질 수 있는 극적인 텍스트로서 자아를 이해하는 데 어려움을 느끼지 않는다.29) 이는 심미적 교육은 예술적 측면과 대안적 문화들의 가치를 동등하게 촉진할 수 있다고 말하는 것과 같은 맥락이다.

문화적 대안

문화적 대안에 대한 이해와 존중을 교육에 적용하여 방법을 개발하는 것은 국제미술교육학회InSEA: the International Society for Education Through Art의 지속적인 관심사이다. 그러나 문화적 다양성을 가장 잘 성취하는 방법을 결정하는 일은 그것의 중요성을 강조하는 것과는 다른 차원이다. 필자는 문화적 다양성을 기념하는 옳고 그른 방법들이 있다고 제안해왔다.30) Kaufmann에 의해 만들어진 문화적 이해의 방법들 사이의 몇몇 차이점들을 알아보고자 그동안 필자가 사용하는 용어들인 실행적exegetical, 독단적dogmatic, 불가지론적agnostic이고 변증적인dialectical 다문화주의자들 간의 차이에 대해 논의해왔다.31) Kaufmann은 문화충격과 자기성찰을 경험하기 위한 목적으로 고전을 읽는 문학예술의 용도를 논하면서 이 용어를 사용했으며, 그는 문학 고전의 독자를 외계 문화를 방문하는 관광객에 비유했다. 대안적 경험을 찾아 다른 문화를 여행하는 관광객들도 Kaufmann이 제시한 유형을 예시한다고 할 수 있다. 그가 말하는 방문자 중 처음 세 가지 유형인, 즉 실험자, 독단자, 불가지론자를 잠깐 다루면서 Kaufmann이 그의 목적을 위해 했던 것처럼 필자는 변증법적인 방문자에게 집중했다. 영국의 미술 교육자 Rachel Mason과 다른 사람들(아마도 필자가 저술한 당시 다문화의 개념화가 부족했기 때문일 것이다.) 덕분에 이러한 차별성은 다문화주의 문헌의 일부가 되었다.32) 또 다른 이유는 Harold Osborne의 말을 인용해서 나온 것일지도 모른다. 그는 자신의 민족 중심주의를 벗어나는 유일한 방법은 근본적으로 다른 사회의 가치를 즐기는 것이라고 믿었다. 그러나 아마도 필자가 설명했던 다문화주의자들의 유형을 채택한 더 중요한 이유는 그것들이 실제 유형을 재현하며 단순히 추상화된 것이 아니기 때문일 것이다. 그래서 다시 한번 그것들을 언급해보고자 한다.

해석의 단계에서 다문화주의자들은 전형적으로 다른 문화에 우수한 공로를 부여하고, 그것을 돌려받고, 강화되고, 입증될 목적으로 그들 자신의 정서와 신의를 읽어낸다. 그들의 다음 단계는 다른 사람들을 자기 위치로 바꾸는 것이다. 해석적 관점의 한계는 특정한 생각과 가치관에 대한 이전의 감정적 수행이 전체 그림을 놓칠 위험이 있어 기만과 시대에 뒤진 맹목적 우월주의를 불러온다는 것이다. 따라서 주석(해석)은 사람들이 비판적으로 사고하도록 돕고 무엇이 가치 있고 가치가 없는지를 스스로 판단하도록 돕기 위한 인문학 교육의 주요 목표 중 하나를 전복시킬 수 있기 때문에 교육적으로 한계가 있다.

독단적인 다문화주의자들은 해석적 유형의 그것과는 반대되는 쪽에서 판단을 그르칠 수 있기 때문에 멀리할 수 있다. 이런 기질의 다문화주의자들은 그들 자신의 문화가 조사 대상의 문화보다 우월하며, 이 문화가 빨리 변형될수록 더 낫다고 생각한다. 자기반성을 목적으로 문화충격을 추구하고자 하는 노력은 하지 않는다.

불가지론적인 다문화주의자들에 관한 한, 그들의 관심은 표면 현상, 전체의 작은 부분, 또는 하나의 문화만을 고고학적으로 파헤치는 데 있다. 그러한 관심은 아마추어 우표 수집가의 그것과 흡사하다. 독단적인 다문화주의자들보다는 낫지만, 불가지론적인 다문화주의자들은 쉬운 길을 택한 것에 대한 죄책감에서 벗어나지 못한다. 그들은 고향에서 떨어진 곳에서의 편안함을 선호한다. 길가는 도중에 잠깐 동안의 사물을 훑어보더라도 진정한 문화적 충격과 그에 따른 진지한 자기성찰의 기회를 거의 가지지 않는다.

문화적 충격과 자기성찰을 경험하기 위한 목적으로 문화를 공부하는 방법 중 가장 전망 있고 교육적으로 보람 있는 방법은 주석적, 독단적, 불가지론적인 방법이 아니라 변증적 방법이다. 변증적Dialectical 방법은 다른 문화의 예술과 광범위하고 의미 있는 만남을 의미하며, 소크라테스식, 대화식, 비교식의 세 가지 구성요소를 가지고 있다. 소크라테스식 구성 요소는 자기성찰에 대한 약속을 전제로 한다. 변증적 방법은 처음에는 자기 문화의 우월성을 상정하지도, 조사받는 문화의 우월성을 상정하지도 않는 열린 마음을 말한다. 비교Comparative 방법은 자신의 가치 체계를 다른 가치 체계와 비교하고 대조할 필요성을 시사한다. 더욱이, 이런 종류의 조사는 비권위주의적이며 가능한 한 객관적이려고 노력한다. 그것은 관찰자로 하여금 편협주의와 문화적 조건화에서 벗어나게 해주고 Kaufmann의 표현대로, 그들로 하여금 새로운 방법의 창조를 가능하게 하는 대안들에 대한 인식에서 오는 자유를 경험할 수 있게 해준다. 변증적 탐구의 비교 요소는 비교하고 대조하는 개인의 능력을 필요로 하며, 자신의 문화적 가치 시스템에 대한 확고한 이해를 내포한다.

Kaufmann은 다른 문화에서 무슨 일이 일어나고 있는지 보는 것을 돕기 위한 세 개의 동심원을 구상하고 있다. 심미 교육에 관한 한, 가장 안쪽의 원은 우리가 전형적으로 자신의 전제와 가치로 반응하는 하나의 문화를 보여주는 예술로 구성될 것이다. 그러나 우리는 우리가 다른 문화라고 알고 있는 것에서 예술을 인지하려고 의식적으로 시도하기 때문에, 우리는 그러한 예술을 그 문화의 다른 측면과 그것들의 관계를 이해하려고 노력하는 두 번째 동심원 안에 두어야 한다. 그 문화의 예술은 어떤 방식으로 그 문화의 독특한 목소리, 그것의 마음가짐과 느낌의 양식, 그것의 스타일, 그것의 인격의 감각, 전통과 혁신과의 관계, 그리고 다른 것들을 표현하는가를 이해할 수 있다. 세 번째 원은 우리가 지금까지 발견한 것을 우리가 소유하고 있는 문화적 가정으로 알고 느끼는 방법과 비교하고 대조한다.[33] 이 원들은 중복되는 내용을 가지고 있는 것으로 이해되어야 할 뿐만 아니라 그 원들 사이를 왔다 갔다 하는 것이 전제되어야 한다.

앞에서 필자는 변증적인 만남과 그것의 다양한 요소들을 설명하기 위해, 발리섬 주민 문화의 연극 공연들에 대한 Clifford Geertz의 연구를 언급해 왔다.[34] 비록 초기에는 심미적 가치의 중요성에 대한 서구의 가정들과 일치하는 많은 것들이 발리인들의 삶 속에도 있는 것처럼 보일지도 모르며, 그리고 실제로 이러한 가치들이 서구 사회보다 더 생생하게 본보기를 보일지라도(예를 들어, 발리인의 삶에 스며들어있는 미적 태도와 예절 방식), 더 면밀히 검토해보면 약간의 극적인 차이를 드러낸다. 예를 들어, 발리의 연극 공연에서는 아리스토텔레스의 시작, 중간, 끝이라는 단결의 감각이 전혀 없어 방문객들은 무슨 일이 일어났는지 혹은 전에 무슨 일이 있었는지에 대해 당황하게 된다고 Geertz는 말한다. 결과적으로, 관찰자는 극적인 조직과 통합으로 특징지어지는 경험에 대한 Dewey의 개념을 갖지 못하게 된다. Geertz에 따르면, 발리인들의 삶은 그러한 경험이나 너무 개인적이거나 주관적인 경험을 말로 하지 않으며 사회생활의 구조에 그 사람이 흡수되는 삶이기에 자아감각을 억누른다. 그러한 차이를 드러내는 변증법적 만남은 다른 문화권에서도 이루어질 수 있다. 필자가 말하고자 하는 요점은 다른 문화권 여행이 쉬워지면서 다른 문화에 대한 바람직한 자세가 점점 더 중요해지고 있기에 변증적 방법은 시사하는 바가 크다는 점이다.

결론

요약해서 말하자면, 인간의 능력에 대한 믿음을 회복하고 새로운 도전을 효과적으로 해결하기 위해 예술이 도움이 된다면 우리의 시대는 어디에서 발견하든 예술적 성취에 무한한 감사의 마음을 가질 필요가 있다는 점을 강조하고자 지금까지 심미적 교육의 중요성을 예술의 탁월성, 심미적 안목, 비판적 사고, 문화적 대안으로 논의해왔다. 이런 임무에는 미적 지각과 경험을 위한 역량이라고 부르는 심미적 안목의 함양을 수반한다. 그리고 그러한 능력은 사려 깊은 성찰로 보완된다. 문화적 대안에 대한 어떤 논의에서도 안목과 성찰이 모두 발휘된다.

인문학적 관점에서 이해한 심미적 교육의 4대 이점인 예술의 탁월성, 심미적 안목, 비판적 사고, 대안 존중은 상호 연관되어 있으며 중첩되어 있다.

이러한 이점이 심미적 학습을 통해 실현될 수 있는 방법은 저마다의 문화와 하나의 문화 내에서조차 다양할 것이다. 내가 지금까지 논의한 바에 따라 제안하고자 하는 교육과정에는 여러 단계가 포함되어 있다. 초기에는 다양한 예술작품에 대한 친숙화, 예술작품의 원리 및 미적 인식의 도입, 예술세계라고 알려진 문화기관으로의 진입이 있을 것이다. 중기에는 세계 예술의 역사에 대한 좀 더 공식적인 소개에 집중될 것이고, 말기에 그 연구는 선택된 예시들의 깊이로 남겨질 것이다. 아마도 더 성숙한 청소년들은 학년 말에 예술과 그것의 의의에 대해 그들 자신의 생각을 유행시키기 시작할 수 있을 것이다.[35] 이러한 심미적 학습의 모든 단계들이 예술의 본질적인 가치를 실현하는 것을 가능하게 하는 총체적인 예술 감각의 구축에 기여할 것이다.

예술의 역사적 차원이 매우 중시되어야 함은 분명하다. 예술의 역사는 예술적 성취를 부인할 수 없는 기록이다. 그것은 예술적 탁월성의 기준을 제공할 뿐만 아니라 심미적 안목과 비판적 사고를 알려준다. 가장 중요한 것은, 우리는 인류의 역사에서 가장 소중한 창조적인 순간들 중 몇 가지를 존경하기 위해 과거의 업적을 연구하는데, 그 순간들은, "마음의 모든 영역을 밝혀주고", "무한한 인간성에 대해 자랑스러워하고", 그리고 "더 설득력 있고 적절한 의미"를 우리의 삶 속에서 발견하도록 돕는다.

미주

1) 필자의 감정은 Monroe C. Beardsley의 글 "심미적 경험의 회복(Aesthetic Experience Regained)," in 『심미적 관점: 글모음들*The Aesthetic Point of View: Selected Essays*』, ed. Michael J. Wreen and Donald M. Callen (Ithaca: Cornell University Press, 1982), 77의 내용을 참조.

2) Max Lerner는 그의 저서 『*America as a Civilization*』, 2nd ed. (New York: Henry Holt, 1987), 1008.에서 지각적 통찰을 제공했다.

3) Kenneth Clark, 『걸작이란 무엇인가?*What Is a Masterpiece?*』 (New York: Thames and Hudson, 1979), 5.

4) E. H. Gombrich, 『이상과 우상*Ideals and Idols*』 (New York: E. P. Dutton, 1979), 15-16.

5) Arnold Hauser, 『미술사 철학*Philosophy of Art History*』 (New York: Alfred A. Knopf, 1959), 5.

6) Rudolf Arnheim의 다음 저서에서 언급했던 것을 상기해보면 『태양 빛의 비유 *Parables of Sun Light*』 (Berkeley and Los Angeles: University of California Press, 1989), 218. 그는 위대한 예술 작품이 있는 자리에서 그런 작품의 완전한 의미가 자신의 손아귀를 벗어난 만큼 실수로 인정받은 듯한 느낌을 받는 경우가 많다고 했다. 마치 부주의한 사제가 파르테논 신전의 셀라에 있는 아테나를 훔쳐 보게 한 것처럼 그는 말했다.

7) 인문학의 이러한 목표는 전통적인 것이지만, 다음 저서에 잘 논의되어 있다. Walter Kaufmann's 『인문학의 미래*The Future of the Humanities*』 (New York: Thomas Y. Crowell, 1977).

8) First in 『미술교육에서의 수월성: 아이디어와 대안*Excellence in Art Education: Ideas and Initiatives*』 (Reston, Va.: National Art Education Association, 1986; 약간 업데이트된 버전 1987), chap. 2; 이후 버전 『수월성II: 미술교육의 지속되는 탐구*Excellence II: The Continuing Quest in Art Education*』 (Reston, Va.: National Art Education Association, 1995), chap. 5.

9) Jacob Rosenberg, "Conclusions," in 『예술의 질: 수월성의 과거와 현재의 기준 *On Quality in Art: Criteria of Excellence, Past and Present*』 (Princeton, N.J.: Princeton University Press, 1967).

10) Sherman E. Lee, "Painting," in 『질성: 예술에 있어서의 이미지*Quality: Its*

Image in the Arts』, ed. Louis Kronenberger (New York: Atheneum, 1969). Reprinted in Lee's 『과거, 현재, 동양과 서양*Past, Present, East and West*』 (New York: George Braziller, 1983), 187-204.

11) Clark, 『걸작이란 무엇인가?*What Is a Masterpiece?*』, 10-11.

12) Stanley Kauffmann, "Film," in Kronenberger, *On* 『*Quality*』, 374-78.

13) H. Gene Blocker, 『원시예술의 미학*The Aesthetics of Primitive Art*』 (New York: University Press of America, 1994).

14) Ibid., 314.

15) Harold Osborne, "평가와 구조(Assessment and Stature)," in 『미학과 예술교육*Aesthetics and Arts Education*』, ed. R. A. Smith and Alan Simpson (Urbana: University of Illinois Press, 1991), 95-107.

16) For a discussion of the constitutive and revelatory theories of art, see Albert William Levi and R. A. Smith, 『미술교육: 비평적 필수요건*Art Education: A Critical Necessity*』 (Urbana: University of Illinois Press, 1991), chap. 2.

17) Friedrich von Schiller, 『인간의 심미적 교육에 대한 서신시리즈*On the Aesthetic Education of Man in a Series of Letters*』, trans. Elizabeth M. Wilkinson and L. A. Willoughby (New York: Oxford University Press, 1976).

18) Herbert Read, 『로봇의 구원: 예술을 통한 교육과의 만남*The Redemption of the Robot: My Encounters with Education Through Art*』 (New York: Simon and Schuster, 1969), 43.

19) John Dewey, 『경험으로서의 예술*Art as Experience*』 (Carbondale: Southern Illinois University Press, 1987), 252-53.

20) Levi and Smith, 『미술교육*Art Education*』, chap. 2.

21) Nelson Goodman, 『미술의 언어: 상징적 시스템의 이론*Languages of Art: A Theory of Symbol Systems*』 (Indianapolis: Hackett, 1976); Howard Gardner, 『마음의 구조: 다중지능이론의 토대*Frames of Mind: The Theory of Multiple Intelligences*』 (New York: Basic Books, 1983).

22) Monroe C. Beardsley, "Aesthetic Experience," 『심미적 관점: 모음글*The Aesthetic Point of View: Selected Essays*』, 288-89.

23) See Vernon Howard, 『모든 수단을 통한 학습: 예술의 교훈*Learning by All Means: Lessons from the Arts*』 (New York: Peter Lang, 1992); Elliot W. Eisner, 『교육적 상상력: 학교 프로그램의 설계와 평가에 관한 연구*The*

Educational Imagination: On the Design and Evaluation of School Programs』, 3rd ed. (New York: Macmillan, 1994); and Donald Arnstine, 『민주주의와 학교교육의 예술*Democracy and the Arts of Schooling*』 (Albany: State University of New York Press, 1995).

24) David N. Perkins, 『지적인 눈: 예술을 보고 생각하는 법을 배우다*The Intelligent Eye: Learning to Think by Looking at Art*』 (Los Angeles: Getty Center for Education in the Arts, 1994).

25) Margaret P. Battin, John Fisher, Ronald Moore, and Anita Silvers, 『미술의 퍼즐: 심미적 사례*Puzzles About Art: An Aesthetics Casebook*』 (New York: St. Martin's Press, 1989).

26) 예를 들어, Marilyn Galvin Stewart의 "미학과 미술교육과정(Aesthetics and the Art Curriculum),"에 대한 글에서 참조 『젊은이들을 위한 미학*Aesthetics for Young People*』, ed. Ronald Moore (Reston, Va.: National Art Education Association, 1995), 77-88.

27) Jacques Barzun, "Art and Educational Inflation," *Journal of Aesthetic Education* 12, no. 4 (1978).

28) 미적 경험 동안 다양한 감각 양식이 어떻게 활성화되는지에 대한 예를 들자면 다음 문헌을 참조 Harry S. Broudy, "The Structure of Knowledge in the Arts," in 『미술교육에서 미학과 미술비평: 미술을 기술, 설명, 평가하기*Aesthetics and Criticism in Art Education: Problems in Defining, Explaining, and Evaluating Art*』, ed. R. A. Smith (Chicago: Rand McNally, 1966), 34-35. 이 대목은 다음 저서에서의 심미적 교육에 대한 부록에서 인용된 글이다. R. A. Smith, 『수월성II *Excellence II*』, 203-4. Cf. Broudy, 『*Enlightened Cherishing: An Essay on Aesthetic Education*』 (Urbana: University of Illinois Press, 1994). Broudy는 종종 미국에서 심미적 교육의 주요 이론가로 여겨진다.

29) 텍스트로서의 자아에 대한 일부 논의는 다음 문헌을 참조 Iredell Jenkins, "Performance," in 『심미적 개념과 교육*Aesthetic Concepts and Education*』, ed. Ralph A. Smith (Urbana: University of Illinois Press, 1970), 204-26.

30) Ralph A. Smith, "문화적 다양성 속에서 예술을 기념하는 것: 그것을 하는 몇 가지 올바른 방법(Celebrating the Arts in Their Cultural Diversity: Some Wrong and Right Ways to Do It)," in 『문화적 다양성 속에서의 예술*Arts in Cultural Diversity*』, ed. Jack Condous, Janterie Howlett, and John Skull (New York: Holt, Rinehart and Winston, 1980), 82-88. Cf. 나의 논문 "Forms of Multi-cultural Education in the Arts," *Journal of Multicultural*

and Cross-cultural Research in Art Education 1, no. 1 (Fall 1983): 23-32; "The Question of Multiculturalism," in both *Arts Education Policy Review*, 94, no. 4 (1993): 2-18 그리고 저서『일반 지식과 예술교육*General Knowledge and Arts Education*』(Urbana: University of Illinois Press, 1994), chap. 5; "The Uses of Cultural Diversity," *Journal of Aesthetic Education* 12, no. 2 (1978): 5-10; "On Observing a Different Society," *Journal of Aesthetic Education* 23, no. 1 (1989): 5-7, a special issue devoted to arts education in China; and "Multiculturalism and Cultural Particularism," *Excellence II*』, chap. 7.

31) Walter Kaufmann, 『인문학의 미래*The Future of the Humanities*』(New York: Thomas Y. Crowell, 1977), chap. 2.

32) 예를 들자면, Mason은 그녀의 저서 『미술교육과 다문화주의*Art Education and Multiculturalism*』(New York: Croom Helm, 1988)에서 다인종 중심 도시 학교에 대한 연구를 위해 변증법적 접근법을 채택한다.

33) 세 번째 동심원에 대한 필자의 설명은 Kaufmann의 수정이다. 그가 문학에 대해 이야기하고 있었기 때문에, 그는 그것을 작가의 작품에 대한 두 내면의 관계를 포함하는 것으로 받아들였다.

34) Clifford Geertz, "Person, Time, and Conduct in Bali," in 『문화의 해석*The Interpretation of Cultures*』(New York: Basic Books, 1973).

35) 필자는 다음 저서에서 K-12 curriculum을 구안했다. 『미술의 감각: 심미적 교육의 연구*The Sense of Art: A Study in Aesthetic Education*』(New York: Routledge, 1989), chap. 6; "인지적 고양: 예술교육을 위한 인문학 교육과정 (Toward Percipience: A Humanities Curriculum for Arts Education)," 『예술, 교육, 심미적 앎*The Arts, Education, and Aesthetic Knowing*』, Part 2, ed. Bennett Reimer and R. A. Smith, Ninty-first Yearbook of the National Society for the Study of Education (Chicago: National Society for the Study of Education, 1992), chap. 3; 『수월성 II*Excellence II*』, chap. 9; and 『일반 지식과 예술교육*General Knowledge and Arts Education*』, chap. 6.

제10장

통찰력 개발: 인문학 기반 예술 교육과정

미술교육에서 인지에 대한 강조는 예술이 인간 지식의 기본 형태가 된다는 믿음이 점차 확대되면서 이루어졌다. 비록 그것이 다른 형태의 앎에 대한 특징을 공유한다고 하더라도, 예술적 표현은 그 자체의 독특한 가치를 인정받을 만큼 충분히 차별화된 앎으로 여겨진다. 이러한 예술관은 현대 독일 철학자 Ernst Cassirer(1874년-1945년)의 저술에서 나타나는데, 그의 저서 『인간론*An Essay on Man*』에서 그는 신화, 언어, 종교, 역사, 과학, 미술의 여섯 가지 상징적인 형태의 인간 문화를 특징으로 하는 지식 개념을 대중적으로 보급했다. Cassirer는 이러한 형태의 인간 문화로 인간의 특징적인 작업을 구성하고, '유인원the circle of humanity'이라고 정의했다. "그가 썼던 글 '인간 철학philosophy of man'은 우리에게 이러한 인간 활동의 근본적인 구조에 대한 통찰력을 주는 동시에 유기적인 전체로서 이해할 수 있게 해주는 철학이 될 것이다."[1] 유기적인 전체를 형성하는 앎의 다양성을 이해하는 것이 가능하다는 명제는 아마도 다른 종류의 앎이 존재한다는 가정보다 더 논란의 여지가 많을 것이다. 작가들이 사용하는 용어와 이론적 가정들은 다양할 수 있지만, 근본적 아이디어들의 기원은 의미의 영역, 앎의 방식, 지성의 종류가 존재한다는 점에서 같다.[2] 학생들에게 이러한 다양성을 소개하는 것이 학교 교육의 주요 기능 중 하나이기 때문에, 심미적 앎의 교수법이 적용되어야 한다는 것은 합리적으로 보인다. 미술의 구조에 관한 지식은 그러한 가르침을 위한 기본적인 내용이나 주제를 제공하는 반면, 인간 발달 심리학은 적절한 학습 활동을 계획하기 위한 제안이 될 것이다. 다음으로 나는 심미적 앎의 실질적인 차원에 초점을 맞출 것이다.

우선, 예술에 대한 가르침과 학습을 체계화할 수 있는 기본적인 상황을 제시하는 것이 도움이 될 것이다. 이러한 상황은 예술작품이 제공할 수 있는 가치 있는 이익을 실현하기 위해 사람들이 예술작품에 직면하는 것이다. 우리는 대개 예술계의 문화기관을 통해 예술작품을 접하는 것이 전형적이기 때문에, 지적이고 민감하게 예술계에 들어가기 위한 준비를 위한 것으로 예술교육을 이해할 수 있을 것이다. 예술에서의 지적이고 민감한 만남은 **통찰력**percipience이라는 용어에 둘러싸인 특정한 능력과 성향을 전제로 한다. 예술교육의 일반적인 목표는 예술과 문화의 문제에 대한 인지 함양이다.[3] 그때, 학습자는 잠재적으로 성찰적인 관찰자이며 예술 세계의 여행자로 적합하게 간주된다. 지각적인 자세는 예술 작품에 대해 사람들이 특징적으로 취하는 태도이기 때문에 적절한 교육 목표가 될 수 있다. 확실히, 많은 이론가들과 실무자들은 계속해서 예술교육의 초석으로서 창조적이고 공연적인 활동에 대한 역량을 강조하고 있다. 필자인 나 역시도 그러한 활동들이 중요하다고 생각하지만, 나는 그것을 **심미적 지각**aesthetic percipience이라고 부르는 것의 발전에 기여하는 여러 가지 역량들의 집합으로 본다.

누군가는 심미적 학습의 요소들을 구성하는 것이 비교적 간단한 문제라고 생각할 수 있지만, 다원주의가 여전히 지배하며, 삶에 대한 전문적인 사실들로서 다중적인 목적과 목표들이 받아들여져야 한다. 그렇다면 이런 상황에서 예술에 대응하기 위해 맥락을 어떻게 개발할 것인가? 우리는 두 가지 유형의 목표를 가질 수 있다. 인문학의 일반적인 목표와 예술교육의 구체적인 목표를 가질 수 있는데, 전자는 인간 진로에 있어서 인문학의 역할에 대한 재설명이 필요한데 이는 문화적 조건에 대한 대응으로 정형화되어 있는 목표이며, 후자는 교수의 실제적인 주제와 교육과정 설계 및 평가에 대한 보다 구체적인 문제와 관련이 있는 목표이다.

인문학의 오늘

Albert W. Levi는 인문학이 의사소통, 영속성, 비평에 대한 인문 예술이기 때문에 영원히 인간의 삶과 관련이 있다고 주장해왔다. 그는 언어 및 문학과의 소통, 역사와의 연속성, 비판과 철학을 비평적 논리로 연결시킨다. 그는 어떻게 그런 해석을 하게 되었고, 왜 그렇게 해석할 필요를 느꼈는가?

이 주제에 대한 글을 썼던 Levi는 현대 사회를 괴롭히는 많은 문제들에 대한 대응이라고 생각했다. 역사적 기억을 회복하고 인간 수월성에 대한 이상을 상기해야 할 필요가 있으며, 민주적이고 평등한 사회로서 본질적으로 기품 있는 전통적인 학습이라 칭하는 것들을 가능하게 하는 분위기가 필요하며, 가르치는 것들과 살아있는 인문학 내용들 간의 관련성을 분명히 해야 할 필요가 있으며, 그리고 인문학을 새로운 경쟁자인 사회과학으로부터 방어할 필요가 있다고 주장했다. 이러한 과제를 해결하기 위해서 역사적 연속성을 강하게 믿는 Levi는 인문학을 해석하는 두 가지 방법을 제시하고, 이 두 가지 방법을 모두 결합한 세 번째의 안을 제안한다.[4]

Levi는 인문학을 르네상스의 전통에서 비롯된 "주체의 문제"를 상기해서 인문학the humanities의 실질적인 정의를 내린다. 이러한 정의는 르네상스 시대 사상가들이 고대의 서사적 내용들을 다시 읽고 그 속의 사상들을 전달하려는 경향과 일치한다. 중세의 초기 전통으로부터, 그는 인문학이 인간의 경험을 조직하고 이해하는 기술이나 방법으로 해석된 절차적 정의를 내린다. 이 기술들은 궁극적으로 교양 과목으로 알려지게 되었다. Levi의 세 번째 선택지는 르네상스와 중세 전통의 합성이다. 그는 절차적으로 인문학을 의사소통, 지속성, 비평의 교양으로 정의하고, 실질적으로 언어와 문학, 역사, 철학으로 정의한다. 그래서 Levi는 교육적 형식주의의 함정을 예견하고 피하려고 했다. E. D. Hirsch Jr.는 미국의 학교 교육 수준이 떨어졌다고 생각하는데 이는 특정 내용이나 배경 지식과 기술을 분리하는 경향 때문이라고 말한다.[5]

우리가 일반적으로 예술적 표현을 심미적 소통이라고 말하는 만큼 확실하게 창조적인 순수 예술을 언어와 문학으로 가정한다면, 우리는 Levi의 해석에 또 다른 제안으로 창조의 예술을 동화시킬 수 있을 것이다. 이러한 생각들은 인문학이 예술과 필수적으로 영원히 관련된 것임을 증명하는데 이는 예술이 창조, 소통, 지속성, 비평에 대한 것이라는 견해에서 나온다. 인문학으로서 예술을 가르치는 것은 주어진 시대를 극복해내도록 하는 일을 의미할 것이고 이러한 아이디어들을 예술이 창조되는 절차와 연결시켜 주는 것을 의미하는 것일 것이다. 예술작품은 시대적 흐름 속에서 역사적 예술비평을 통해 그 의미와 중요성이 드러나며, 이러한 진술들에 의해 이해될 수 있다. 예술교육의 인문학적 해석을 하는 데 있어 가장 기본 문제는 이런 예술들을 교육과정의 설계와 학습의 목적으로 생각과 행동을 어떻게 조화시키며 조정할 것인가에 대한 문제일 것이다.

예술작품을 이해하고 감상하는 데 있어서 그런 이해를 돕기 위해 어떤 것들이 포함되어야 할지에 초점을 맞추어 교육적으로 고려할 사항들은 다음과 같은 질문로 제시될 수 있다. (1) 누가 만들었는가? (2) 어떻게 만들어졌는가? (3) 언제 만들어졌는가? (4) 누구를 위해 만들어졌는가? (5) 그것의 메시지 또는 의미는 무엇인가? (6) 그것의 스타일은 무엇인가? (7) 그것의 경험의 질은 무엇인가? (8) 그것이 만들어진 문화적 장소는 무엇인가? (9) 오늘날의 문화나 사회에서 그곳의 위치는 무엇인가? (10) 이해와 감상에 어떤 특이한 문제가 있는가?[6] 이러한 질문에 대답할 수 있다면 예술 감각이 잘 발달되어 있다는 증거이며 예술 작품에 참여할 수 있는 능력의 전제 조건이다. 그러한 역량은 젊은이들로 하여금 다른 사람들의 판단과 가치 선호에 덜 의존하게 만들고 자율성의 척도를 가지고 스스로 예술 세계로 모험할 수 있게 한다. 어떤 커리큘럼이 그러한 경험을 함양하도록 하는 데 기여할 것인가?

예술교육을 위한 인문학 교육과정

이제부터는 **통찰력**percipience과 **심미적 통찰력**aesthetic percipience을 교차해서 사용했듯이, **통찰력 교육과정**percipience curriculum과 **인문학 교육과정**humanities curriculum을 상호 교환적으로 사용하고자 하며, 이를 인지교육과정이라고 통칭해서 사용하고자 한다. 인지 교육과정은 유치원부터 12학년에 걸쳐 모든 학생들이 필수적으로 공부해야 하는 학문으로 예술을 포함시킨 프로그램이다. Cassirer가 말한 대로, 예술이 인간 문화의 기본적인 상징적 형태라고 믿는다면, 민주주의 사회의 모든 구성원들은 그 혜택을 받을 기회를 가질 자격이 있다. 왜냐하면 그러한 기회가 예술을 통해 더 완전한 인간이 된다는 생각을 의미하기 때문이다.[7] 나는 심미적 인지를 고양시키기 위한 노력이 교수 과정의 다양한 지점에 각기 다르게 강조될 것이라는 것을 가정해보고자 한다. 교육과정은 초기에 이루어지는 학습은 나중에 일어날 학습에 기초적인 토대가 되어야 한다는 의미이다. 매우 구체적인 행동 목표들의 확고한 단계를 추천하는 것이 아니라, 더 자세히 탐구하기 전에 기본적 토대를 아는 것이 필요하며 이러한 단계들이 누적되는 방식을 의미하는 것이다. 심미적 학습의 평가는 예술을 이해하고 경험하기 위한 학습자의 프레임워크가 적합한 방식으로 확장되고 발전했는지를 추정함으로써 이루어질 수 있다.

예술교육은 예술작품이 제공할 수 있는 이점을 실현하기 위해 사람들이 잘 발달된 예술 감각으로 시각, 청각, 언어적 예술작품에 사람들이 마주할 때 예술에 대해 잘 고양된 감각을 가지도록 하는 데 필요한 것이 무엇인지와 관련된다고 말해 왔다. 나는 교육과정을 여행안내서로 보며, 심미적 학습자를 예술세계의 잠재적인 여행자로 봄으로써 성찰적 인지자의 이미지를 만들어보고자 한다. 예술세계의 여행자들은 어디서 심미적 가치를 추구해야 하는지뿐만 아니라 그것을 실현하는 방법도 알고 있다. 사실, 우리가 집에서 일상적으로 그림을 감상하거나 음악을 듣거나 시를 읽을 때, 우리는 보통 우리 자신을 공공적이고 제도적인 함축성이 있는 예술계에 참여하는 일로 이런 일들을 생각하지 않는다. 그러나 우리가 위와 같은 일을 사적인 공간에서 혹은 사회적인 환경에서 하든지 간에 많은 조건과 문제들이 동일하게 일어난다. 하지만 우리가 예술세계의 여행자들을 준비하기 전에, 우리는 우리 자신에게 물어야 한다. 인간이 살아가는 동안 예술작품이 어떤 특징적인 역할을 하는가? 이 질문에 어떻게 답할 것인가에 대한 일관된 아이디어가 없다면 예술교육은 목적의 부재에 시달리게 되고, 명분도 없는 문제에 직면하게 될 것이다.

예술의 가치

예술작품은 잘 준비된 지각 수용체 속에 고도의 심미적 경험을 유도할 수 있는 능력을 길러주기 위해서 가치 있는 것으로 지금까지 설득력 있게 주장되어 왔다. 심미적 경험은 다음의 두 가지 기능을 제공하기 때문인데, 그 하나는 경험을 바람직한 방법으로 형성하도록 하며 인문학적 통찰력을 제공하기 때문이라는 점이다. 두 번째의 예술작품의 긍정적인 효과를 특징 짓는 또 다른 이유는 구성적이고 계시적인 힘이 있기 때문이다. 즉, 자아를 통합하는 잠재력을 지니고, **심미적 지혜**aesthetic wisdom라고 불리는 것을

전달하는 힘이 있다는 점이다.8)

예술의 구성적 가치|Constitutive Values of Art

우리는 예술작품의 구성적 가치, 즉 유익한 방법으로 경험을 형성할 수 있는 능력에 관해서 알아보기 위해 고대 플라톤에서 18세기 Friedrich von Schiller, Herbert Read, John Dewey 그리고 20세기의 이론가들에 이르기까지 일련의 사상을 추적할 수 있다. Schiller의 저서 『인간의 심미적 교육에 관한 서한 시리즈On the Aesthetic Education of Man in a Series of Letters』 (1795)는 예술의 구성력을 찬양하는 대표적인 책이다.9) 철학자이자 시인이며 극작가인 Schiller는 정치적으로 비난받는 세기 동안 글을 쓰면서 오직 훌륭한 인격의 형성을 통해서만 진정한 시민적, 정치적 자유를 성취할 수 있으며, 시민들 자신이 가져야 할 입헌 정부를 가질 수 있다고 주장했다. Schiller는 후자의 결과가 심미적 교육을 통해 달성될 수 있다고 믿었고, 그의 이런 생각은 명인들의 불멸의 작품에 대한 연구에 큰 중요성을 두었던 것이었다. 즉, 심미적 교육이 정치적인 자유와 개인의 자유 문제의 핵심이었다. 그것은 인격 형성이 발달하는 영역인 무차별적 힘의 영역과 법치의 힘 사이의 중간 상태를 차지하고 있다. Schiller가 '인간 경험의 살아있는 샘'이라고 부르는 걸 발표한 것은 걸작들에 대한 무엇을 의미하는 것이었을까? Schiller는 단지 작품의 형태뿐만 아니라 구조, 균형, 대칭, 조화, 그리고 통합을 의미하는 예술의 형식이라고 생각했다. 이 속성들은 곧 예술 작품의 본질이며, 적절하게 구성된 자아의 본질이었다. 간단히 말해서, Schiller에게 심미적 교육은 도덕교육에 대한 대비나 추가로서 존재하지 않는 그 자체로 중요한 도덕적 기능을 가지고 있었다.10)

심미적 교육은 일반적으로 심미적 규율을 도덕 교육의 중심이라고 하는 Herbert Read의 생각과 유사한 역할을 한다. 여기서 Schiller가 심미적 교육이 고귀한 성격에 기여한다고 한 부분에서 Read가 『로봇의 구원The

Redemption of the Robot』에서 고귀함을 최종 도달점으로 여긴 것과 상통한다. Read는 "우리는 교육에 모든 형태의 심미적 활동을 우선시해야 한다. 아름다운 것을 제작하는 과정에서 감정의 결정체가 미덕의 형태로 이루어진 패턴으로 작용할 것이다"라고 말했다.[11]

John Dewey 역시 예술의 목적은 외부 세계에 대한 지각과 인간 의식의 통합에서 유기적인 통일을 이끌어내는 것이라고 인식했다. 그는 『경험으로서의 예술*Art as Experience*』에서 예술은 전통적인 구별 의식과 고정관념을 깨는 도덕적인 것뿐만 아니라 심미적 기능을 한다고 주장했다. 그것은 또한 심리적 긴장, 갈등, 그리고 대립을 더 크고, 더 풍부하고, 더 조화로운 성격 구조로 타협한다고 서술했다.[12]

예술의 계시적 힘Revelatory Powers of Art

예술은 구성적인 힘을 발휘하고 형성할 뿐만 아니라, 계시적이며 인문학적 통찰력의 원천이다. 현대 낭만주의 시대에 두드러졌던 계몽주의 이론은 자아의 격상, 정신의 활력, 그리고 주요 예술 작품들과 마주치면서 전형적으로 경험되는 자아의 발견을 강조한다. 그러한 경험을 통해 드러나는 것은 확실한 주장으로 입증할 수 있는 사실이 아니라 심미적 또는 극적인 형태로 표현된 사물의 인간적 진실이며, 심미적 지혜와 더 유사한 진실이다. 우리는 예술가들의 외부 세계, 타인, 그리고 그들 자신과의 관계에 대한 비전을 생각할 때 그러한 지혜를 활용한다. Levi가 지적했듯이, 우리는 종교적인 기념, 숭배, 영감에 Giotto, Fra Angelico, Giovanni Bellini, Raphael의 비전을, 풍경화의 선험적 가치에 van Ruisdael, Poussin, Constable, Van Gogh의 비전을, 인간의 특성을 표현한 초상화에 Holbein, Rembrandt, Velázquez, Ingres의 공적들을 간직하고 활용하고 있다.

구성적이고 계시적인 예술이론은 예술작품의 제작과 대응에서 인식, 기억, 차별, 분석, 판단과 같은 다양한 정신적 기능의 행사를 전제로 한다는 점에서 본질적으로 인지적이다. 그러나 계시론에는 작품의 의미와 잠재적 형성력에 집중하는 만큼 인지적 보너스가 포함되어 있다. 이것은 감정이나 감성이 이론의 어느 집단에서든 전략적 역할을 하지 않는다는 것을 의미하지는 않는다. 단순히 작품이 무엇을 의미하는지 듣는 것 혹은 자아를 형성할 수 있는 잠재력을 가지고 있다는 것을 알게 되는 것은 개인적인 감각으로 예술작품의 형태와 내용을 느끼거나 깨닫지 않는 한 사람들에게 거의 도움이 되지 않는다. 우리가 우리의 감정으로 알고 있는 느낌으로 가득한 앎에 대한 것은 Nelson Goodman의 인지 이론에서 잘 설명되어 있다.[13] 비록 심미적 경험에서 인지의 본질과 역할에 대한 협소하고 과도하게 지성화된 개념을 가지지 않도록 해야 하지만, 그럼에도 불구하고 지성과 지식이 심미적 경험에서 수행하는 중요한 역할을 제공한다는 점을 인정해야 한다.

합성A Synthesis

세 번째 옵션은 구성적 이론과 계시적 이론의 통찰력을 모두 결합한 것이다. 예를 들어, 나는 Monroe C. Beardsley의 심미적 경험에 대한 후기 글들로 돌아가보면 이 글에서 Beardsley는 특히 심미적 반응의 인지적 특성을 고려하는데, 이는 E. H. Gombrich, Rudolf Arnheim, Nelson Goodman이 그의 생각에 영향을 준 결과라고 그는 말한다.[14]

Beardsley는 심미적 경험이 조합적이기도 하면서 구별적이기도 하다고 믿는다. 그의 설명에 의하면, 조합적compound이라는 것의 의미는 심미적 경험이 하나의 감정이나 태도로 전락할 수 없다는 것을 의미하기보다는 오히려, 그것은 군집화 경향이 있는 많은 특성들로 구성되어 있다는 것을 의미한다. 구별적disjunctive이라는 것은 심미적 특성을 가진 경험이 보통의 경험으로부터 상당히 쉽게 분리된다는 것을 의미한다. 그는 비록 일반 경험이 약간의 심미적 특징을 가지고 있을지라도, 심미적 특성을 가진 경험과는 다른 것으로 구별된다고 말한다. 따라서 Beardsley는 더 많거나 혹은 더 적은 특징이 있을 가능성을 인정할 수 있지만 심미적 감각을 다섯 가지 기준으로 제시한다. 그 기준은 객체 지향성, 느낌의 자유, 분리된 영향, 능동적 발견 및 개인적 통합 또는 전체이다. 그의 분석을 요약하면 다음과 같다.

객체 지향에 대한 감각은 시각적, 청각적, 언어적 예술 작품과 같은 경이적으로 객관적인 인식 분야에서 사물들이 작용하고 있거나 적합하고 적절한 방법으로 스스로 해결되었음을 깨닫는 것을 포함한다. 주의를 유도하고 인식을 유도하는 존재 또는 물체가 전제되어야 한다. 우리는 그림, 음악 구성, 조각 작품, 시, 영화에서 일어나고 있는 일을 치열하고 진지하게 간주하며, 만약 우리가 펼쳐지고 있는 것의 옳음을 느낀다면, 미학의 첫 번째 기준은 만족된다. 감각된 자유는 갑자기 자신을 인식의 현상에 자유롭게 부여하는 것에 유리하도록 자신의 마음속 골칫거리나 거슬리는 생각들을 한쪽으로 치우거나 밀어 넣은 감각이다. Beardsley는 "사물 위에 서고, 실제로 그것을 선택하지도, 우승하지도 않았음에도 불구하고, 자신만의 방식을 갖는 것은 감각"(p. 290)이라고 말한다. 사람은 기꺼이 태도 변화에 접근한다. 왜냐하면 그렇게 함으로써 생기는 즐거움이나 만족감 때문이다.

분리된 효과에 대한 감각은 몇 가지 바람직하지 않은 결과를 피하기 위해 어떤 감정적 거리를 두고 작업을 경험하는 행위를 의미한다. 첫 번째는 대상에 우리 자신을 빼앗기는 것인데, 이 경우 우리는 그것의 복잡하고 까다로운 형태와 내용 그리고 그것의 독특한 풍부함에 접촉을 포기하게 될 것이다. 두 번째는 우리 자신을 속여서 우리가 상상이나 가상의 물체보다 실제를 인식하고 있다고 생각하는 것이다. 분리된 효과의 개념에 내포된 것은 "그들이 생산하는 효과에 어느 정도의 분리를 부여하는" 작업의 경향이다. 그들은 "공술, 허구성, 자율성, 반사성, 다른 사물과의 분리 등"(p. 291)의 분위기를 제공한다. 이러한 감각은 항상 경험되는 것은 아니지만, 종종 분리되는 효과가 심미적 경험의 중요한 특징임을 주장하기에 충분히 경험되는 것이다.

분명히 해야 할 요점은 심미적 경험은 지식에 의해 촉진되며, 지각은 인지적 행위라는 점이다. 사실, 우리는 더 많은 조사를 해봐야 할 특별한 것을 분별하거나 지각하기 때문에 하나의 대상에 우리의 관심을 자유롭게 기울인다. 그러나 이러한 정밀조사는 지각적 기술과 배경지식에 의해 활성화되지 않는 한 아무런 보상도 받지 못할 것이다. 그러나 Beardsley의 네 번째 심미적 경험인 능동적 발견의 감각에서 인지적 특성이 가장 뚜렷하게 드러난다. Beardsley는 우리의 예술 경험의 중심 요소 중 하나가 "발견의 경험, 연결과 조직에 대한 통찰력, 지성의 확실한 개방에서 오는 관계"라는 것을 깨닫게 되었다. 이 개방성은 "인지적인 도전에 대한 만족감과 **지적** intelligible 능력을 발휘하여 어떤 것의 의미를 만들어냄으로써 **어떤 것을 이해하도록 것**making sense of something with making something make sense과 결합하도록 하는 힘"(p. 292)에 대해 관심을 가지도록 한다. 물론 **의미 만들기** Sense making는 심미적 경험과 다른 종류의 경험들과 공통되는 것이다. 발견의 감각은 발견의 기쁨을 똑같이 경험하는 학자와 과학자에게 확실히 이질적인 것은 아니다. 발견할 것이 거의 없을 때, 물론, 작은 감각의 제작이 될 수 있고, 심미적 경험은 거의 일어나지 않을 것이다. 이러한 명백한 사실이 왜 명작들이 심미적 경험을 자극할 수 있는 능력을 가진 것들 중 높은 순위를 차지하는지에 대한 이유로 충분히 설명되는 것들이다.

Beardsley의 적극적 발견이라는 개념이 심미적 경험의 인지적 특성을 지지해주는 것이라고 한다면, 그의 다섯 번째 특징인 총체성은 예술의 구성력에 관심을 집중시킨다. 예술작품의 경험이 온전한 감각을 만들어낼 수 있는 방법에 대해 논의하면서, Beardsley는 심미적 경험의 일관성에 초점을 맞추고, 이를 통해 "경험 자체의 요소들 간의 결합, 즉 오랜 시간에 걸쳐 사람의 마음에서 일어나는 다양한 정신적 행위와 사건들의 결합"과 그리고 "모든 것이 함께 있고, 그것의 인식, 느낌, 감정, 생각들을 하나의 통합된 인격체로 포괄할 수 있는 것들에 대한.... 자아, 마음의 치유, 감각의 결합"이 모두를 의미한다(p. 293).

필자는 Beardsley의 심미적 경험 이론을 예술의 구성적 힘이나 계시적 힘을 강조하는 이론들에 대한 하나의 대안으로 제안하기 위해 사용해 왔다. Levi가 인문학을 재정의하기 위해서 인문학의 중세적, 르네상스적 전통을 커뮤니케이션, 지속성, 비평의 교양학이 특징인 제3의 선택으로 결합시켰듯이, 나는 심미적 경험 이론을 위해 창의적 예술에 추가하여 고전적, 낭만적 예술이론의 요소들을 예술에 접목시켰다. 나는 왜 예술계가 파헤쳐져야 할 가치가 있느냐는 질문에 대한 답을 제시하면서, 교육과정 설계를 위해서 보다 구체적인 문제를 제기하고자 한다.

심미적 학습 단계(K-12)

최상의 경지에 있는 예술작품들은 수년간의 연구와 반평생에 걸친 경험을 필요로 하며 그것들을 완전하게 감상하기 위해서는 그것에 친숙해지도록 하는 친밀감을 성장시킬 필요가 있다. 그래서 『감상의 예술The Art of Appreciation』에서 Harold Osborne이 한 말을 상기하게 된다.15) 학교교육에서의 심미적 학습도 이와 유사한 긴 여정이 필요하다. 그것은 초기에 시작해서 중학년으로 점차 확대된다. 그것의 전반적인 목적은 잘 발달된 예술 감각을 습득하는 것을 포함하는 인지의 계발이다.

이런 목표는 학습자가 풍부한 통각적인apperceptive 능력을 개발하기 위해 만들어진 여러 학습 단계를 통해 달성될 수 있다. 더욱이, 학습은 새로운 정보가 개인의 개념 체계와 관련될 때 가장 효율적으로 일어난다. 계층 구조로 조직된 개념은 새로운 정보가 동화됨에 따라 변화를 겪는다. 이러한 학습 관점은 교사들이 예술의 개념적 성격을 잘 이해하고 새로운 정보를 학습자의 기존 지식 체계와 어떻게 연관시킬 것인가에 대한 이해를 가지고 있어야 한다는 것을 의미한다.[16]

　예술에서 학습은 초등학교 단계에서 단순한 노출과 익숙해짐에 의해서뿐만 아니라 미술 제작과 지각 연습으로 시작하여 중학교 단계에 점차 역사적, 감상적, 비판적 연구를 더 많이 하도록 하는 방식으로 진행될 수 있다. 만약, 목표가 바뀌게 되면, 가르치는 방법과 학습 방법도 변할 것이다. 평가는 학습자가 개념 체계를 확장하는 과정에서 수행하는 진행에 초점을 맞추어 이루어질 것이다. 전체적으로 심미적 학습 단계가 더 높은 경험 달성을 목표로 하는 데 도움이 된다는 가정에 기초하여 설계될 수 있다(반영되는 그림 참조)[17].

통찰력 개발을 위한 예술 교육과정
A Percipience Curriculum (K-12)

일반 목표: 미술의 개념과 기술을 인문학으로 간주하여 가르침으로써
미술에 대한 인식을 함양하기

개념과 기술

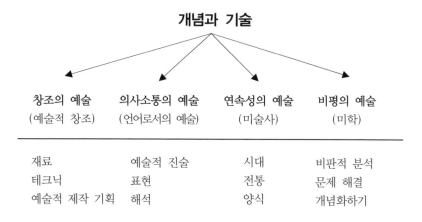

창조의 예술 (예술적 창조)	의사소통의 예술 (언어로서의 예술)	연속성의 예술 (미술사)	비평의 예술 (미학)
재료	예술적 진술	시대	비판적 분석
테크닉	표현	전통	문제 해결
예술적 제작 기획	해석	양식	개념화하기

학습 연속체

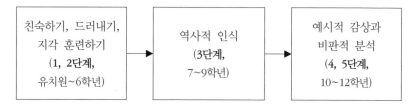

친숙하기, 드러내기,
지각 훈련하기
(1, 2단계,
유치원~6학년)
→
역사적 인식
(3단계,
7~9학년)
→
예시적 감상과
비판적 분석
(4, 5단계,
10~12학년)

교수학습은 노출, 친밀감, 지각 훈련으로부터 역사적 인식, 사례 감상과 비판적 분석에 이르기까지의 연속적 과정으로 발견과 반응학습, 강의법, 대화형 교수법들을 사용한다. 심미적 학습의 평가는 심미적 개념 지도의 발달과 그것을 실행하기 위한 조건들에 초점을 둔다.

1단계: 심미적 속성을 인식하기(유치원~3학년)

비록 매우 어린 아이들은 그들의 주제와 상징적인 중요성에 대해 말할 것도 없이, 형식적인 복잡성과 극적 강렬함에 예술작품을 참여시킬 준비가 거의 되어 있지 않지만, 그들은 사물의 단순한 감각과 표현적 특성에 민감하다. 따라서 유치원에서 3학년까지의 세월이 이 능력을 활용하고 확장해야 할 것이다. 이것은 자연에서, 평범한 물체에서, 또는 아이들이 직접 만든 작품에서 발견되는 미적 자질에 노출됨으로써 이루어질 수 있다. 이 단계에서 일반적인 목표는 삶의 질적 즉각성을 평가하는 것이라고 말할 수 있다. 젊은이들은 신선함과 생생함을 위해 무언가를 즐기는 법을 배운다. 그들은 사물의 모양, 소리, 맛, 냄새를 즐기도록 격려받는다. 그러나 시각, 청각, 언어 예술 작품들이 그러한 자질의 주요한 장소이기 때문에, 어린 학생들의 관심 또한 예술작품으로 향하는 것이 중요하다. 저학년의 학습자들은 그들의 미적 자질을 알아차리고 예술품이 사회가 상당한 노력을 기울여 유지하는 특별한 장소에서 발견되는 특별한 물건이라는 것을 이해하도록 이끌어야 한다. 따라서 어린 학습자들은 예술과 예술 세계에 대한 기본적인 이해를 발전시키기 시작할까? 동시에 그들은 직관적으로 객체 지향의식을 습득하는데, 이것은 심미적 경험의 근본적인 특징이다.

간단히 말해서, 공식적인 심미적 학습은 1단계 동안 시작된다. 젊은이들이 학교에 가져오는 이해는 수정과 확장을 거친다. 건물 배치 작업이 진행 중이다. 예술의 신비와 예술세계로 알려진 문화기관으로 입문한다. 그들 자신의 예술작품을 만들 때, 젊은 학습자들은 또한 예술적 창조 과정의 본질에 대한 통찰력을 얻는다. 그들은 예술 작품이 중간, 형태, 내용을 특징으로 하는 미적 대상에 재료의 특수성을 결합시킨 예술가의 산물이라는 것을 깨닫게 된다. 다시 말해서, 그들은 미적 의사소통의 방법을 배운다. 심미 교육에 대한 인문학적 해석의 관점에서 볼 때, 이것은 사실상 창조와 소통의 예술을 예술 연구에 포함시키는 것이다. 1단계 동안 교육은 지나치게 형식적이 되어서는 안 되며, 아이들의 자연스러운 성향을 끊임없이 염두에 두어야 한다. 그리고 미적 학습의 모든 단계가 일정 수준의 경험의 성취에 중요한 요소이긴 하지만, 미적 학습은, 다시 한번, 학생들에게 내적 목표가 후퇴하거나 무시될 때, 본질적인 충족감을 얻을 수 있는 수많은 순간을 제공할 것이다.

현재 학교 교육 초기에 일어나고 있는 일의 대부분은 1단계의 목표를 달성하는 데 충분할 수 있다. 그러나 교사들이 미적 지각이라는 장기적인 목표를 염두에 두고 이러한 활동과 수업을 계획한다면, 그들은 약간 다른 방식으로 가르침을 받을 수 있을 것이다. 중요한 고려사항은 모든 학습이 하나의 요점을 가지고 확실한 방향으로 이끌어야 하며, 심미적 학습의 2단계 목표인 더 큰 지각적 기교를 향해야 한다는 것이다.

2단계: 인지 전략을 개발하기(4~6학년)

학습 단계 간의 정확한 구분선은 물론 그려질 수 없지만, 초등학교 고학년이 되면 젊은이들은 그들의 에너지와 힘을 집중시킬 수 있게 된다. 그들은 성숙한 예술가들의 작품뿐만 아니라 그들 자신의 예술작품에서도 더 큰 복잡성을 인식할 수 있다. 그러나 점차로, 인식 능력이 연마되고 발전될 수 있는 것은 단지 일부 복잡한 작업의 인식을 통해서만 가능하기 때문에, 관심은 후자로 옮겨진다.

예술품의 즉각적인 특징 외에도, 그들의 복잡한 관계와 의미들의 거미줄은 이제 더 완벽하고 명확하게 시야에 들어온다. 예술작품이 가정과 관리인을 찾아가는 예술계에 대해 동시에 배우면서 미술작품을 보다 가까이 들여다볼 때다. 여전히 과도하게 정형화되지 않는 방식으로 2단계에서의 학습은 1단계에서의 학습보다 조금은 더 체계적이다. 학생들은 미술과 그 다양한 요소들에 대해 이야기하기 위한 어휘나 언어를 만들고, 보고, 듣는 것 외에도, 이 기간 동안 습득하기 시작한다.

비록 아주 어린 아이들에게도 어떤 일을 하는 방법적인 방식을 가르치는 것이 가능할지라도, 어떤 체계가 도입될 수 있는 것은 2단계 동안이다. Harry S. Broudy는 작품의 감각적, 형식적, 표현적, 기술적 측면에 세심한 주의를 기울일 것을 권고한다.[18] 그러한 측면의 스캐닝은 지나치게 단순하거나, 경직되거나, 그 효과에 대한 과도한 주장에 부담을 갖지 않는다면 예술작품과 초기 접촉을 하는 데 유용한 방법이 될 수 있다. 따라서 보다 큰 범위의 반응 패턴 내에서 검색하고 제시해보는 것이 유용할 수 있다.

미술사학자 Kenneth Clark는 자신의 지각적 습관을 이렇게 설명한 적이 있다.[19] 먼저, 예술작품이 처음 마주할 때 주는 첫인상으로서 초기 영향은 상당히 특이할 수 있으며, 그다음에는 작품에서 실제로 인식되고 즐길 수 있는 것을 찾기 위한 면밀한 조사와 검토의 기간이 있다. 정밀조사의 단계는 기억의 한 단계가 뒤따른다. 예를 들어, 관련 정보, 전기 및 과거 정보는 작업을 지능적으로 만들기 위해 호출된다. 그 후, 추가적인 조사와 기억의 기간이 초기 대응을 갱신하고 활성화한다. 핵심은 미적 경험이 매우 오랫동안 지속되기 어렵고, 감각들이 다시 뭉치는 시간이 필요하다는 것이다. 더욱이, 비록 작품에 대한 초기 인상이 신선하고 자연스럽지만, 그것들은 종종 작품의 성격이나 종류에 대한 믿을 만한 열쇠가 되지 못한다. 2단계의 끝에서 학생들은 1단계의 끝보다 훨씬 더 많은 단계에서 첫인상(영향)의 특성을 다른 사람에게 전달할 수 있을 뿐만 아니라, 공식적인 분석(정밀함)에 관여하고, 작품(갱신)에 대한 관심을 지속하는 데 습득한 지식을 적용할 수 있어야 한다. 그들이 정보에 입각한 미적 반응의 완전한 행위라고 불릴 수 있는 동안 심미적 인식의 기술을 연습할 때, 학습자들은 반드시 스스로 의식하는 것은 아니지만, 느낌의 자유, 분리된 영향, 그리고 능동적인 발견이라고 부르는 심미적 경험의 추가적인 특징, 즉 감정들을 알게 된다. 그렇게 하는 동안 발견될 수 있는 것을 위해 어떤 것에 대한 특별한 관점을 자유롭게 취한다. 물론 1단계와 2단계에서는 다른 그룹의 구성원들과 다른 문화와 문명으로부터 만들어진 작품들을 보여주고 토론하는 것이 적절하다. 다시 말해서, 인문학 교육과정은 다문화적 차원을 가져야 한다. 그러나 나는 다문화주의를 서구 문명의 가치에 대한 이념적 공격이 아니라 문화적 대안 연구가 존중받는 인문주의적 목표이며 편협한 민족중심주의를 피하는 방법으로 이해한다.[20] 사실, 잘 발달된 예술 감각은 광범위한 예술작품에 대한 인식을 내포하고 있다.

3단계: 미술사에 대한 감각을 개발하기(7~9학년)

예술작품의 성, 관계성, 의미를 이해하는 법을 배운 학생들은 이제 시간, 전통, 스타일의 측면에서 작품을 검토할 준비가 된 상태이다. 잘 설계된 조사 과정을 통해 학생들은 예술 작품이 사회의 신념과 가치를 어떻게 찬양하고 비판해 왔는지를 발견할 수 있다. 학습은 여전히 경험 교육과정의 일반적인 목표와 같은 역할을 하지만, 이제 역사 인식의 발달은 학습자들의 인지력을 심화시키고 예술 감각을 공고히 하는 데 도움을 준다.

3단계는 또한 예술작품이 문명의 진화를 어떻게 반영하는지 이해하는 데 기여한다. 그들은 이것을 두 가지 방법으로 한다. 하나는 생동감 있는, 모양 없는 재료에 형태와 스타일을 부여하기 위한 매우 성공적인 노력의 기록을 제공하는 것이다.[21] 그러나 그 너머 예술은 더 큰 자유와 여가를 위해 인간의 힘을 배양할 수 있는 쓸모의 지배로부터 존재를 해방시키기 위해 노력하는 인간의 뛰어난 상징이다. 이러한 작품들에 대한 연구는 예술 작품들이 종교, 마술, 신화에서 벗어나 생생하게 살아나[22] 종종 성별, 계급, 인종을 초월한다는 것을 강조하는 역할을 더한다. 마지막으로, 가장 중요한 것은 미술사 연구가 전통에 대한 감상에 기여한다는 점이다.

심미적 학습의 첫 두 단계에서 설명하는 교육학적 설명과는 대조적으로, 3단계의 교육학적 설명은 반드시 더 형식적이고 체계적인 교육을 포함하는 것이다. 비록 어떤 특정한 연구에 오래 머물 수 있는 시간은 없을지라도 학생들은 역사적 연속성과 변화의 과정에 대한 중요한 통찰력을 개발하고 연속성이 이야기의 가장 큰 부분이라는 것을 깨닫게 될 것이다. 지속성과 변화에 대한 인식은 실질적으로 모든 문화나 문명의 연구를 통해 달성될 수 있다. 그러나 미국 젊은이들에게 있어, 그들이 속한 사회의 문화적 유산에 우선권이 주어져야 한다. 논란을 빚고 있는 철학적 수정론자인 Richard Rorty조차 이를 공통의 지혜로 인정하고 있다.[23] 다문화 옹호자들이 벌이는 유럽중심주의Eurocentrism에 대한 전쟁은 그러므로 잘못된 충고에서 비롯되었고 역효과를 낳고 있다. 그것은 문화적 다원주의의 고상한 목표를 증진시키기보다는 문화적 특수성을 조장한다.[24]

4단계: 예시적 감상(10~11학년)

4단계의 목적은 최상의 단계에서의 감상에 대한 것이지 기술 훈련이나 역사 학습을 하는 것이 아니다. 엄선된 예술 작품들을 어느 정도 깊이 연구할 때에 이르렀기에 이 단계에서 학생들은 잠시 멈춰서 인류의 가장 훌륭한 업적들 ― 그들의 아름다움, 형태, 의의, 신비로움에서 독특하게 빛나는 위대한 예술 작품들을 감상한다. 게다가, 예술가의 민족적 기원이나 성별은 작품의 우수성보다는 덜 관련을 지어서 감상하는 단계이다.

이러한 예시적 연구는 또한 예술을 경험하는 데 있어서 맥락적 요인의 역할을 이해할 수 있는 기회를 제공한다. 예술작품의 형성에 도움이 된 역사적 요인들에 대해서는 크게 개의치 않고 그 자체로 예술작품을 감상할 수 있다. 그러나 Levi가 말했듯이, 우리는 예술이 한 사회나 시대의 서로 다른 문화적 요소들을 보여주는 방법을 예시화하거나 통합하는 방식을 검토하고자 하지 않는다면 그 예술에 충분한 자격을 부여하지 못한다. 우리는 이것을 상징이 되는 예술작품들로 예시 감상의 상징 기반 관계라고 부를지도 모른다. 이 관계는 서로 뒤바뀌어서도 안 되며, 맥락적 정보는 기본적으로 작품 감상의 보조일 뿐, 예술작품을 문맥으로 해체하고 녹여내는 것을 허락해서도 안 된다.[25]

심미적 학습의 4단계 과정에서 예술적 우수성에 대한 감상을 함양하려는 목적으로 볼 때, 서로 다른 문화권의 예술적 우수성에 대한 예시가 감상을 위해 사용될 수 있는 후보가 될 수 있다는 것을 따르고 있다. 다시 한번 서양 문화유산의 걸작들이 등장할 것으로 예상하겠지만, 비 서구 문화에서 선별된 예술적 자질의 모범을 보이기 위한 노력도 필요하다.

5단계: 비판적 분석(12학년)

예시적 감상 단계를 지나면 인지 교육과정은 인간 삶과 사회에서 예술의 역할에 대한 비판적인 성찰의 기회를 제공하고 그러한 관계가 야기하는 수없이 많은 혼란에 대한 기회를 제공한다.[26] 심미적 학습의 마지막 단계의 주된 목적은 청소년들로 하여금 그들 자신의 예술 철학의 어떤 것을 세워보라고 격려하는 것이다. 이것은 예술과 도덕, 예술과 대중매체, 예술과 환경, 예술과 정치 등과 같은 질문에 대한 믿음을 형성하고 최소한 그 질문에 대해서 잠정적인 입장을 취하는 것을 포함하는 것일 것이다. 조사되어야 할 질문들 가운데 확실히 두드러진 것은 예술적 가치와 쓸모에 대한 질문들이다. 학생들이 이러한 문제들을 다룰 때, 그들은 선행 학습 단계에서 축적한 지각의 경험들을 잘 활용한다. 예술행사에 자주 참석하는 논쟁적인 대중의 반응을 볼 때, 12학년 학생들의 흥미를 자극할 자료를 찾는 데 어려움이 없어야 한다. 사실 이 나이의 학생들은 예술적 논란에 대해 호기심을 갖고 이에 어떻게 대응해야 할지 알고 싶어 한다. 적절한 질문을 하고 관련 문제를 분류함으로써 고학년 세미나를 시작할 수 있다.

필요한 개혁을 향하여

　예술교육의 인문학적 정당성은 전통적인 인문학에 대한 절차적이고 실질적인 측면에서 다시 정의해 봄으로써 확보되었다. 이러한 재정의하에서 예술을 가르친다는 것은 창조, 소통, 지속성, 비평의 적절한 방법을 명심해서 관련된 시대로 그 요소들을 활용하는 것을 포함한다. 이러한 예술이 학습자의 연령에 적합한 수준에서 통달되도록 하는 것은 결국 예술과 문화의 문제, 즉 예술교육의 궁극적인 목표를 만들어낸다. 심미적으로 통찰자가 됨으로써 잘 교육된 비 전문가는 지식과 감수성으로 자율성의 정도를 말하기 위해서가 아니라 예술계를 탐험할 수 있는 능력을 갖추도록 하는 것이다. 학생들은 예술작품에 노출되거나 친밀감을 형성하는 것, 지각 훈련, 역사 연구, 예시 감상 및 비판적 분석 등의 일련의 학습 단계를 통해 이러한 수준의 지각적 인지에 도달할 수 있다.

　학교에서 인지 교육과정이 시행되기 전에 중요하게 진전되어야 할 것은 교사 교육을 개혁하는 것일 것이다.[27] 예를 들어, 예비 예술교사는 인문학을 훨씬 더 많이 공부해야 할 것이다. 그리고 사회는 인간 인격에 유익한 방법으로 영향을 미치는 것에 대한 예술의 구성적이고 계시적인 힘의 중요성을 더 널리 인정해야 할 것이다. 따라서 예술의 잠재력은 개인뿐만 아니라 사회적 이익도 가지고 있다. 사회는 심미적 지능을 가진 사람들에 의해 구성되었을 때 문화적 건강함을 즐길 가능성은 더욱 커질 것이다. 이런 의미에서 예술교육은 필연적으로 중요한 것이다.

미주

1) Ernst Cassirer, 『사람에 대한 에세이*An Essay on Man*』 (New Haven: Yale University Press, 1944), p. 68.

2) 대표작의 경우는 다음 문헌 참조. Philip H. Phenix, 『의미의 영역*Realms of Meaning*』 (New York: McGraw－Hill, 1964); P. H. Hirst, 『지식과 교육과정 *Knowledge and the Curriculum*』 (Boston: Routledge and Kegan Paul, 1974); L. A. Reid, 『이해의 방법과 교육*Ways of Understanding and Education*』 (London: Heinemann, 1986); and Howard Gardner, 『*Frames of Mind*』 (New York: Basic Books, 1983).

3) 나는 다음 문헌에서 통찰력*percipience*에 대한 자각을 가져왔다. from Harold Osborne's 『감상의 예술*The Art of Appreciation*』 (New York: Oxford University Press, 1970), chap. 2, "통찰력으로서의 감상(Appreciation as Percipience)." 미술세계*artworld*에 대한 용어는 Arther Danto가 그의 저서에서 감각에 설명되어 있다. 『일반 장소의 변형형*The Transfiguration of the Commonplace*』 (Cambridge: Harvard University Press, 1981). 즉, "어떤 것을 예술로 보는 것은 이것보다 더 중요하지 않으며, 예술 이론의 분위기, 예술의 역사에 대한 지식을 요구한다"(p. 135). 나의 통찰력*percipience*에 대한 개념은 그러한 이론과 지식을 전제로 한다.

4) Albert William Levi, 『인문학의 오늘*The Humanities Today*』 (Bloomington: Indiana University Press, 1970), chap. 1참조; "Literature as a Humanity," *Journal of Aesthetic Education* 10, no. 3-4 (1976): 45-60; "Teaching Literature as a Humanity," *Journal of General Education* 28, no. 4 (1977): 283-89.

5) E. D. Hirsch Jr., "문화 문해력과 학교Cultural Literacy and the Schools," in 『문화 문해력*Cultural Literacy*』 (New York: Vintage Books, 1988). Cf. Ian Westbury and Alan C. Purves, eds., 『문화 문해력과 교양교육*Cultural Literacy and General Education*』, Eighty－seventh Yearbook of the National Society for the Study of Education, Part 2 (Chicago: National Society for the Study of Education, 1988); and Ralph A. Smith, ed., 『문화문 해력과 예술교육 *Cultural Literacy and Arts Education*』 (Urbana: University of Illinois Press, 1991).

6) Levi, "인간성으로서의 문학학(Literature as a Humanity)," 60. Levi의 질문은 이 논의의 목적에 따라 약간의 수정이 이루어졌다.

7) 나는 여기서 다음 문헌으로 언급하고자 한다. Edmund B. Feldman 『미술을 통한 인간됨Becoming Human Through Art』 (Englewood Cliffs, N. J.: Prentice-Hall, 1970), 이 책은은 1970년대의 미술교과서의 보충교재 중의 하나였다.

8) 다음 논의는 다음 문헌의 글에서 요약된다. Albert William Levi and Ralph A. Smith, "예술과 인간(The Arts and the Human Person)," in 『미술교육: 비평적 필수요건Art Education: A Critical Necessity』 (Urbana: University of Illinois Press, 1991).

9) Friedrich von Schiller, 『심미적 교육에 대한 서신시리즈On the Aesthetic Education of Man in a Series of Letters』, trans. Elizabeth W. Wilkinson and L. A. Willoughby (New York: Oxford University Press, 1976).

10) Ibid., esp. 7, 9, 55, 215.

11) Herbert Read, 『로봇의 구원: 예술을 통한 교육과의 만남The Redemption of the Robot: My Encounters with Education Through Art』 (New York: Simon and Schuster, 1969), 143.

12) John Dewey, 『경험으로서 예술Art as Experience』 (Carbondale: Southern Illinois University Press, 1987), 252-53.

13) Nelson Goodman, 『예술의 언어Languages of Art』, 2nd ed. (Indianapolis: Hackett, 1976), 245-52.

14) Monroe C. Beardsley, "심미적 경험(Aesthetic Experience)," in 『심미적 관점: 모음글The Aesthetic Point of View: Selected Essays』, ed. Michael J. Wreen and Donald M. Callen (Ithaca: Cornell University Press, 1982), 285-97. All quotations are from this essay.

15) Harold Osborne, 『감상의 예술The Art of Appreciation』, 36.

16) 그런 원리를 논의하기 위해 나는 다음 저서의 내용에서 상당히 도움이 될 만한 내용을 발견했다. Joseph D. Novak, 『교육이론A Theory of Education』 (Ithaca: Cornell University Press, 1986) and David P. Ausubel, Joseph D. Novak, and Helen Hanesian, 『교육심리학: 인지적 관점Educational Psychology: A Cognitive View』, 2nd ed. (New York: Holt, Rinehart and Winston, 1978).

17) 다음 논의는 나의 저서와 Levi의 저서에서 설명한 내용을 축약한 버전이다. Ralph A. Smith, 『미술의 감각: 미적 교육연구The Sense of Art: A Study in Aesthetic Education』 (New York: Routledge, 1989), chap. 6, and in Levi

and Smith, 『미술교육: 필연적 중요성*Art Education: A Critical Necessity*』, chap. 8.

18) Harry S. Broudy, 『학습에서 상상의 역할*The Role of Imagery in Learning*』 (Los Angeles: Getty Center for Education in the Arts, 1987), 52-53.

19) Kenneth Clark, 『그림을 본다는 것*Looking at Pictures*』 (New York: Holt, Rinehart and Winston, 1960), 16-17.

20) 예를 들어 『인문학의 미래*The Future of the Humanities*』 (New York: Thomas Y. Crowell, 1977)에서 Walter Kaufmann는 인문학의 목표를 네 가지: 인류의 위대한 작품의 보존과 배양, 비전의 가르침, 비판적 정신의 육성, 대안에 대한 사려 깊은 성찰이라고 말한다 (pp. xvii-xxi).

21) 이것은 다음 두 문헌의 주제이다. Kenneth Clark, 『문명화*Civilization*』 (New York: Harper and Row, 1969) and 『문명화를 향해: 예술교육 보고서*Towards Civilization: A Report on Arts Education*』 (Washington, D.C.: National Endowment for the Arts, 1988).

22) Hannah Arendt, 『인간조건*The Human Condition*』 (Chicago: University of Chicago Press, 1958), 167.

23) Richard Rorty, "The Dangers of Over-philosophication: Reply to Arcilla and Nicholson," *Educational Theory* 40, no. 1 (1990): 41-44.

24) 이와 똑같은 이슈를 표현하는 Molefi Keti Asante의 "다문화주의 (Multiculturalism)"에 대한 비평을 한 Diane Ravitch의 글, "Multiculturalism: E Pluribus Plures," *American Scholar* 59, no. 3 (1990): 337-54 and "Multiculturalism: An Exchange," *American Scholar* 60, no. 2 (1991): 272-76을 참조. 나의 글 "Forms of Multicultural Education in the Arts," *Journal of Multi-cultural and Cross-Cultural Research in Art Education* 1, no. 1 (1983): 23-32; 그리고, Rachel Mason, 『미술교육과 다문화주의*Art Education and Multiculturalism*』 (London: Croom Helm, 1988), esp. 1-2, "Four Types of Multiculturalism." 참조

25) 피해야 할 것은 Hilton Kramer가 in 『*The New Criterion*』 9, no. 4 (December 1990)에서 탈구축이라고 부르는 포스트모더니즘 분석 방식이다. 그의 목표는 "모든 '텍스트', 즉 모든 예술 대상을 맥락의 목록으로 분해하여 심미적 경험의 영역에서 대상을 제거하고 대신 그것의 자원과 사회적 환경과의 공동작용으로 만드는 것이다."(p. 7).

26) 그런 여러 가지 난제들에 대해서 다음 문헌을 참조. Margaret P. Battin, John Fisher, Ronald Moore, and Anita Silvers, 『미술에 대한 퍼즐: 미학 사례집 *Puzzles About Art: An Aesthetics Casebook*』 (New York: St. Martin's, 1989).

27) 나는 그러한 개혁을 위한 몇 가지 대안에 대해 나의 저서에서 이미 언급했었다. 『미술교육에서 수월성: 아이디어와 대안*Excellence in Art Education: Ideas and Initiatives*』, updated version (Reston, Va., National Art Education Association, 1987), chap. 5.

제11장

인문학의 한 분야로서 음악 교수

음악이 인문학의 한 분야로 이해될 수 있을까? Aaron Copland가 감각적이고, 표현력 있고, 순수하게 음악적인 상태라고 부르는 것으로 유명한, 특히 걸작으로 알려진 최고 품질의 음악이 인문학의 하나로 이해될 수 있을까?[1] 확실히, 명작들은 음악 세계의 일부일 뿐이지만, 그것들은 음악적 이해와 감상이라는 더 흥미로운 문제들을 제기한다.

Leonard Meyer
과학, 예술, 그리고 인문학

처음에 질문한 것에 대한 어떤 답변도 인문학에 대한 정의에서 진행되어야 하며, 나는 인문학과 과학을 구별함으로써 이를 명예롭게 수행하고자 한다. 이를 수행하는 데 있어 필자는 Leonard Meyer가 창조, 비평, 발명, 그리고 그들의 절차와 목표의 관점에서 응용에 대해 논하는 광범위하고 통찰력 있는 에세이를 다루고자 한다.[2] 1970년대에 출판된 Meyer의 에세이는 지식의 분류학과 분류를 고안하는 것이 유행했던 시기를 반영한다. 하지만 필자는 Meyer의 포괄적인 학문 범주에 관심을 갖기보다 그가 과학과 예술을 특징짓고 인문학의 역할을 이해하는 방법에 보다 더 관심을 두고 다루려고 한다.

Meyer는 두 분야에서 과학자들과 예술가들의 행동 사이의 중요한 차이점들을 찾아내는 것으로 시작한다. 하나는 그들의 각각의 업적의 본질과 그들 자신의 전통과 현대의 노력에서 성취한 업적들 간의 관계이다. 다른 하나는 과학과 예술의 구조와 특성이 과학과 예술의 청중에게 영향을 미치는 방식이다. 이러한 차이를 다음 형식으로 표현할 수 있다. X(과학)가 그러하거나 그러는 데 반해 Y(예술)는 그렇지 않거나 그렇지 않게 행한다. 즉, 과학자들이 자연에 이미 존재하는 관계를 발견하는 동안, 예술가들은 이전에 존재하지 않았던 작품들을 창조한다. 과학 이론들은 형식상 명제인 반면에 예술 작품들은 성격상 표현적이다. 과학 이론들은 이전의 과학적 가설들을 대체하거나 무효화하는 경향이 있는 반면에 예술은 중요한 경험의 지속적인 원천으로 남아 있다. 과학이 이론적 일반화의 틀을 세우기 위해 현상을 연구하는 반면에 예술가는 미적 반응과 감상을 위한 객체로서의 그들의 지위가 주된 중요 작품을 생산한다. 과학은 과학적 지식 특성의 추상적인 외관을 그것의 가설들 사이의 체계적 관계에 의해 구축하려고 노력하는 반면에 예술 작품들은 그것들의 구체적인 개성과 특수성, 그리고 그것들의 반복적인 특징들에 의해 추상적인 외관을 구축한다. 그리고 마지막으로, 과학자들의 평판은 보통 그들의 경력 초기에 그들의 발견된 현상들을 연구하기 위한 새로운 패러다임의 창조에 기초하는 반면, 작가들의 평판은 일반적으로 이미 존재하는 스타일에 대한 그들의 창조적인 기여에 기반을 두고 있으며, 더욱이 그들의 성숙기에 일반적으로 더 의미 있고 심오한 공헌에 의존하고 있다. Meyer는 이러한 차이점에 대한 수많은 예시와 유사점을 제공한다. 하지만, 나는 이것들에 대한 논의를 이어가기보다는 인문학에 대한 그의 토론으로 옮겨가고자 한다.

인문학에 대한 그의 설명에서 Meyer는 이해와 설명을 구별하고, 이론, 양식 분석, 비평의 세 가지 상호 관련 영역을 기술한다. 그는 또한 비평가의 역할을 창조적인 예술가와 과학자의 역할과 비교한다. Meyer는 과학자와 가장 비교가 되는 것은 예술가가 아니라 인문주의 이론가 또는 비평가라고 믿는다. 과학자가 현상 간의 관계를 설명하기 위해 가설을 공식화하듯이, 인문주의 이론가도 예술 작품에서의 관계에 대한 설명을 관중이 경험하는 대로 공식화한다. 필자는 이 점들에 대한 Meyer의 흥미로운 논의에 연연할 수 없지만 두 가지를 언급하고 싶다. 첫째는, 과학 연구와 예술 창작에서 암묵적 지식의 역할에 대한 그의 설명이다. 둘째는, 이해는 설명보다 앞서야 할 뿐만 아니라 설명하지 않고도 무언가를 이해할 수 있다는 그의 주장이다. 그 주장의 근거는 우리가 종종 말할 수 있는 것보다 더 많은 것을 알고 있다고 한 Michael Polanyi의 주장에서 함축되어진 생각들이다.

하지만 우리가 무언가를 설명할 때, 일반적인 원칙에 의지해야 한다. Meyer는 세 종류의 가설이 성립한다고 생각한다. 예술작품의 구조와 내적 관계, 그리고 그것들이 미적 경험을 자극하는 방법을 설명하려는 시도들이라고 할 수 있는데, (a) 시간과 장소에 따라 일정한 것으로 추정되는 일반 원칙, (b) 특정 스타일의 규범과 절차에서 파생되고 적용되는 제한된 원칙, 그리고 (c) 특정 예술 작품이 설명될 때 처음 두 가지 유형에 필요한 특별한 이유가 그것이다("과학에 관하여", pp. 191-92). 일반 원칙은 인문주의 이론가들에 의해 공식화될 수도 있고, Meyer가 정보 이론에서 차용한 것처럼 다른 학문에서 인용되어 연역적으로 적용될 수도 있다.

그러나 인문주의 이론가는 예술 작품을 설명할 때 일반 원칙에만 의존할 수는 없다. 또한 문화의 신념과 삶의 방식에 일치하기 때문에 동의할 수밖에 없는 임시적이거나 상식적인 이유들에 의존해야 한다. 예를 들어, 우리는 Michelangelo의 모세로부터 나오는 불굴의 힘과 거부할 수 없는 권위적인 인상을 프로이트 이론에 의지하기보다는 조각상의 거대한 크기와 연관 시킴으로써 일반적인 이해로 전이시키는 것처럼 말이다. 비슷한 예로, 우리 는 음악 한 구절을 작곡가의 성격의 어떤 기묘한 결과 때문이 아니라, 그것 이 예상되었던 바에 따라 그 시점에서 정확히 운율이 이루어진 것이라고 확 장해서 말함으로써, 재미없게 들렸을 것이라고 그 이유를 명백하게 설명할 수 있다. 간단히 말해서, 우리는 임시적이거나 상식적 추론에 관여할 의무 가 있다. 왜냐하면 일반적인 원리와 스타일 분류법은 음악의 반복적이지 않 은 특징들을 설명하는 데 거의 도움이 되지 않으며, 우리에게 영향을 주는 음악의 능력에 대한 만족스러운 설명에 아직 적용할 수 없기 때문이다.

음악 비평뿐 아니라 음악 비평에서 스타일 분석과 임시 추론의 제한적 원리가 수행되는 것에 주목하고 싶다. Meyer는 비평이라는 용어에 의해서 "예술의 특정 작품에만 특유한 구조와 과정이 어떻게 서로 연관되어 있고, 유능한 청중의 심미적 경험과 관련되는지를 가능한 한 정밀하고 명시적으 로 기술하고 설명하고자 하는 활동"으로 그것을 이해한다. 작품의 음악적 성격뿐만 아니라 유능한 청취자의 미적 반응에 미치는 영향을 기술하고 설 명해야 할 임무, 나중에 언급할 것이지만 이 두 가지 성격에 주목할 필요가 있다.

다시 말해, 인문주의 비평가는 관계를 설명하려는 노력에서 과학자와 유 사하다. 둘 사이의 중요한 차이점은 과학자가 자연계의 현상들 사이에서 발 견된 관계를 설명하는 가설을 개발하려고 노력한다는 사실에 있다. 이것은 관련 변수를 격리하고 제한하며 제어하는 것을 수반한다. 반면에 인문주의 자들은 예술 작품의 독특한 특성과 미적 경험을 창출하는 능력에 더 관심을 갖는다. 예술 작품의 독특한 특징에 초점을 맞춘 비평은 일반적인 이론과 양식 분류법을 초월하며, 어떤 특정한 예술 작품이 형태, 양식, 장르에서 다 른 모든 작품들과 다른 점이 무엇인지 묻는다.

인문주의 비평가의 역할을 이해하는 것은 일반적인 음악교육 프로그램을 개발하는 데 있어서 음악과 문화의 문제에 대한 인식, 즉 음악에 대한 정보에 입각한 감상에 의해 인식되는 능력과 그것이 존재하는 분위기를 인식하는 능력을 기르기 위한 목표를 추구하는 데 있어서 매우 중요하다. 인문주의 비평가와 유사하게, 그러한 프로그램에서 음악 교사는 음악 작품의 과정, 자질, 구조에 관심을 유도할 때뿐만 아니라, 무엇이 가치 있고 중요한지를 지적하고 음악적 가치가 어떻게 심미적 인식에 영향을 미치는지 설명할 때도 일반적인 원칙과 특별한 이유를 사용할 것이다. 차이점은 교사들이 일반적으로 그들이 사용하는 일반적인 원칙을 공식화하지 않는다는 것이다. 그것이 인문주의 이론가의 일이다. Meyer의 말대로 설명하자면,

> 이론가들과 스타일 분석가들은 일반적인 원리의 발견과 공식화, 그리고 어떤 스타일의 전형적인 특징에 대한 설명을 위해 자료로서 특정 예술 작품을 예로 사용한다. 다른 방식으로 일하는 음악교사 그리고 비평가는 특정 예술 작품을 설명하고 해명하기 위해 개발된 일반적인 원칙과 분류법들을 사용한다(p. 199).

Meyer는 예술작품의 특이하거나 반복되지 않는 특징을 설명할 때 일반원리의 제한된 유용성에 대한 그의 확신을 확인하려는 듯, "공통 시간, 마이너 모드, 그리고 호모포닉 텍스처의 많은 예들이 있는데, 그들의 멜로디는 경쾌한 건너뛰기로 시작한다. 음계의 다섯 번째 음계, 그리고 으뜸음으로 내려간다. 그러나 이러한 관계의 조합은 쇼팽의 E단조 전주곡 4번에서 확인할 수 있다"(pp. 199–200). 왜 이런지를 설명하는 것은 평론가뿐 아니라 교사의 과제이기도 하다.

따라서 인문주의 비평가와 음악 감상을 가르치는 교사는 작곡가와 작품의 연주, 그리고 작품의 관객 사이의 중간 지점을 차지하지만, 그들은 그들의 일을 수행함에 있어 다소 차이점을 가지고 있다. 확실히 비평가는 대중을 위한 교육적 봉사도 할 수 있지만, 비평가의 교육적 책임은 교사보다 덜

직접적이고 덜 엄격하다. 음악 교사의 주된 목표는 젊은이들이 음악을 상당한 수준의 이해력으로 즐기고 참여할 수 있을 뿐만 아니라 그것에 대해 지적인 대화를 나눌 수 있을 정도로 음악적 인식을 기르는 것이다. 또는 우리는 음악 교사가 무엇보다도 학문을 이끌어내기 위해 헌신하는 교육자로서의 사명감 때문에 음악평론가와 구별된다고 말할지도 모른다. 그렇다면 음악 교사는 철학이나 이론, 역사 전문가가 아니라 학생들에게 적절한 수준의 음악적 인식을 발달시키기 위해 이러한 모든 학문과 활동에 의지하는 전문적인 교육자가 되어야 한다. 이것이 교사의 임무를 특별하게 만드는 것이다. 여기서 중요하게 중점을 두어야 할 교육학적 질문은 음악적 인식의 발전을 이끌어야 하는 모델에 집중된다. 음악평론가는 아마도 가장 중요한 패러다임이 무엇인지를 제시해줄 수 있다. 비평가의 감식력은 타고난 재능과 기질, 연주 능력, 또는 적어도 그것을 평가하는 고도의 능력, 그리고 음악에 대한 사랑과 헌신은 말할 것도 없고 음악의 역사와 이론에 대한 방대한 지식으로 형성된 것이다. 교육이 그러한 비평 기술을 개발하는 데 얼마큼 도달할 수 있을까? 필자의 생각에는 어느 정도 거리가 있지만 그 이상은 일반교육의 전반적인 목표를 넘어설 수 없다. 다시 말해, 지적이고 감각적인 비전문가를 배출하는 것과 상응한 그 이상을 넘을 수는 없을 것 같다. 우리가 추구해야 할 것은 효과적인 해석 능력이다.[3]

그러나 음악을 가르치는 데 있어 음악비평을 모델로 삼아야 한다고 제안하는 것은 음악이 인문학의 한 분야로 가르쳐져야 한다는 주장을 효과적으로 말해주는 것이다. 이는 음악교육에 대한 광범위한 인문학적 해석이 실제로 그 분야의 목표를 새롭고 분명한 시각으로 정의할 수 있는지에 대한 의문을 제기한다. 음악교육이 젊은이들에게 음악의 이점을 알게 하기 위해서 음악적 감식력을 개발하고자 하는 목표를 추구해야 한다고 제안하는 것은 아마도 몇 가지 목적에 적합할 것이다. 그러나 이 목표를 달성하기에 적절한 음악적 감각을 구축하기 위해 무엇이 들어가야 할지를 자세히 알아내는 것은 완전히 다른 문제이다. 우리가 특히 음악교육에 적합한 인문학에 대한 정의를 찾는 것부터 시작해야 한다고 생각한다. 그리고 사실 일반적으로 예술교육에 대해서도 인문학적 정의를 찾는 것이 우선이다. 다행히도, 그러한 정의는 Albert William Levi의 글에서 추출될 수 있다.

교양교육으로서 인문학

Levi는 『오늘날의 인문학The Humanities Today』과 다른 글들에서 현대의 인문학을 살펴보고, 어떻게 하면 그들의 전통적인 목표와 목적을 보존하면서 변화된 조건에 적응시킬 수 있는지 질문한다.[4] 예를 들어, 우리는 어떻게 인문학이 서구뿐만 아니라 비서구적인 모든 문명의 작품을 아우르려는 노력으로 실질적으로 다루기 어려운 것들을 해결하는 결과로 이어질 것인가? 평등주의적 이상에 기반을 둔 민주사회가 어떻게 본질적으로 귀족적인 문화에 뿌리를 둔 학문의 전통을 옹호할 수 있을까? 어떻게 하면 음악의 문명화된 영향력에 대한 약속을 지킬 수 있을까? 그리고 어떻게 하면 새로운 경쟁자인 사회과학에 대항하여 인문학의 주장을 유지할 수 있을까? Levi에게 이것들은 단지 한가한 철학적 추측을 위한 질문들은 아니었다. 그는 전미 인문학평의회the National Council for the Humanities의 설립 회원으로서 연구와 교육에 관련된 정책적 질문에 민감했고, 인문학의 사회적 역할에 강한 관심을 가지고 있었다. 게다가 예술가들의 자유 교육 실험인 블랙 마운틴 칼리지Black Mountain College의 교장으로 3년 동안 그는 교육과 행정의 일상적으로 만연하게 발생되는 실제적인 문제에 대처해야 했다. 당시 Levi는 인문학에 관심이 많았던 철학자였고, 그는 교육에서 가르치는 인문학이 궁극적으로 **삶 속에 녹아든**Lived 인문학이 되지 않는 한 의미가 없다고 믿었다.

Levi의 설득력 있는 인문학에 대한 재정의는 두 가지 전통을 떠올리는 것으로 시작한다. 하나는 중세시대로, 다른 하나는 르네상스로 거슬러 올라간다. 르네상스 시대의 전통은 고대 문헌의 재발견과 회복에 대한 열망이 가장 두드러지게 특징지어지는데, 이는 왜 인문학이 실질적으로 이해될 수 있는 문학적 작품 혹은 주제의 측면에서 연구되고 숙달되어 왔는지를 설명하는데 도움이 된다. 이 전통은 인문학이 텍스트와 저작물들로 가르쳐지고 있는 오늘날 고등교육의 커리큘럼에서 지속되고 있다. 중세 시대의 전통은 인문학을 절차적으로 정의한다. 즉 방법, 접근법, 기술, 또는 인간의 경험을 해석하는 방법의 관점에서 정의한다. 결과적으로 인문학을 주제의 측면보다는 교양교육으로서 중세의 전통에서 정의하는 절차적 정의를 더 선호하는 것이라고 할 수 있다.

Levi는 이 두 가지의 전통을 합성하여 제시하였는데, 이 두 가지 전통, 즉 실질적이고 절차적인 것을 소통, 연속성, 비평의 교양교육(자유학예)에 인문학 개념으로 결합한다. 다시 말해, 그가 제시한 교양교육(자유학예)은 언어 및 문학, 역사와의 연속성을 가진 예술, 비판의 예술로 비판적 추론의 일반적인 의미에서 철학과 동일시된다. 따라서 Levi는 비평가들이 미국 학교에서 지나치게 분리되었다고 생각하는 기술과 인문(구체적인 독특한 내용)을 연결한다.5) 따라서 Levi에게 인문학의 목표는 세 가지이다. 학생들이 성공적으로 의사소통을 할 수 있도록 하는 것, 그들이 문화유산을 자랑스럽게 걸어갈 수 있도록 격려하는 것, 그리고 그들이 비판적으로 생각할 수 있도록 돕는 것이다.

소통의 예술의 경우, 이는 제한된 상상력을 확대하고 Kant가 사회인의 정의적 속성으로 받아들인 상호 공감을 생산하는 형태로 언어를 표현하는 것을 의미했다. 연속성의 예술의 경우, 올바른 역사를 이해하고 문학과 철학의 고전의 사용을 이해하도록 하는데 이는 지속적인 인간의 전통에서 요소로 제시되는 것으로 사회적 응집력과 확대된 사회적 감수성의 봉사에서 공통의 과거를 제시하는 것을 의미했다. 그리고 마지막으로, 비평의 예술의 경우, 이것은 철학적 관점에서 가치의 본질과 극대화에 대한 지적인 탐구라고 생각되는 비판의 능력의 확대를 의미했다. 인간적인 상상력, 동정심을 바탕으로 한 보편적인 사회적 유대감의 형성, 그리고 가치 실현을 위한 기법의 배양이 교양교육의 궁극적인 목표가 된다(*The Humanities Today* pp. 85-86).

위 글에서 창작과 공연의 예술은 어디에 들어맞는가? 나는 만약 우리가 어떤 언어적 라이선스를 기꺼이 용인한다면, 그것들을 의사소통과 비판의 예술에 포함시킬 수 있다고 생각한다. 따라서 우리는 언어와 의사소통의 의미를 예술적 표현과 퍼포먼스를 포함하도록 확장시키고, 예술이 소통하는 것이 무엇인지에 대한 공개로서 비판을 해석할 것이다. 그러나 이것은 창조적이고 공연적인 활동에 큰 중요성을 부여하고 그러한 소비로 인해 무시당한다고 생각하는 사람들에게는 만족스러운 해결책이 아닐 수 있다. 이러한 이유로 Levi와 같은 생각으로 나는 『미술교육: 비평적 필수품*Art Education: A Critical Necessity*』에서 소통, 연속성, 그리고 비평의 교양교육(자유학예)에 창작의 예술을 추가해야 한다는 의견에 동의하였다.[6] 나는 이제 교육적 목적을 위해 예술 교육이 뛰어난 성취의 역사를 가지고 있고(즉, 연속성을 보여주고), 판단을 요구하는 난해한 이슈와 상황(즉, 비판적 추론을 요구하는)으로 그것에 대한 우리의 감상에 도전하는 독특한 의사소통 방식의 연구에 유용하게 활용될 수 있다고 제안한다. 예술 창작과 공연에 대한 훈련이 없다면 잘 감상될 수 없다. 이러한 방식으로 음악적 아이디어, 개념, 기술의 개발을 목표로 하는 음악 교육의 표준 정의는 교양교육 또는 일반 교육의 일부여야 하는 인문학적 목표에 의해 강화되었다.

음악 교육에서 역사적이고 비판적인 능력을 배양하는 것은 공연과 듣기 활동으로부터 시간을 빼앗기는 것일 뿐이고, 심지어 역사적이고 비판적인 지식을 얻는 것이 추가적인 미학적 결과에 도움이 되지 않을 뿐 아니라 음악적 인식에 전혀 기여하지 않는다고 주장할 수 있다. 그러나 그러한 생각은 잘못된 것이다. 우리는 음악 평론가가 음악 교사의 중요한 모델로 제안되었다는 것만 기억하면 된다. 연주자가 아닌 훌륭한 음악 평론가는 거의 없을 것이며, 음악에 대한 논의를 불러일으키는 난제에 대한 강한 감각(그리고 종종 다른 예술의 역사)을 작업에 가져오지 않는 사람은 없을 것이다. 사실, 관련 분야에서 실제 활동으로부터 나온 생각, 개념, 기술은 비평가들이 생각하는 것과 깊은 관련을 가지고 있으며 크게 다르지 않다. 그리고 나는 그것이 음악 교사에게도 적절한 범위에서 유사하게 작용할 것이라는 것을 부인할 이유를 알 수 없다.[7]

비록 교사가 비평가의 전문 지식을 완전히 장악할 필요는 없지만, 어떤 면에서는 교사의 일이 비평가의 일보다 훨씬 더 까다롭다. 예술에서의 가르침과 학습에 대한 토론에서, Henry Aiken은 젊은 사람들이 예술 작품 특유의 형태를 이해하는 것을 돕기 위한 교사의 일상적인 관심 때문에 교사의 임무는 비평가보다 더 엄격하다고 지적한다. 이것은 예술작품이 모든 사람의 주관적 본성의 한 기본 수준을 구성하는 창조적 삶의 산물이라는 생각을 학생들에게 더 잘 인식시키는 것을 포함한다. Aiken은 계속해서, 그들의 말, 몸짓, 태도를 통해 이 과제를 수행하는 교사들은 예술 작품에서 가능성을, 예를 들어, 중요한 예술적 형태를 발견하고 진정한 취향을 개발하는 것이 무엇인지 분별하는 능력의 모델을 제공한다고 말한다.[8]

음악의 이해

음악 교사들이 젊은이들에게 음악적 인식을 발달시키기 위해서는 많은 학문과 활동에 의존해야 한다는 것은 이제 분명하다. 그리고 비록 음악이 중요한 것을 전달하는 언어라고 제안하지만, 나는 그 반대를 주장하는 관점을 충분히 인지하고 있다. 그럼 누군가는 다음과 같은 질문을 할 것이다. 음악은 무엇을 말하고자 하는 것일까? 정말 뭔가 전달이 될까? 베토벤의 교향곡 3번(에로이카the Eroica)을 생각해 보자. 음악철학자 Peter Kivy는 이 교향곡이 어떻게 심오한 것에 관한 것일 뿐만 아니라 어떻게 어떤 것에 관한 것일 수 있는지를 알기는 어렵다고 주장한다. 사실, 그는 음악은 "소리의 웅장한 추상적 구조: 하나의 크고 아름다운 소음, 아무 의미도 없는" 것에 불과하다고 믿는다.[9] 그는 그것이 매우 만족스러운 오락이라는 것을 인정하지만, 주제와 내용, 의미가 완전히 결여되어 있다고 생각한다. 그리고 만약 해석되어야 할 메시지가 없다면, 그러한 작업이 어떻게 우리에게 중요한 것들을 가르칠 수 있을지 반문해야만 한다. 그러므로, Kivy는 이런 종류의 음악을 순수하고, 내용이 없고, 추상적인 형태로 즐기며, 그 깊이에 대해 불평하지 말자고 말한다. 교양교육의 필수 프로그램에서 음악 공부를 정당화할 수 있는 다른 근거를 찾아보기로 하자.

Kivy는 음악의 미학에 관한 더 흥미로운 작가들 중 한 명이고, 그의 작품들은 전략적으로 나의 가르침에서 나타난다. 예를 들어, 나는 학생들에게 Kivy의 저서 『소리 정서*Sound Sentiment*』의 앞표지에 나오는 슬프게 보이는 St. Bernard의 사진을 보여준 적이 있다.[10] 나는 "왜 진지한 사상가가 그러한 이미지로 음악에 대한 철학적 토론을 시작하겠습니까?"라고 질문했을 것이다. 물론 St. Bernard는 Kivy가 이른바 감정적 비평이라 부르는 예에 대해 논증하는 음악에서의 표현의 분석을 소개한다. 이러한 비평의 한 예로, Kivy는 Donald Francis Tovey의 말을 인용했는데, 그는 베토벤의 에로이카의 제2악장이 "주제의 마지막 발화, 그것의 리듬과 억양이 슬픔으로 완전히 깨진"(pp. 5-6)으로 결론짓는다고 말했다. Kivy의 목표는 그가 음악 묘사의 역설이라고 부르는 것, 즉 가장 객관적이고 과학적인 음악 비평의 종류 또한 가장 인본주의적이지 않으며, 따라서 우리를 움직이는 음악의 힘에 대해 많은 것을 말할 수 없다는 사실을 해명하고자 것이다(p. 9). Kivy는 위대한 음악의 감정적 특성에 대한 묘사에 대한 정서적 비평의 가치를 믿는다. 음악의 내용과 깊이의 부족은 인문학의 한 분야로서 음악을 가르치는 것으로부터 그 가치를 결여하게 만든다. 물론 문학, 연극, 시각 예술에 대해서도 다른 사례가 만들어질 수 있다.

그럼에도 불구하고, 이 주제에 대한 반대 이론적인 입장을 염두에 두고, 나는 음악이 결국 우리에게 깊은 이해(즉, 현실의 한 측면에 대한 이해)를 제공할 수 있고, 따라서 음악은 그 나름대로 가르치고 교육할 수 있다고 제안한다. 이 관점은 Bennett Reimer가 작은 거리보다 아마도 몇 인치 더 큰 크기에 대한 관점으로 나를 설득해온 것처럼 음악적 걸작들을 듣는 것으로부터 심오하다고 생각하는 무언가를 이끌어내 왔지만, Kivy가 주장하는 것은 음악에 대한 진술과 하나의 언어로 간주되도록 하는 어떤 요구 사항들에 의해 음악적 의미 이론들이 침해된다는 점이다.

Monroe Beardsley는 음악적 의미의 기호학적 이론에 회의적이었던 또 다른 작가였다. 대신, 그는 음악을 단순히 하나의 과정으로 여겼다. 아마도 우리가 생각하는 순수한 과정과 가장 가까운 것으로 여겼을 것이다. 미학에 대한 그의 주요 연구에서 Beardsley는 "음악을 이해하는 것은 단순히 음악을 듣는 것이다... 그 소리를 전체로 구성하고, 멜로디와 리듬 패턴으로 그 음의 순서를 파악하며, 그것의 운동적 특질을 인식하며, 마지막으로 미묘하고 널리 퍼진 인간의 나머지 모든 것에 의존하는 속성을 지각하는 것이다."[11] Beardsley는 결론적으로 음악 밖에서 음악을 연결하거나 비교할 수 있는 무언가를 찾는 것은 실수라고 생각했다. 비록 나는 음악이 어떤 것도 의미할 수 없고 따라서 아무런 의미도 없기 때문에, 음악적 의미에 대한 모든 해석적 진술은 거짓이고 음악 교육에 자리를 차지할 수 없다는 이 관점이 함축하는 바에 대해 내키지는 않지만, 그것을 받아들일 수밖에 없었다. 하지만 무언가에 대한 강한 의심은 피할 수 없다.

Beardsley은 가능한 한 새롭고 도전적인 아이디어를 수용하려고 노력했다는 것이다. 따라서 음악적 의미에 대한 그의 원래 견해로부터 20년 후에 출판된 『음악의 이해*Understanding Music*』라는 제목의 에세이를 통해, 그는 Deryck Cooke, Donald N. Ferguson, Gordon Epperson, 그리고 Wilson

Coker의 음악적 의미에 대한 이론을 검토하면서 거의 같은 입장을 취한다. 그는 의미론적 용어로 음악적 의미를 설명하려는 그들의 모든 노력이 만족스럽지 못하다고 생각한다.[12] 그러나 같은 기간 동안, 미적 이론은 상징 체계로서 예술의 본질과 기능에 대한 Nelson Goodman의 생각의 영향이 반영되고 있었다. Goodman의 이론에 따르면, 음악은 전문적으로 예시라고 불리는 상징적 기능의 미덕으로 불리는 능력을 가지고 있다. Beardsley에게 그랬던 것처럼, Goodman에게 단순히 음악이 심미적인 특질을 가지고 있다고 말하는 것만으로는 충분하지 않았던 듯하다. 왜냐하면 미적 자질은 겉으로 드러나는 요소, 능동적인 특징, 그리고 예시라는 용어에 의해 더 적절하게 포착되며 관심으로 이끄는 요소를 가질 수 있다는 것이 Goodman의 입장인 것 같다. 간단히 말해서, 예시는 참조의 한 형태이며 따라서 인지 기능을 수행하기 위한 것이라고 주장될 수 있다. Goodman은 Beardsley가 『음악의 이해*Understanding Music*』에서 논한 다섯 번째 이론가이다. 그는 Goodman의 『예술 언어*Languages of Art*』를 엄청나게 가치 있는 책이라고 판단하고, 공감적인 독해를 한 다음, 예술의 의미론상의 설명에 자신의 사고가 이해를 제공하는 인지적 기능과 능력 측면에서 어느 정도 조정될 수 있는지를 물었다.[13]

Beardsley는 예시가 작용하는 방식에 대해 여러 가지 명확한 관찰을 제공한다. 그러나 Goodman의 이론에 대한 그의 제안은 어떤 사람이 실제로 어떤 것을 전시하거나 그것을 특징짓는 것을 필요로 할 것이다. 따라서 숲에 있는 나무는 장엄한 높이와 넓이에서 특성을 가질 수 있지만, 아무도 이 나무를 전시하지 않는 한 나무는 이러한 특성을 예시로 보여줄 수 없다. 그러나 런웨이를 걸어 내려가는 패션모델은, 예를 들어, 날씬하고 거칠거나 헐렁한 외모를 특징으로 하는 무언가를 전시함으로써 그 특징을 예시로 보여준다. Beardsley는 그러한 표현적 자질이 예시가 되고 있다고 말할 것이다. 그가 설명하듯이, "속성 표시는 객체가 그 자체로 객체 표시되었을 때, 또는 그 자체일 때만 참조한다."[14]

이제, 콘서트 홀에서 피아노 소나타의 연주는 어떤 것이 전시되는 조건을 만족시킨다. 문제는 소나타가 예시가 된다는 것인데, 소나타의 특정한 연주가 그 소나타의 모든 특성을 예시할 필요는 없고, 콘서트 제공과 콘서트의 진행이라는 맥락에서 주목할 만한 것들만 예시할 필요가 있다. 이러한 특성들은 소나타의 존재감이 우리를 심미적으로 흥미롭게 하는 능력과 직접적인 관련이 있다. 물론, 우리는 비평가의 역할에 대한 Meyer의 논의를 상기해보자면, 어떤 음악 작품의 구조와 관계가 그것에 대한 우리의 미적 반응과 관련이 있는지를 깨닫기 위해 음악 비평가의 중재가 필요할지도 모른다.

Beardsley는 우리에게 음악작품에 대한 의미론적 설명을 할 수 있는 방법을 Goodman이 사용하는 용어로 이해하기 원한다면, 베토벤의 피아노 소나타 장조, op. 101의 공연을 참고해보라고 제안한다. 소나타의 특성 중 어떤 것이 우리의 심미적 흥미에 대한 예시인가? 제한된 변조가 거의 없는 A의 키에 있는 첫 악장은 소나타의 미적 효과를 특별히 향상시키거나 억제하는 성질을 갖는 것에 해당하지 않는다. 그러나, 제1악장이 가진 일반적이지 않은 망설이는 듯하고, 자신만만한 듯하거나 우유부단한 듯한 특징들이 우리로 하여금 심미적 반응으로 두드러지게 나타난다. 이러한 특징들은 소나타 전체, 특히 1악장에서 특이한 해방적 해결을 경험하게 하며 우리가 기다려야 하는 피날레에서 결정적인 역할을 한다. 하지만 좀 더 구체적인 질문을 하자면, 이런 특징들을 통해서 음악에서 언급되고 있는 것은 무엇일까? Beardsley는 사물, 사건, 과정, 감정 상태가 외부 세계에서 발생하거나 외부 세계에 속하는 것처럼 언급되지 않는다고 강조한다. 오히려, 그 언급은 음악 그 자체의 자질에 관한 것이다. 지금까지 Beardsley와 Kivy가 일치된 견해를 가진 것은 Kivy의 감정적인 비평과 Beardsley의 심미적인 비평이라 칭하는 특징들에 대한 설명에서 비롯된다. 또한 Beardsley는 작곡가들이 외부 현실과의 어떤 연결을 확립하기 위해 종종 사용하는 장치들, 즉

소리 모방, 관습적 연관성, 그리고 운동적 병렬성과 같은 장치들에 대해 말하고 있지 않다. Beardsley가 염두에 두고 있는 것은 더 복잡하고 심오한 것으로 보일 수 있지만, 음악은 -적어도 추상적인 기악곡은- 의미를 지니고 있지 않다는 Kivy의 주장에 대한 응답이라는 것을 알 수 있다.

Beardsley는 베토벤의 마지막 다섯 개의 피아노 소나타를 연구한 호주 음악학자 Key Dreyfus의 베토벤 소나타 해석을 통해 그의 주장을 구체적으로 설명한다. Dreyfus는 이 오퍼스의 피날레가 베토벤의 음악에서 언급하고자 하는 진술에 대한 단서를 제공한다고 주장한다. Dreyfus는 베토벤이 음악에서 언급하고자 하는 진술은 대립하는 생각의 충돌이나 대립에 관한 것이 아니라고 주장한다. 오히려 지속적인 성장과 발전을 위한 역량을 풀어주기 위해 구성된 오프닝 움직임에 소개된 음악적 아이디어의 본질과 관련이 있다. Beardsley의 표현대로, 음악은 첫 악장의 예상치 못한 긴축과 제약에서 피날레의 큰 폭의 활동과 주장으로 이동한다. 첫 번째 악장에 대한 Dreyfus의 설명으로부터 우리는 그 악장이 음조적 결론성이 없는 것으로 특징지어지는 전개의 양상을 대체하는 것으로 지연 해결의 기술을 채택하고 있으며, 그것이 지속될 수 있는 시간이 매우 짧다는 것을 알 수 있다. Beardsley는 "이 모든 것들이 중요하지만, 단지 19분 30초 안에, 음악적 성장의 방식으로, 첫 음과 마지막 음 사이에 너무나 생생하게 일어나기에, 소나타는 일반적으로 성장에 대한 관심을 보여주며, 그 속성을 예시한다고 말할 수 있다"고 말한다("음악의 이해Understanding Music", p. 69).

하지만 성장의 예가 왜 그렇게 중요해야 하는가? Beardsley는 성장이 가장 보람 있는 인간의 경험에서 발견되는 기본적인 종류의 변화이며, 특히 장애물을 극복하는 데 성공할 때, 그리고 음악 자체가 변화의 한 형태로서, 이 과정을 반영하거나 일치시킬 수 있기 때문에 중요하다고 생각한다. 그는 계속해서 "음악은 삶의 가장 기본적이고 보편적인 특징들 중 하나인 변화의 양상을 예시한다. 지속의 한 형태로서, 완성을 향한 그것의 움직임의 음악들은 가능성이 열리고 닫히고, 발전하거나 퇴보하고, 연속성이나 갑작스러움, 의심이나 결단력, 망설임이나 결단력, 건설이나 붕괴가 있다는 감각에 의해 특징지어진다"(p. 70).

이러한 지속 방식은 모든 경험의 특징이며, Beardsley는 음악이 그런 경험의 속성을 지니고 있으며, 그런 경험을 예시화한다고 생각한다. 그러므로 그런 지속 방식은 인간의 중요한 차원 중 하나로 현실의 측면을 가리킨다. 예를 들어, 내가 앞에서 논의했던 에세이에서 Meyer는 음악이 움직이고 기뻐하는 힘을 설명할 수 있는 만족스러운 이론이 존재하지 않는다고 말했던 것이다. 하지만 아마도 그 설명의 일부는 우리의 개인적이고 사회적인 운명으로 확고하게 연결되어 있는 지속의 방식을 예시화하는 음악적 능력에 대한 것일 것이다. Meyer의 발언 중 일부는 Beardsley의 진술에서 발견될 수 있다.

> 서스펜스가 어떤 형태로든 방해가 된다는 반향이 감지되는 것이기도 하지만 그에 상응하는 격려와 기쁨을 준다. 그래서, 붕괴는 위협적이고, 놀랍고, 힘을 상실하게 하고 성취감을 지연시키는 불안감을 낳고, 기회를 놓치는 것이다. 하지만 성장은 고무적이고, 부흥에 영감을 주며, 그 종착점에 대한 만족감을 준다. 장애물을 극복하는 승리는 자신감과 인내심과 존경을 불러일으킨다(p. 71).

비록 우리가 음악을 들을 때 이러한 상황과 그에 상응하는 감정을 실제로 겪지는 않지만, Beardsley는 그럼에도 불구하고 음악에서 일어나는 그 독특한 형태의 지속은 우리에게 미치는 영향은 어마하다고 말한다.

그렇다면 음악이 결국 지식을 제공하는가? 그 깊이가 우리 자신과 타인 및 세계와의 관계에 대한 이해를 높이는 데 도움이 될 수 있을까? 음악은 우리에게 일종의 통찰력을 제공하는가? Beardsley가 이런 질문들에 대한 가능성을 믿게 된 것은, 음악의 인지적 성격에 대한 Goodman의 주장을 받아들였기 때문이다. Beardsley가 내린 결론은 다음과 같다.

음악은 연속의 종류들, 약간 다른 두 가지 형태의 모호함, 성급함, 혹은 성장의 종류들 사이에서 극도로 미묘한 차이를 만들 수 있다. 따라서 그러한 차이에 대한 우리의 인식을 날카롭게 할 수 있고, 우리가 일상적인 경험에서 사물이 가진 압박감에 의해 놓칠 수 있지만, 그럼에도 불구하고 우리는 신선한 지각력과 더 명확한 인지적 이해로 (아마도 '모델'로서) 경험하게 할 수 있다(p. 72).

이러한 견해는 음악에 대한 인문학적인 해석에 필요한 것이며, 인문학의 하나로서 음악을 가르치는 것에 대한 당위성을 부여한다.

지금까지 음악의 인지적 차원에 대한 질문은 음악교육의 인문학적 해석의 맥락에서 피하기 어려운 문제이기 때문에 자세히 살펴보았다. 사실, 예술에 대한 인지적 측면의 위상에 대한 문제가 미학을 살아있게 하는 유일한 것이라는 전제에서, Beardsley의 주장대로 예술의 인지적 측면의 문제는 학문의 건장함과 장수에 기여한다고 생각하는 것은 일리가 있다. 우리가 지금 주장하고 있는 것처럼, 음악은 위대한 즐거움을 제공할 수 있을 뿐만 아니라, 인간의 현실에 대한 통찰력을 제공할 수 있다. 이 시점에서 음악교육에 대한 인문학적 접근을 중심으로 설계된 커리큘럼을 짜보는 것이 도움이 되겠지만, 여기서 내가 할 수 있는 것은 그러한 커리큘럼이 대략 다섯 단계의 음악 학습, 즉 음악의 질적 측면에 친숙해지는 단계들을 포함해야 한다고 말하는 것이다. 대부분의 수준에서 지각 훈련, 역사 탐구, 어느 정도 깊이 있는 걸작에 대한 연구, 그리고 아마도 청소년들이 음악의 기본적인 철학을 형성할 기회를 가질 수 있는 세미나 활동을 수행하도록 해야 하며 그들의 역할과 초점은 해당 학습 단계에 따라 달라져야 할 것이다. 나는 이런 종류의 커리큘럼을 수월성 교육과정, 예술 세계 교육과정, 인지 교육과정이라고 다양하게 불러왔다. 여기서는 인문학 교육과정이라 언급한다.[15)]

미주

1) Aaron Copland, 『음악에서 듣는다는 것What to Listen for in Music』, rev. ed. (New York: Mentor Books, 1957), 18-23.

2) Leonard Meyer, "Concerning the Sciences, the Arts-AND the Humanities," 『비판적 탐구Critical Inquiry』 1, no. 1 (1974).

3) 이것과 연결해서 다음 문헌 참조 Harry S. Broudy, B. Othanel Smith, and Joe R. Burnett, 『미국 중등교육에서 민주주의와 수월성Democracy and Excellence in American Secondary Education』 (1958; New York: Robert E. Krieger, 1978).

4) 참조할 문헌들 Albert William Levi, 『인문학의 오늘The Humanities Today』 (Bloomington: Indiana University Press, 1970); "Literature as a Humanity," Journal of Aesthetic Education 10, no. 3-4 (1976); and "Teaching Literature as a Humanity," Journal of General Education 28, no. 4 (1977). Cf. Ralph A. Smith, 『미술의 감각: 심미적 교육 연구The Sense of Art: A Study in Aesthetic Education』 (New York: Routledge, 1989), 127-32.

5) 예를 들면 다음 문헌 참조 E. D. Hirsch Jr., 『문화 문해력: 모든 미국인들이 알 필요가 있는 것Cultural Literacy: What Every American Needs to Know』 (New York: Random House Vintage Books, 1988).

6) Albert W. Levi and Ralph A. Smith, 『미술교육: 비평적 필수요건Art Education: A Critical Necessity』, Vol. 1 of 『미술교육에서의 학문: 이해의 맥락Disciplines in Art Education: Contexts of Understanding』, 5 vols. (Urbana: University of Illinois Press, 1991).

7) Harry S. Broudy는 암묵적 사고에 대한 Michael Polanyi의 설명으로 사고 thinking with에 대한 인식을 발전시켰다. Broudy's "앎에 대해(On Knowing With)," in 『교육철학Philosophy of Education』, ed. Harold B. Dunkel, Proceedings of the Twenty-sixth Annual Meeting of the Philosophy of Education Society (Edwardsville, Ill.: Philosophy of Education Society, 1970).

8) Henry D. Aiken, "Teaching and Learning in the Arts," Journal of Aesthetic Education 5, no. 4 (1971): 107.

9) Peter Kivy, "Music and the Liberal Education," Journal of Aesthetic

Education 25, no. 3 (1991): 85.

10) Peter Kivy, 『사운드 감성: 음악적 감정에 대한 에세이*Sound Sentiment: An Essay on Musical Emotions*』 (Philadelphia: Temple University Press, 1989). First published as 『코디드 셸: 음악적 표현에 대한 성찰*The Corded Shell: Reflections on Musical Expression*』 (Princeton: Princeton University Press, 1980). 1989년 출판본은 추가된 챕터들을 포함한다.

11) Monroe C. Beardsley, 『미학: 미술비평 철학의 문제*Aesthetics: Problems in the Philosophy of Criticism*』, 2nd ed. (1958; Indianapolis: Hackett, 1981), 337.

12) Monroe C. Beardsley, "음악의 이해(Understanding Music)," in 『음악 비평: 5 가지 철학적 관점들*On Criticizing Music: Five Philosophical Perspectives*』, ed. Kingsley Price (Baltimore: Johns Hopkins University Press, 1981).

13) Nelson Goodman, 『예술의 언어*Languages of Art*』, 2nd ed. (Indianapolis: Hackett, 1976). Goodman은 수많은 그의 출판된 책들에서도 분석을 지속적으로 해왔다. 예를 들면, 다음 문헌들을 참조 『하나의 세계를 만드는 방법들*Ways of Worldmaking*』 (Indianapolis: Hackett, 1978); 『마음과 다른 문제들*Of Mind and Other Matters*』 (Cambridge: Harvard University Press, 1984); and, with Catherine Z. Elgin, 『*Reconceptions in Philosophy and Other Arts and Sciences*』 (Indianapolis: Hackett, 1988). Cf. *Journal of Aesthetic Education* 25, no. 1 (1991), a special issue titled "세계를 만들어가는 더 많은 방법들More Ways of Worldmaking."

14) Beardsley, "Understanding Music," 66.

15) 다음 문헌들을 참조 『미술교육에서의 수월성*Excellence in Art Education*』, up-dated version (Reston, Va.: National Art Education Association, 1987), 『미술의 감각: 심미적 교육 연구*The Sense of Art: A Study in Aesthetic Education*』 (New York: Routledge 1989), and Albert William Levi and Ralph A. Smith, 『미술교육: 비평적 필수요건*Art Education: A Critical Necessity*』 (Urbana: University of Illinois Press, 1991).

제12장

재도덕화와 심미적 교육

Harry Broudy는 『진실과 신뢰: 시민의 딜레마*Truth and Credibility: The Citizen's Dilemma*』에서 목표와 성취를 이해하는 몇 가지 방법을 제공한다.[1] 이 저서의 내용에서 Broudy는 관습적 도덕성의 붕괴와 주요 기관의 정당성 침식으로 사기가 저하된 사회에서 헌신의 가치가 악화되고 있는 풍조를 우려한다고 할 수도 있다. 반면에 그는 긍정적인 측면에서, 그러한 헌신에 대한 조건이 재발견될 수 있다는 점을 미국의 민주적 가치, 일반 교육에 의해 개발된 인지적 및 평가적인 지도 방식, 자신과 그들의 사회를 재도덕화하는 개인의 영속적인 능력에서 찾을 수 있다는 희망을 가지고 있다. 따라서, 이 책은 (대부분 인문학의 자원에서 나온) 정당화된 약속과 (과학적인 조사의 진실) 정당성을 가진 주장으로 구성되었다고 볼 수 있다.[2] Broudy는 Dewey의 시대에서와 같이 과학과 인문, 사실과 가치, 객관성과 주관성, 명시적이고 묵시적인 여타의 표면적인 이분법들을 통합한다. 더 나아가 Broudy가 고전적 휴머니즘, Dewey의 도구주의, Kierkegaard의 실존주의의 합성을 만들어냈다고 생각할 수도 있다. 간단히 말해, Broudy는 Robert Penn Warren

이 그의 Jefferson 강연에서 한 질문에 긍정적인 답변을 내린 것이라고 할 수 있다. 우리가 사는 세상을 더 인간적으로 만드는 것은 과학에서 오는 지식뿐만 아니라 문학에서 독특하게 발견되는 상상력의 감정적인 행위에서 우러나는 통찰력을 수용하는 것을 포함한다고 확고하게 대답한다.³⁾ 정말로 Broudy의 교육 철학에서 상상력의 함양은 중요하게 다루어진다.

그러나 Broudy는 사회적 분석으로 또 다른 접근법을 제공한다. 1930년 대에 Dewey가 전혀 지치지 않고 주장했던 바와 같이 갈브레이시아 사람들의 경제적 관점의 틀 안에서 경제적 고려에 대한 모든 가치의 감소가 미적 가치를 포함한 다른 가치의 발전에 어떻게 악영향을 미치는지 설명할 수 있다.⁴⁾ 위의 모든 것들과 그 이상의 것들은 Broudy가 저술한 내용의 양상을 특징짓는다고 말할 수 있다. 그것의 특징은 철학과 교육 분야에서 그의 전문 동료와 함께 했다는 점이 아니라 20세기 후반기 동안 생활에 곤경을 겪었던 일반 시민들을 대상으로 다루었다는 데 그 특별함이 있다.

시민들이 겪는 곤경은 복잡한 사회에서 발생하는 신뢰성의 문제에 부딪혔을 때 그들이 이성적으로 행동하려고 할 때 생기는 딜레마로 비롯된다. 시민들이 발길을 돌리는 곳마다 재래식 규범에 대한 공격, 공직생활의 부패와 위선, 전문가들 간의 의견 불일치, 언론매체의 피상성과 왜곡, 그리고 이해와 소통을 억제하는 끊임없이 확대되는 전문성과 파편화에 직면한다. Dewey는 『공공성과 그것의 문제 *The Public and Its Problems*』라는 그의 저서에서 위대한 사회가 위대한 공동체가 되기 위해 사회는 매스 커뮤니케이션에 대한 사회적 책임감을 가진 예술가들에 크게 의존해야 할 것이라고 썼다.⁵⁾ 그러한 사람들은 일반 시민을 위한 조사 결과를 해석하여 그들이 공공의 이익과 관련된 문제에 대해 현명하게 행동할 수 있도록 해야 할 의무를 받아들일 것이다. Dewey는 정보의 전달이 예술의 잠재력을 이용하는 한, 즉 사건들과 그 의미가 생생하게 기억에 남는 한, 지식의 인간화는 가능하다고 생각했다.

Dewey의 사고는 세 가지 토대에 기반을 둔다. 삶의 질을 향상시키고 사회 변화를 이끄는 데 지식의 사용에 대한 믿음, 추상적 지식에 대한 인간적 중요성이 시민들을 위해 설명되어야 한다는 깨달음, 그리고 일반 복지를 위해 행동하는 민주 사회의 구성원 성향에 대한 믿음이다. 이를 위해 Dewey는 자유, 개인주의, 지성의 영구적인 가치들을 위해 행동하는 것에 의미를 두었다. Broudy 역시 자유롭고 도덕적으로 책임 있는 언론은 편집자, 비평가, 성직자, 지식인들과 마찬가지로 시민들 간의 좋은 동맹이라고 믿는다. 그러나 Dewey의 위대한 공동체Great Community에 대한 꿈은 실현되려면 멀었고, 그것을 실현하는 데 관심을 가져야 하는 사람들은 사기가 저하되었거나 공동체에 대한 인식을 평가절하하는 데 기여함으로써 오히려 문제를 일으키는 원인의 일부가 되고 있다.[6]

Broudy 분석의 정확성을 입증하기 위해 풍부한 상상력으로 창작된 문학 작품이 하나의 예시가 될 수 있다. Saul Bellow는 『딘의 12월The Dean's December』에서 이 소설의 주인공인 Corde 교수에 대해 "언론에 매우 열중하고 있다"고 대중 매체상에서 말하는 칼럼니스트를 다룬다. "언론의 혐의는 언론들이 도덕적이며 감성적이고 상상적인 인간의 참된 삶을 다루지 못하고, 그들이 가진 거대한 위력으로 사람들이 이 참된 삶에 접근하는 것을 방해한다는 것이다." 이 칼럼니스트는 통신 산업 또한 오해와 히스테리를 낳는 것에 불과하다는 Corde의 신념에 대해 기술하고 있는데, 학자들은 기업 관계자들과는 다르겠지만, 실제로는 합의와 여론에 의해 지배되는 공격적이고 전쟁을 도발하는 사람들로 성경에 나오는 블레셋 사람들보다 나을 것이 거의 없다고 한다. 소설 속의 Corde는 학자들이 새로운 모델을 생산함으로써 인본주의자로서의 책임을 다하는 대신 "우리의 주요 문제를 명확히 하고 민주주의를 묘사할 능력이 없었다"고 말한다.[7] 여기서 중요한 것은 Bellow의 관점이 소설 속 인물들의 관점과 일치하는 것으로 보기보다는 그가 주제적 소재로 다루고자 하는 것은 당대의 존경받는 소설가들이 학술적 소명을 다해야 할 학자들이나 언론들이 수행해야 할 역할을 대변했음을 주장하고자 하는 것이라는 점이다.

Broudy의 저서 『진실과 신뢰Truth and Credibility』는 위에 언급된 Bellow 소설의 주인공에 의해 야기된 종류의 비난에 답하기 위한 시도로 볼 수 있다. 왜냐하면 Broudy의 목표는 정확히 "우리의 주요 문제를 분명히 해서 이 고통스러운 투쟁의 시기에 민주주의를 묘사하는 것" 중 하나이기 때문이다. Broudy에게 평범한 시민의 투쟁으로서 그가 시민의 딜레마라고 부르는 것은 개인과 기관의 신뢰성이 점점 더 문제시되고 있는 상황에서 무엇을 믿어야 할지 아는 것만큼이나 누구를 믿어야 할지 도무지 감을 잡을 수 없는 어려운 사회에서 이성적으로 행동할 수 있는 방법을 찾는 것이다. Broudy가 제시한 처방은 무엇이고, 심미적 교육은 그가 제시한 처방에서 어떤 위치를 차지하고 있는가?

『진실과 신뢰Truth and Credibility』 저서는 1980년 존 듀이 학회the John Dewey Society에 발표된 Dewey 강의의 세부 내용이다. Broudy는 Dewey의 학생도 아니고 학자도 아니었지만, 이때 그는 Dewey의 경력과 저술에 경의를 표했다. 그는 시민들이 숙고하기 위해 이용할 수 있는 합법적 지식의 원천으로서 Dewey의 **완전한 사고 행위**The complete act of thought: CAT의 조직화를 그것의 본질로 받아들였다. (다른 맥락에서 볼 때, Broudy는 Dewey의 인식론의 측면과 논쟁할 가능성이 있다.) Broudy는 우리가 과학적 탐구에서 기대할 수 있는 것은 최고의 진리라는 Dewey의 주장에 동의한다. 그러나 우리가 명제의 진리와 연관된 것으로서 정당한 주장은 오늘날 이성적인 행동에는 충분하지 않다. Broudy가 신뢰도 또는 보증된 약속이라고 부르는 다른 어떤 것을 예시해야 하는데, 그것은 명제의 진실이라기보다는 명제를 말하는 사람의 성격과 관련이 있다. 신뢰성이 쟁점이 되는 것은 전문가들의 의견이 다를 때다.

Broudy는 독자들을 위해 민주주의 사상의 급진적인 본질을 회상하는데,

특히 과학적 방법이 학습과 사회 변화를 인도하는 목적을 위해 교육적으로 사용될 수 있다는 Dewey의 믿음을 상기시킨다.[8] 그것은 Dewey의 자유주의 성향인데, Broudy가 우리에게 상기시키는 것은 완전한 사고 행위(CAT)의 관련성을 교실 밖으로 확장시켰다는 점이다. 과학적으로 생각하는 일반 시민의 능력에 대한 Dewey의 확신을 보완하기 위해 Broudy는 자신만의 급진적인 제안을 한다. 그는 "보증된 주장은 보증된 약속의 충분한 근거가 될 수 없다"며 "합리적인 결정을 내릴 때 정보를 기꺼이 사용하는 계몽된 시민은 그렇게 할 수 없을 것이다"라고 썼다(Truth and Credibility, 12). "우리는 정보만으로는 행동할 수 없다. 정보는 먼저 이해되어야 하고, 관련성을 가지고 해석되어야 하며, 마지막으로 믿음과 헌신이 따라야 한다"(13). 이는 사실의 중요성을 정당하게 받아들이는 기준이 사실의 문제에 대해 정당하게 주장할 수 있는 기준과 동일하지 않다는 것을 의미한다. 그리고 만약 시민이 그것을 정의하고 조사하기 위해 상황을 만드는 것이 점점 더 어려워진다면, 그것은 정당한 믿음의 근거와 정당한 약속의 근거 사이에 파열음이 일어났기 때문이다. 이 파열은 치유되기 전에 보증된 약속의 성격을 이해해야 한다.

간단히 말해서, 보증된 약속이나 신뢰성에 대한 고려는 우리를 도덕적인 영역으로 인도하는데, 여기서 동기는 의심받을 수 있고 진실은 자신의 행동의 결과를 기꺼이 받아들이려는 의지에 의해 존재 여부가 검증된다. 따라서 신뢰성에 대한 주장은 보증된 주장의 언어로 받아들여지지 않고 진정성authenticity, 정성sincerity, 순수성purity과 같은 용어들에 의해 언급된다. Broudy는 민주주의에 있어 신뢰성이 중요하지만 20세기의 여러 발전으로 인해 신뢰성이 상당히 떨어진 집단(기자, 편집자, 비평가, 성직자, 지식인)에 대해 논한다. 기술 및 정보의 과부하, 전문성과 그에 따른 부차적 문제, 절차주의, 그리고 계획에 내재된 함정에 의해 이해가 방해된다. 이 모든 것은 실질적인 조사의 평가절하와 인간행동의 사기를 떨어뜨리는 데 기여한다. 따라서, 사회의 재도덕화는 "도덕적 차원을 인식에 재도입하는 것과 마찬가지이며, 도덕은 의도, 원리, 동기와 관련이 있기 때문"(53-54)이라고 Broudy 는 말한다. Broudy의 책에서, 그는 이성적인 활동에 대한 장애물과 신뢰성 에 대한 압박을 예로 든다. 교수, 경제학자, 언론인들은 신뢰성에 대한 재판 을 받지 않으려고 노력하며 그런 신뢰성이 부족하다는 것이 종종 발견되었 다. Broudy는 원칙의 진술과 실제 정서의 현저한 차이, 예를 들어 원칙이 면책, 언론인의 편견, 정당성과 책임의 목적을 위해 피난처를 찾는 경우, 신 뢰성에 대한 압박을 감지한다.

신뢰성과 이성적인 행동의 주제를 개발함에 있어서, Broudy는 아마도 그 런 행동들이 개인적으로 영향을 미치지 않을 것을 알고 정책들을 승인하는 입법자들에게는 가혹한 주제가 될 것이다. 그는 또한 과거 사회의 부당함에 책임을 질 수 없었던 사람들이 제기한 차별 철폐 조치 프로그램의 신뢰성에 대한 의문을 예로 든다. (Bakke(1978년)가 주장했던 사례에서와 같이) 대법원 은 대학의 입학 과정에서 인종적 "할당량"을 사용하는 것은 위헌이라고 판 결했지만, 학교가 소수 인종의 지원자를 수용하기 위해 "긍정적 행동"으로 인종 할당제를 적용한 것은 어떤 상황에서는 합헌적임을 강조하는 것과 같 은 예이다. 그의 비판의 또 다른 대상은 베트남 전쟁을 강력히 반대했던 학 생들인데 그들의 캠퍼스와 미국시민자유연합ACLU과 같은 특정 단체가 그들 의 안전을 위해 격렬하게 항의한 학생들이다. 그들은 언론과 집회의 자유 원칙을 보호한다고 공언하면서도 종종 그러한 권리를 부인하는 사람들을 무의식적으로 옹호한다. 그다음 대상은 통신 산업이다. 통신 산업은 항상 스스로를 제외한 모든 사람들의 신뢰성에 대해 의문을 제기할 준비가 되어 있다. 대학과 교수들은 조금 더 나은 편이다. 학문의 신뢰성은 아직 온전하 지만 교수들은 가르치고 장학금을 지원하며, 선한 영향력을 행사하는 데 전 념하기보다는 캠퍼스를 떠나 컨설턴트로 활동하며 이국적인 수도와 산간 휴양지에서 강의를 하며 보내는 시간이 많을수록 존경받는 것도 사실이다. 상대성 이론을 주장하는 학자들은 자신이 주장하는 기본 전제들에 대해서는 상대성을 조사하기를 꺼리는 것에 대해 책임을 묻는다.[9] 이 긴장된 신뢰성의 사례들에서 분명히 나타나는 것은 믿음의 결과를 감수하기를 원하지 않는 사람들에 대해서 Broudy는 그들은 궁극적으로 진실성을 침해하고 있다고 비난한다는 점이다.

Broudy는 가치관의 영역에서 환원주의가 바로 이와 동일하게 혐오스러운 것으로 생각한다. 왜냐하면 좋은 삶은 개인적, 사회적, 경제적, 시민적, 미적 등 다양한 종류의 가치의 공정하고 교묘한 균형을 필요로 하기 때문이다. 따라서 재도덕화는 가치의 재통합을 요구한다. 이를 위해 Broudy는 미술 평론가 Robert Hughes의 말을 인용하여 가치 환원주의의 예를 제시한다.

> 미술품 값으로 지불되는 치솟는 가격은 무엇을 의미하는가? 가장 분명한 차원에서, 그것은 모든 사람들이 알고 있는 것을 의미한다. 돈이 가치를 잃고 있다는 것을…. 아무리 멀리 떨어져 있어도 예술작품은 원초적으로 의미를 전달하는 능력, 역사적 증거로서의 사용, 미학적 평판을 만들어 내는 능력을 위해서가 아니라 현금으로 환산될 수 있도록 평가받기 위해서 모든 것이 간주되는 경지에 이른 것이다(p. 103).

Broudy는 다른 많은 물건들의 금전적 가치가 이제 신성한 지위를 얻었다는 점에서 이것은 예술에만 해당되는 것이 아니라고 덧붙인다. 심지어 애정적 경험, 종교적 헌신, 인도적 봉사도 점점 더 돈으로 가치가 환산되어 인증된다. 그러나 환원주의는 인적 비용을 요구한다.

> 경제적 규모로 모든 가치를 측정하는 것은 경험의 질과 그들의 미묘한 관계에 있어서 본질적인 차이를 둔감하게 만든다. 각 가치 영역은 경험된 바와 같이 고유한 특성을 가지고 있으며 인간 성격의 고유한 요구를 만족시킨다. 각 영역은 다른 영역을 강화하고 억제할 수 있다. 삶의 예술은 그들의 전체성을 극대화하고 조화시키는 것이다(p. 105).

요컨대, 그러한 가치 재통합이 없다면, 그런 삶은 고통스런 삶이 된다.

다시 말하지만, 공동체에 대한 인식이 그 가치를 평가 절하하고 사람들의 사기가 저하되는 것을 방지하기 위한 해결책은 도덕성의 재확립remoralization 이다. 재도덕화는 완전한 사고 행위CAT를 버리는 것을 의미하는 것이 아니라, 신뢰성과 실존적 진리의 위치인 예술과 인문학에 활력을 불어넣는 것을 포함하며, Broudy의 저서 내용은 그런 의미에서 심미적 교육과 특별한 관련성을 제공한다. Lionel Trilling은 종종 문학이 만들어내는 진리는 자아의 진리이며, 타인과 문화에 대한 자아의 올바른 관계에 대한 진리라고 말했다. Broudy는 상상력이 풍부한 문학이 실존적 진리의 주요한 원천이라고 주장했기에 Trilling이 주장하는 바와 일치한다. 그것은 진정성과 진실성을 위해 노력하는 자아들에게 승리와 패배의 전쟁터를 제공한다. 그러한 투쟁의 중심에는 적극적인 상상력과 승화의 결정적 메커니즘이 존재하는데, 사람들은 욕망을 사랑으로, 음식을 먹이로, 죽음을 영웅으로 승화시킴으로써 스스로를 인격화한다. Broudy는 Kierkegaard의 그림을 통해 상상력과 예술의 중요성을 강조하는 대목에서 다음과 같이 썼다.

> 그 자신과 자연계에 대한 자아의 감정이 이미지로 객관화될 수 있기 때문에, 예술은 Wordsworth가 말했듯이, 평온함 속에서 회상될 수 있는 인간의 중요성에 대한 이미지를 우리에게 제공한다. 그리고 그렇게 기억되는, 그들은 내면의 주관적인 현실을 사색의 대상으로 전환한다. 이런 의미에서, 우리는 감정적인 지식과 지식적인 느낌을 주는 미술, 사실과 가치의 합성에 대해 말할 수 있다(pp. 115-16).

언급된 바와 같이 예술은 재도덕화의 심미적 요소를 제공한다. 윤리적인 요소는 Kant가 사람을 단지 수단으로만 취급하지 말라는 명령에서 직접적으로 파생된다. 그리고 이성적인 요소는 인간이 사고함에 있어서 일관성과 합리성을 추구하려는 경향에 의해 보증된다.

재도덕화remoralization를 위한 커리큘럼(신뢰에 기반한 교육과정)은 Broudy의 글에 익숙한 사람들이 알아볼 수 있는 교육과정이다. 그것은 사회적 편의에 대한 특별한 관심이나 복종과는 대조적으로 자아를 배양하는 데 전념하는 진정한 자유주의 학문을 지향하는 커리큘럼이다. 지적으로 신뢰성을 갖춘 교육과정은 공익을 위해 합리적으로 행동하기 위해 예비 시민들이 필요로 하는 인지적, 평가적 지도를 제작하는 역할을 한다. 도덕적으로, 커리큘럼은 민주적 가치에 대한 합의에 의해 정당화된다. 특히 Gunnar Myrdal이 미국의 인종 관계에 대한 연구에서 조작했던 아메리칸 신조the American Creed의 교리와 같은 것들에 의해 정당화된다. 자유주의 연구의 특별한 근거는 복제적, 적용적, 해석적, 연상적 지식의 사용에 대한 개념에 기초하고 있으며, 마지막 두 가지는 보장된 합의에 대한 의식을 구축하는 데 핵심이라고 할 수 있다(독자들은 Broudy의 글에서 지식의 사용에 대한 논의의 세부 사항을 따라야 한다).[10] 여기서 말할 수 있는 것은 Broudy가 Michael Polanyi의 암묵적 지식에 대한 연구를 바탕으로 학창 시절에 명시적으로 습득한 학습이 나중에 개인이 광범위한 상황을 해석할 때 암묵적으로 작용할 수 있다고 믿는다는 것이다.

학교에서 명시적으로 공부한 학문들은 삶에서 암묵적으로 사용되는 자원이 된다. 학습한 지식의 세부사항은 잊혀지고, 프레임이나 렌즈, 또는 사실 그리고 가치 둘 다 해석의 스텐실로 새겨진다. 관점과 맥락은 일반 교육의 기능적 역할로서 지적 재산이 된다. 비록 우리가 그런 관점들과 맥락들에 주의를 기울이지 않더라도, 우리는 그것들을 통해서 모든 것을 이해한다. 비록 형식적인 교육과정에서 배운 내용이 제때에 기억되어 작동할 수는 없지만, 지식의 연상적이고 해석적인 사용에서 형식적인 과정에 배운 내용들이 기능적으로 작동되도록 할 수 있는 설득력 있는 사례가 만들어질 수 있다고 믿는다(p. 137).

예술과 인문학은 특히 학습의 해석적이고 연상적인 내용을 개발하는 데 도움이 된다. 연상학습associative learning은 삶을 느끼고 이해하고 평가하는 의미의 층을 형성할 수 있도록 개념과 이미지를 획득하는 수단이다. 모든 종류의 경험은 Broudy가 상상적 개념의 창고라고 부르는 것에 기여하지만, 예술은 이 목적을 달성하는 데 가장 적합하다. 이것이 바로 심미적 교육이 실현된 것이다. 예술은 사치나 세련미가 아닌 진실을 실체적으로 의미 있게 만드는 데 필수적인 것이다. 그리고 마지막으로 다음과 같이 언급될 수 있다.

> 예술은 상상력을 통해 용기, 정직, 절제, 지혜 등의 새로운 형태와 그에 상응하는 악습들을 발명하고 숙고하도록 돕는다. 문학, 역사, 철학을 포함한 인문학은 위와 같은 덕목들을 체계적으로 검토하고 비평하며, 전통을 대표한다. 이 전통은 비록 어리석게도 엄숙함, 현학, 가식으로부터 자유롭지 않지만, 가치가 존재하는 진실의 영역에서 여전히 높은 신뢰성을 가지고 있다. 시간과 환경에 관계없이, 모든 수준의 학교들은 그것이 절대적이지는 않더라도 좋은 삶에 대한 변함없는 진실에 거의 가까운 것이라는 확신을 가지고 합의점에 도달할 수 있다 (p. 142).

그렇다면 이 지점이 고전적 휴머니즘이 현대 세계에 적합하게 적용된 상태이다. 그것은 민주적 윤리와 공동의 선, 지식의 사용, 인간 본성에 대한 낙관적인 믿음에서 기초하는 일종의 가치 또는 인격 교육으로서 새로운 형태의 덕목을 가르치는 내용으로 권장된다. 에너지를 충분하게 투자해서 전심으로 전력을 다한다면, 이러한 가치들을 촉진하는 커리큘럼은 Broudy의 좋은 사회에 대한 기준인 최대의 성취 가능성(또는 가치 가능성에 대한 기회), 정의와 배려심이 충만한 사회를 만드는 데 도움이 될 수 있다고 Broudy는 생각한다. 심미적 교육은 심미적 영역에 내재된 가치 가능성과 심미적 본보기에 대한 연구와 감상을 통해 상상력을 강화하는 능력에 의해 재도덕화 역할을 한다. 종합적으로 그 공식은 완전한 사고 행위CAT + 인문학 + 미국의 신조이다.

하나의 책이 출판될 때 논평가들은 그 책의 유익함을 설득하기 위한 방법적인 문제에서 비판적 관점을 한두 가지 제기할 의무감을 가진다. 가치 재통합에 대한 전망을 제시하는 것은 얼마나 좋은가? 나는 몇 가지 간단한 질문을 하고자 한다. 일반 시민에게 너무 많은 부담을 지우고 너무 많은 것을 요구해서 그것들이 학문의 자원으로 그들 자신을 변화시키기를 기대하는 것은 아닐까? 모든 시민이 소크라테스가 될 수 있는가? 참을 수 없는 수준으로 불안감이 높아지지 않을까? 더욱이, 부모들은 학교 교육을 통해 배운 많은 부분이 잊혀지는 내용들임에도 불구하고 인생의 후반부에서 해석적으로 작용해서 역할을 할 수 있는 교양 학문의 근거를 무엇이라고 생각하는가? 이 점에서 Broudy는 맥락이 사라지는 것에 반대하는 만큼 맥락이 확립되어야 한다고 긴 지면을 할당해서 주장하지만, 그가 암묵적 지식의 신비로운 작용에 호소하면서도 신앙의 도약을 요구하고 있을 수도 있다는 것을 (아마도 암묵적 지식의 신빙성이 위태로울 것이다) 생각해볼 수 있다. 다시 말해서 나는 그런 믿음을 가진 사람이지만, 처음 그 연구 논문들을 접하는 사람들은 쉽게 이해되지 않을 수도 있다. 우리는 그저 우리가 지금까지 일반적으로 겪어왔던 그런 딜레마와 곤경들을 조망할 기회를 준 Broudy에게 감사한 마음을 가질 수 있다.

미주

1) Harry S. Broudy, 『진실과 신뢰감: 시민의 딜레마*Truth and Credibility: The Citizen's Dilemma*』(New York: Longman, 1981).

2) 보증된 약속에 대한 Broudy의 논의는 Solon Kimball과 James E. McClellan에 의해 진전된 약속의 개념과 비교될 수 있다. Solon Kimball and James E. McClellan, 『*Education and the New America*』(New York: Random House, 1962).

3) Robert Penn Warren, 『민주주의와 시*Democracy and Poetry*』(Cambridge: Harvard University Press, 1975), 47-48.

4) 다음 문헌 참조 John Kenneth Galbraith, 『신생 산업국가*The New Industrial State*』rev. ed. (Boston: Houghton Mifflin, 1972), 401-02.

5) John Dewey, 『공적인 것과 그것의 문제*The Public and Its Problems*』(New York: Henry Holt and Co., 1977), 179-84.

6) 평가 절하와 재도덕화의 의미에 대해, Broudy는 다음과 같이 언급한다. "비평가는 한 가지 유형의 가치를 제외한 모든 유형의 가치가 문제에 관련성을 감소시키거나 부인하는 것을 의미한다. 비도덕화는 도덕적 질문의 관련성을 부인한다. 모든 가치(지성, 시민, 건강 등)를 화폐 가치로 환원하는 것은 가치 평가 절하의 한 예가 될 것이다. '비즈니스는 비즈니스'라는 슬로건은 도덕성을 떨어뜨리는 한 예이다." (99).

7) Saul Bellow, 『학장의 12월*The Dean's December*』(New York: Harper and Row, 1982), 334.

8) Broudy는 비록 과학이 두 번 길들여졌는지에 대한 것이라 할지라도 즉 처음에는 Dewey의 CAT에서 그리고 그 다음에는 Kilpatrick의 프로젝트 방법에서 과학이 진정한 과학 정신을 유지하는지 여부는 또 다른 질문이라고 말한다.

9) 상대주의에 대해 Broudy는 다음과 같이 언급한다. "일반적인 원칙으로서 상대주의는 논리적으로나 전략적으로 자기 패배이다. 논리적으로, 그것은 자기 모순이다. 왜냐하면 만약 아무것도 절대적으로 사실이 아니라면, 이 원칙도 예외가 아니기 때문이다. 전략적으로, 원칙의 힘은 절대자의 제약으로부터 행동을 자유롭게 하는 것이다. 그러나 모든 주장을 진실에 대해 상대화하는 것은 모든 주장을 비판이나 질문으로부터 자유롭게 한다. 즉, 그것들을 절대화한다. 상대주의의 대가는 절대의 곱셈이다" (91-92).

10) 지식의 활용에 대한 후속 논의들을 위해서 다음 문헌 참조 Harry S. Broudy, B.

Othanel Smith, and Joe R. Burnett, 『미국 중등교육에서 민주주의와 수월성 Democracy and Excellence in American Secondary Education』 (Chicago: Rand McNally, 1964; reprint, Huntington, N.Y.: R. E. Krieger, 1978). Also, Broudy's "The Humanities and Their Uses: Proper Claims and Expectations," Journal of Aesthetic Education 17, no. 4 (1983): 125–38.

제4부

예술과 다양성

제13장

문화적 다양성의 적용

Lionel Trilling이 쓴 마지막 글은 '우리가 제인 오스틴을 읽는 이유Why We Read Jane Austen'라는 제목으로 쓰여진 미완성 에세이였다.[1] 그 글에는 전통 인문주의 교육의 기초가 되는 가정, 문화의 문학적 인물과 양식 단계, 자아 또는 인격의 개념, 예술의 용도와 기능, 문학을 읽는 동기, 그리고 개인과 문화가 자신과 그들의 운명에 맞서는 방식 등에 관한 내용들이다.

여기서 특히 중요한 것은 Clifford Geertz의 인도네시아 마을 생활에 대한 연구에서 예시된 문학 비평과 인류학적 설명인데, 문화적으로 서로 다른 사회에 대한 이해를 증진시키기 위해서 이 두 가지 설명을 모두 사용했다는 점이다. 19세기 영국 소설가에 대해 쓴 글에서 현대 미국 문학평론가와 국제인시아학회the International Society for Education Through Art의 의제 사이에 연결고리가 형성될 수 있다는 내용이 바로 그것이다.

맨스필드 공원Mansfield Park의 세계에 대한 여정을 비롯해서 인도네시아의 마을 생활에 이르기까지 Trilling의 정신적 여정의 기원은 반구 시대와 역사 시대로 구분되어 있었을까? 그 기원은 1973년 Trilling이 Austen의 소설을 강의하기로 결정한 것으로 거슬러 올라갈 수 있다. Trilling이 지적했듯이, 이 강좌 개설에 대한 반응은 등록을 원하는 학생들에게 거의 히스테리에 가까운 도덕적 인식을 갖도록 하는 과정으로 인식되었던 점을 미루어 짐작할 수 있다.

이러한 학생들의 열정적 반응은 Trilling을 어리둥절하게 만들었다. 왜냐하면 컬럼비아 대학교 학생들의 문학에 대한 관심사가 William Blake를 중심으로 일게 된 것은 반문화 성향the counterculture이 절정에 달했던 초창기 5년 동안이었기 때문이다. 이 급격한 문학 취향의 변화는 Trilling이 학생들에게 이 과목을 수강하고 싶어 하는 이유에 대해 궁금하게 만들었다. 그는 학생들이 다음과 같은 이유로 Austen의 소설을 읽고 싶어 한다고 생각하기에 이르렀다. Austen의 소설을 읽음으로써, 학생들은 그들의 문화가 타락했다고 생각하는 일반적인 악의 상태를 무력화시킬 가능성을 감지하는 듯 보였다. Trilling은 이 젊은 남녀들이 "어떤 식으로든 우리가 처한 암울한 동시대적 존재를 넘어설 수 있다고 생각하는 것처럼 보인다. 그들이 마음의 눈으로 볼 때, 사람들 보다 훨씬 더 풍부하게 나무가 제공되는 세계, 즉 잠시 동안이나마 푸른 그늘을 드리우는 삶으로 승화시킬 수 있다고 믿을 수 있으며, 우리가 현재 겪는 피로감과 건조함으로 물든 세상이 녹색 사상이 될지도 모르는 세계로 다시 갈 수 있다"고 썼다.[2)]

즉, 학생들은 Austen 소설을 읽는 것에 대해 사회와의 적대 관계를 강화시킬 뿐만 아니라 영적인 자양분에 대한 갈망을 동시에 충족시킬 수 있는 행위로 해석했다. 비록 Trilling은 젊은이들이 문학을 그런 용도로 읽는다는 것에 대해 점점 더 회의적이었지만, 학생들이 오랫동안 인문학 교육의 주요 가정들 중 하나로서 문학이 어떤 즐거움을 제공하든, 그것을 통해 개인적인 문제를 도덕성과 관련시켜 인지하고 있으며, 이런 방식으로 그들의 태도를 표현한다는 점을 알게 되었다. 더욱이, 모든 곳이 인간의 본성에 영향을 미치는 다양한 상황에 처해있음에도 불구하고, 인간은 인종적 차원에서 본질적으로 동일하며, 다양성 안에서 통일성을 고려하는 것은 자아의식을 형성하는 과정에 매우 중요하다고 여겨져 왔다. 인본주의 교육은 또한 인간 본성의 보편성을 분별할 수 있는 방법을 인지할 수 있다는 가정을 전제한다. 예술작품에 나오는 등장인물과 동일시하려는 상상력을 개발하여 공감적 경험을 제공할 수 있다는 믿음이라고 할 수 있다.

그러나 이 과정 동안, 다소 놀랍게도, Trilling은 보편성을 가진 가정과 이러한 방법적 가정들에 의문을 제기하기 시작했다. Trilling은 Austen의 소설 속 등장인물들이 자신들의 운명에 맞서는 방식들을 조사하면서, 학생들이 소설에 표현된 많은 태도들, 예를 들어 가까운 가족 관계에 대한 태도, 존재와 행동에 대한 태도, 그리고 의무에 대한 태도를 이해할 수 없다는 것을 발견했다. 따라서 "전통적인 인본주의 교육이 과연 가능한지, 문학을 이해하는 것이 얼마나 복잡한 문제인지를 인식하지 못하는 것은 아닌지" Trilling은 반문했다. Trilling의 평생 친구이자 동료인 Jacques Barzun이 회고록에서 지적했듯이 Trilling의 목적은 독자들에게 복잡성과 어려움에 대한 인식을 심어주는 것이었다.3) 물론, 복잡성을 이해한 사람들은 비슷한 성향의 다른 사람들을 감상하고자 할 수 있다. 인류학자 Clifford Geertz의 글에서 Trilling은 문학 감상의 장치에 대한 회의론에서 벗어날 수 있는 강조점을 발견했다.4) Trilling이 Geertz에게 흥미를 느끼는 것은 인류학적 설명에서 공감 형성에 미치는 최소한의 역할이다. 오히려, Geertz는 "나는 나를 다른 사람으로 상상하는 것이 아니라, 각 장소에서 사람들이 자신을 표현하는 상징적 형태인 단어, 이미지, 제도, 행동을 검색하고 분석함으로써 (즉, 사람들이 자신을 사람으로 정의하는) 가장 친밀한 개념에 도달하려고 노력했다"고 썼다.5) 따라서 Geertz에 따르면, 한 민족의 문화로 "한 사람의 발자취를 발견하는 일" 또는 구성원들과 대화를 계속하기 위해 비공식적인 논리를 배우는 것은 매우 어려운 일이다. Geertz의 인류학에 대한 기호학 이론의 문학적 비평이 함축하는 바는 아마도 명백할 것이다. 만약 인류학적 조사와 문학 비평이 둘 다 외견상 외계 세계의 현실과 의미를 밝혀내려고 한다는 점에서 유사하다면, 인류학이 아마도 더 강력한 이해 방법을 가지고 있다는 주장은 문학 연구에 영향을 미칠 것이다. 문학 비평의 방법은 피상적으로 나타날 위험에 놓여 있다. 그러나 Trilling은 질문과 문제의 복잡성을 인정하면서도 이해의 장벽을 극복할 수 없는 것은 아니라고 생각했다. 그는 인도네시아 문화, 특히 자바와 발리 사람들의 가치관이 Geertz의 제안처럼 서양의 기질과 그렇게 이질적이거나 무관하다고 생각하지 않았다.

Trilling이 이런 이해의 가능성에 관심을 두었다는 것은 그가 서양에서 이해되어 온 자아 개념을 넘어서서 스스로의 이익을 위해서도 이 개념을 동정적인 비판의 대상으로 삼는 것이 적절한 시기라고 생각했다는 것을 보여주는 것으로 보인다. Trilling이 우리에게 지시하는 인간적인 감각은 무엇일까?

그는 "자바 문화는 구성원들이 가능한 한 예술 작품처럼 되도록 유도하는 결정적인 기능들 중 하나를 가지고 있다. 한 개인으로서 인간이 된다는 것은 실제로 고급의 예술은 아니더라도 최소한 덕목vertu과 관련해서 하나의 대상이 가지는 형태성, 논리성, 불변성을 갖는 것이다"라고 썼다.[6] 한 개인으로서 이상을 추구하기 위해 필요한 것은 "고정되고, 움직이지 않으며, 고요한 것"에서 가치를 찾는 경향에 있다. Trilling은 Geertz의 말을 인용했다.

> 발리에는 한 개인으로서 인간에 대한 체질적이고 성격적인 면에서 개별적으로 표현하는 모든 양상들을 지속적이고 체계적으로 스타일링하고자 하는 풍습이 존재한다. 이는 신체적으로 그가 누구인지, 심리학적으로 그가 누구인지, 생애적으로 그가 누구인지에 대한 것이기 때문에 발리인의 삶이 변함없는 구경거리가 될 수 있기 위해서는 개인에 대한 표현을 주어진 장소에서 살아가는 존재로서 지속되는 것으로서 그렇게 간주되고자 하는 것이다. 적절한 의미로 말하자면, 그 구경거리 속에 실제로 존재하는 것은 배우가 아니라 드라마 속의 페르소나일 뿐이다(p. 223).

Trilling의 저서 『성실성과 진정성*Sincerity and Authenticity*』을 읽은 사람들은 이러한 자아의식이 서양식 사고와 얼마나 동떨어져 있는지 알 수 있다.[7] 그러면 이런 문제와 마찬가지로 그것들은 서로 무관한가? 그것은 서로 의존적이며 영향을 받을 수밖에 없는 개념이다. Trilling은 분명히 우리가 자바인과 발리인의 문화적 형태들을 모방한다는 점에 대해 질문하지 않는다. 예를 들어, 외모의 문제에 있어서 인도네시아인을 우리가 가정하고 있다는 점에 대해 질문하지 않는다. 그 질문은 좀 더 근본적이고 구조적인 것이다. 그것은 예술로 접근할 수 있는 삶의 가능성을 내포한다. 물론 이러한 가능성은 현대의 심미적 사고의 지배적인 기준으로 지속적으로 주장되고 있다. Trilling이 마지막으로 언급한 심미적 사고에 지배적으로 작용하는 기준에 대한 내용을 보면, 이러한 심미적 사고에 만연한 관습은 심미적 교육 모델을 표면상으로 거부하는 입장에서 출발하고 있음을 알 수 있다. 그 내용은 지속적인 변증법의 역할을 할 수 있는 심미적 교육의 필요성에 대한 것으로서 인용해보면 다음과 같다.

우리 서양의 사람들은 심미적 경험으로 삶에 대한 민감한 감수성이 형성될 수 있다는 생각에 결코 편안하지 않다. 심지어 그 생각이 우리의 지적 문화로 받아들여진 사색과 성찰로 다뤄질 때조차도 - 예를 들어, 삶 그 자체가 예술로 승화되어 더 나은 삶으로 진전할 수 있다는 Kant의 이론에 기반해서 이후 발전시킨 Schiller의 진보적인 사고를 적용할 때조차 쉽게 받아들이지 못한다. 그리고 우리는 Schiller의 관점에 기초하여 삶이 예술로 능동적으로 전환될 수 있는 그 자체가 지닌 가능성을 주장한 Huizinga의 생각을 쉽게 받아들이지 못한다. 이 두 학자가 주장한 것들이 우리 서양사람들이 궁극적으로 삶의 본질을 구성하는 필수 요건이라고 여기는 것으로서 삶에 대한 진심 어린 열정과 솔직함이라는 것을 인정하고 싶지 않은 것일지도 모른다(p. 224).

그는 다음과 같은 결론을 내린다. "내가 생각하기에 예술에 근접한 삶을 추구하는 문제에 대해 단순히 문화적 우유부단함을 보여주는 것이 아니라 오히려 저마다의 표현에 내재된 모든 존엄성을 인정하고 하나의 변증법을 구성하는 것이 하나의 대안일 수 있으며, 이 대안적 해결이 이루어진다면 우리에게 가능성은 열려있다"(p. 224).

미주

1) Lionel Trilling, 『*The Last Decade: Essays and Reviews*』, *1965-75*, ed. Diana Trilling (New York: Harcourt Brace Jovanovich, 1970), 204-25. 모든 참조는 the Uniform Edition선집에 대한 것이다.

2) Ibid, 209.

3) Jacques Barzun, "Remembering Lionel Trilling," *Encounter* 47, no. 3 (1976). 또한 다음 글에 제시된 머리말 문학의 가치와 용도에 대한 그의 토론 내용을 참조. Lionel Trilling 『자유로운 상상*The Liberal Imagination*』 (New York: Harcourt Brace Jovanovich, 1979)

4) Trilling은 다음 Clifford Geertz의 논문 내용을 언급한다. "From the Native's Point of View: On the Nature of Anthropological Understanding," *Bulletin of the American Academy of Arts and Sciences* 28, no. 1 (1974). 이 에세이와 관련된 읽기는 Geertz의 "깊이 있는 서술: 문화의 해석적 이론을 향해(Thick Description: Toward an Interpretive Theory of Culture)" in 『문화의 해석 *The Interpretation of Cultures*』 (New York: Basic Books, 1973).

5) Geertz가 인용한 글은 Trilling의 "우리는 왜 Jane Austen을 읽는가(Why We Read Jane Austen)," 216.

6) Trilling, "우리는 왜 Jane Austen을 읽는가(Why We Read Jane Austen)," 222.

7) Lionel Trilling, 『성실성과 진실성*Sincerity and Authenticity*』 (New York: Harcourt Brace Jovanovich, 1980).

찾아보기

저자에 대해

랄프 스미스(Ralph A. Smith: 1929 ~   )는 어바나-샴페인 일리노이대학교 (University of Illinois at Urbana-Champaign) 문화교육정책연구부서의 명예 교수로서 컬럼비아대학(Columbia College)에서 예술 학사 학위를 받았고 컬럼 비아 교사 대학(Columbia Teachers College)에서 미술교육 석박사 학위를 받았 다. 오하이오, 위스콘신, 뉴욕의 주립 대학에서 강의를 한 후, 일리노이대학에 임 명을 받아 심미적 교육 과정을 설계하고 34년 동안 『학제 간 미학 교육 저널 Interdisciplinary Journal of Aesthetic Education』의 편집장으로 일했다. 그의 주요 출판물은 『미술교육의 감각 The Sense of Art Education』, 『미술교육: 필연 적 중요성 Art Education: A Critical Necessity』(Albert William Levi와 함께), 『일반 지식과 예술교육 General Knowledge and Arts Education』, 『수월성 II: 미술교육의 지속적 탐구 Excellence II: The Continuing Quest in Art Education』 이다. 그리고 『미술교육에서 미학과 미술비평 Aesthetics and Criticism in Art Education』, 『공공 정책과 심미적 관심 Public Policy and the Aesthetic Interest』(로널드 버만과 공동 편집), 『미학과 예술교육 Aesthetics and Arts Education』(앨런 심슨과 공동 편집), 『예술, 교육, 그리고 심미적 앎 The Arts, Education, and Aesthetic Knowing』(NSSE 연간 출판물, 베넷 라이머와 공동 편 집), 『학문중심미술교육 Discipline-Based Art Education』이 있다. 그는 미국미 술교육협회(National Art Education Association)의 저명한 연구원이자 일리노이 교육 대학의 수석 학자이며, 일리노이 미술교육협회(Illinois Art Education Association)의 회원이었으며, 오늘날까지 미학과 심미적 교육에 대한 그의 공헌 은 미국미학학회(American Society for Aesthetics)를 비롯하여 예술분야뿐 아니 라 교육계에서 널리 인정받아 왔다.

역자에 대해

정옥희는 한국교원대학교 미술교육과를 졸업 후 20여 년 동안 중등학교 현장에서 미술 교사 경험을 쌓았으며, 동대학원에서 석사와 박사학위를 받았다. 이후, 문화연구의 일환으로 한국의 제도화된 미술교육이 문화 정체성 형성에 미치는 영향을 연구하기 위해 영국의 런던 골드스미스대학(Goldsmiths, University of London)에서 「한국의 사회문화적 맥락에서 형성된 미술교육의 목적과 의미에 대한 비판적 분석」 연구로 박사학위를 취득했다. 현재는 목원대학교 스톡스대학에서 창의교양학부와 아트커뮤니케이션 연계전공학부에서 교양교육으로서 예술 체험교육 관련 강좌를 개설하여 운영하고 있다. 주요 저서로는 『예술교육의 다문화 실천 담론』과 『미술교수학습 패러다임 변화와 실천을 위한 이론과 방법』이 있으며, 번역서로는 『교육을 위한 미술: 미술교육에서 해석, 정체성, 차이에 관한 이론과 실제』(원저: Dennis Atkinson(2002). *Art in Education: Identity and Practice*)가 있다. 대표 연구 논문으로는 IJADE(International Journal of Art & Design Education) 국제 저널에 게재된 「후기 식민적 한국 사회에서 경험한 문화, 권력, 정체성, 미술교육에 대한 자문화기술적 탐구(An Autoethnographical Study of Culture, Power, Identity and Art Education in Post−Colonial South Korea)」(2015)가 있으며 주로 문화연구의 차원에서 예술교육 실천 행위들을 경험적 탐구로 성찰하는 연구를 해왔다.

한국연구재단 학술명저번역총서 서양편 800
문화예술교육

초판발행	2023년 9월 15일
지은이	Ralph A. Smith
옮긴이	정옥희
펴낸이	안종만·안상준
편 집	김민조
기획/마케팅	노 현
표지디자인	이영경
제 작	고철민·조영환
펴낸곳	(주)**박영사**
	서울특별시 금천구 가산디지털2로 53, 210호(가산동, 한라시그마밸리)
	등록 1959. 3. 11. 제300-1959-1호(倫)
전 화	02)733-6771
f a x	02)736-4818
e-mail	pys@pybook.co.kr
homepage	www.pybook.co.kr
ISBN	979-11-303-1014-5
	979-11-303-1007-7 94080 (세트)

copyright©한국연구재단, 2023, Printed in Korea

* 파본은 구입하신 곳에서 교환해 드립니다. 본서의 무단복제행위를 금합니다.

정 가   20,000원

이 번역서는 2020년 대한민국 교육부와 한국연구재단의 지원을 받아 수행된 연구임
(NRF-2020S1A5A7085275)